東進

共通テスト実戦問題集
国語〔現代文〕

別冊

問題編

Question

JAPANESE

JN248253

東進ブックス

東進

共通テスト実戦問題集
国語〔現代文〕

問題編
Question

JAPANESE

東進ハイスクール・東進衛星予備校 講師
輿水淳一
KOSHIMIZU Junichi

東進ブックス

目次

第１回　実戦問題【２０２１年度　共通テスト第１日程】……3
第２回　実戦問題【２０２１年度　共通テスト第２日程】……37
第３回　実戦問題【オリジナル問題①】……69
第４回　実戦問題【オリジナル問題②】……101
第５回　実戦問題【オリジナル問題③】……135
巻末　マークシート

東進　共通テスト実戦問題集

第1回

【2021年度　共通テスト第1日程】

国　語〔現　代　文〕　（100点）

注　意　事　項

1　解答用紙に，正しく記入・マークされていない場合は，採点できないことがあります。

2　試験中に問題冊子の印刷不鮮明，ページの落丁・乱丁及び解答用紙の汚れ等に気付いた場合は，手を高く挙げて監督者に知らせなさい。

3　解答は，解答用紙の解答欄にマークしなさい。例えば，［10］と表示のある問いに対して③と解答する場合は，次の（例）のように**解答番号10の解答欄**の③に**マーク**しなさい。

（例）

解答番号	解答欄								
10	①	②	●	④	⑤	⑥	⑦	⑧	⑨

4　問題冊子の余白等は適宜利用してよいが，どのページも切り離してはいけません。

5　**不正行為について**

①　不正行為に対しては厳正に対処します。

②　不正行為に見えるような行為が見受けられた場合は，監督者がカードを用いて注意します。

③　不正行為を行った場合は，その時点で受験を取りやめさせ退室させます。

6　試験終了後，問題冊子は持ち帰りなさい。

第1問　次の文章は、香川雅信《かがわまさのぶ》『江戸の妖怪革命』の序章の一部である。本文中でいう「本書」とはこの著作を指し、「近世」とは江戸時代にあたる。これを読んで、後の問い(問1〜5)に答えよ。なお、設問の都合で本文の段落に 1 〜 18 の番号を付してある。(配点　50)

1　フィクションとしての妖怪、とりわけ娯楽の対象としての妖怪は、いかなる歴史的背景のもとで生まれてきたのか。

2　確かに、鬼や天狗《てんぐ》など、古典的な妖怪を題材にした絵画や芸能は古くから存在した。しかし、妖怪が明らかにフィクションの世界に属する存在としてとらえられ、そのことによってかえっておびただしい数の妖怪画や妖怪を題材とした文芸作品、大衆芸能が創作されていくのは、近世も中期に入ってからのことなのである。つまり、フィクションとしての妖怪という領域自体が歴史性を帯びたものなのである。

3　妖怪はそもそも、日常的理解を超えた不可思議な現象に意味を与えようとするミン(ア)ゾク的な心意から生まれたものであった。人間はつねに、経験に裏打ちされた日常的な原因—結果の了解に基づいて目の前に生起する現象を認識し、未来を予見し、さまざまな行動を決定している。ところが時たま、そうした日常的な因果了解では説明のつかない現象に遭遇する。それは通常の認識や予見を無効化するため、人間の心に不安と恐怖を(イ)カンキする。このような言わば意味論的な危機に対して、それをなんとか意味の体系のなかに回収するために生み出された文化的装置が「妖怪」だった。それは人間が秩序ある意味世界のなかで生きていくうえでの必要性から生み出されたものであり、それゆえに切実なリアリティをともなっていた。A民間伝承としての妖怪とは、そうした存在だったのである。

4 妖怪が意味論的な危機から生み出されるものであるかぎり、そしてそれゆえにリアリティを帯びた存在であるかぎり、それをフィクションとして楽しもうという感性は生まれえない。フィクションとしての妖怪という領域が成立するには、妖怪に対する認識が根本的に変容することが必要なのである。

5 妖怪に対する認識がどのように変容したのか。そしてそれは、いかなる歴史的背景から生じたのか。本書ではそのような問いに対する答えを、「妖怪娯楽」の具体的な事例を通して探っていこうと思う。

6 妖怪に対する認識の変容を記述し分析するうえで、本書ではフランスの哲学者ミシェル・フーコーの「アルケオロジー」の手法を(ウ)エンヨウすることにしたい。

7 アルケオロジーとは、通常「考古学」と訳される言葉であるが、フーコーの言うアルケオロジーは、思考や認識を可能にしている知の枠組み――「エピステーメー」(ギリシャ語で「知」の意味)の変容として歴史を描き出す試みのことである。人間が事物のあいだにある秩序を認識し、それにしたがって思考する際に、われわれは決して認識に先立って「客観的に」存在する事物の秩序そのものに触れているわけではない。事物のあいだになんらかの関係性をうち立てるある一つの枠組みを通して、はじめて事物の秩序を認識することができるのである。この枠組みがエピステーメーであり、しかもこれは時代とともに変容する。事物に対する認識や思考が、時間を(エ)ヘダてることで大きく変貌してしまうのだ。

8 フーコーは、十六世紀から近代にいたる西欧の「知」の変容について論じた『言葉と物』という著作において、このエピステーメーの変貌を、「物」「言葉」「記号」そして「人間」の関係性の再編成として描き出している。これらは人間が世界を認識するうえで重要な役割を果たす諸要素であるが、そのあいだにどのような関係性がうち立てられるかによって、「知」のあり方は大きく様変わりする。

9 本書では、このアルケオロジーという方法を踏まえて、日本の妖怪観の変容について記述することにしたい。それは妖怪観の変容を「物」「言葉」「記号」「人間」の布置の再編成として記述する試みである。この方法は、同時代に存在する一見関係のないさまざまな文化事象を、同じ世界認識の平面上にあるものとしてとらえることを可能にする。これによって日本の妖怪観の変容を、大きな文化史的変動のなかで考えることができるだろう。

10 では、ここで本書の議論を先取りして、Bアルケオロジー的方法によって再構成した日本の妖怪観の変容について簡単に述べておこう。

11 中世において、妖怪の出現は多くの場合「凶兆」として解釈された。それらは神仏をはじめとする神秘的存在からの「警告」であった。すなわち、妖怪は神霊からの「言葉」を伝えるものという意味で、一種の「記号」だったのである。これは妖怪にかぎったことではなく、あらゆる自然物がなんらかの意味を帯びた「記号」として存在していた。つまり、「物」は物そのものと言うよりも「記号」であったのである。これらの「記号」は所与のものとして存在しており、人間にできるのはその「記号」を「読み取る」こと、そしてその結果にしたがって神霊への働きかけをおこなうことだけだった。

12 「物」が同時に「言葉」を伝える「記号」である世界。こうした認識は、しかし近世において大きく変容する。「物」にまとわりついた「言葉」や「記号」としての性質が剝ぎ取られ、はじめて「物」そのものとして人間の目の前にあらわれるようになるのである。ここに近世の自然認識や、西洋の博物学に相当する本草学《ほんぞうがく》(注)という学問が成立する。

そして妖怪もまた博物学的な思考、あるいは嗜好《しこう》の対象となっていくのである。

13 この結果、「記号」の位置づけも変わってくる。かつて「記号」は所与のものとして存在し、人間はそれを「読み取る」ことしかできなかった。しかし、近世においては、「記号」は人間が約束事のなかで作り出すことができるものとなった。これは、「記号」が神霊の支配を逃れて、人間の完全なコントロール下に入ったことを意味する。こうした「記号」を、本書では「表象」と呼んでいる。人工的な記号、人間の支配下にあることがはっきりと刻印された記号、それが「表象」である。

14 「表象」は、意味を伝えるものであるよりも、むしろその形象性、視覚的側面が重要な役割を果たす「記号」である。妖怪は、伝承や説話といった「言葉」の世界、意味の世界から切り離され、名前や視覚的形象によって弁別される「表象」となっていった。それはまさに、現代で言うところの「キャラクター」であった。そしてキャラクターとなった妖怪は完全にリアリティを喪失し、フィクショナルな存在として人間の娯楽の題材へと化していった。妖怪は「表象」という人工物へと作り変えられたことによって、人間の手で自由自在にコントロールされるものとなったのである。こうしたC妖怪の「表象」化は、人間の支配力が世界のあらゆる局面、あらゆる「物」に及ぶようになったことの帰結である。かつて神霊が占めていたその位置を、いまや人間が占めるようになったのである。

15 ここまでが、近世後期——より具体的には十八世紀後半以降の都市における妖怪観である。だが、近代になると、こうした近世の妖怪観はふたたび編成しなおされることになる。「表象」として、リアリティの領域から切り離されてあった妖怪が、以前とは異なる形でリアリティのなかに回帰するのである。これは、近世は妖怪をリアルなものとして恐怖していた迷信の時代、近代はそれを合理的思考によって否定し去った啓蒙《けいもう》の時代、という一般的な認識とはまったく逆の形である。

16 「表象」という人工的な記号を成立させていたのは、「万物の霊長」とされた人間の力の絶対性であった。ところが近代になると、この「人間」そのものに根本的な懐疑が突きつけられるようになる。人間は「神経」の作用、「催眠術」の効果、「心霊」の感応によって容易に妖怪を「見てしまう」不安定な存在、「内面」というコントロール不可能な部分を抱えた存在として認識されるようになったのだ。かつて「表象」としてフィクショナルな領域に囲い込まれていた妖怪たちは、今度は「人間」そのものの内部に棲《す》みつくようになったのである。

17 そして、こうした認識とともに生み出されたのが、「私」という近代に特有の思想であった。謎めいた「内面」を抱え込んでしまったことで、「私」は私にとって「不気味なもの」となり、いっぽうで未知なる可能性を秘めた神秘的な存在となった。妖怪は、まさにこのような「私」を(オ)トウエイした存在としてあらわれるようになるのである。

18 以上がアルケオロジー的方法によって描き出した、妖怪観の変容のストーリーである。

（注） 本草学 ―― もとは薬用になる動植物などを研究する中国由来の学問で、江戸時代に盛んとなり、薬物にとどまらず広く自然物を対象とするようになった。

問1 傍線部(ア)〜(オ)に相当する漢字を含むものを、次の各群の①〜④のうちから、それぞれ一つずつ選べ。解答番号は [1] 〜 [5] 。

(ア) ミンゾク [1]
① 楽団にショゾクする
② カイゾク版を根絶する
③ 公序リョウゾクに反する
④ 事業をケイゾクする

(イ) カンキ [2]
① 証人としてショウカンされる
② 優勝旗をヘンカンする
③ 勝利のエイカンに輝く
④ 意見をコウカンする

(ウ) エンヨウ [3]
① 鉄道のエンセンに住む
② キュウエン活動を行う
③ 雨で試合がジュンエンする
④ エンジュクした技を披露する

(エ) ヘダてる [4]
① 敵をイカクする
② 施設のカクジュウをはかる
③ 外界とカクゼツする
④ 海底のチカクが変動する

(オ) トウエイ [5]
① 意気トウゴウする
② トウチ法を用いる
③ 電気ケイトウが故障する
④ 強敵を相手にフントウする

問２　傍線部Ａ「民間伝承としての妖怪」とは、どのような存在か。その説明として最も適当なものを、次の①～⑤のうちから一つ選べ。解答番号は［６］。

①　人間の理解を超えた不可思議な現象に意味を与え日常世界のなかに導き入れる存在。
②　通常の認識や予見が無効となる現象をフィクションの領域においてとらえなおす存在。
③　目の前の出来事から予測される未来への不安を意味の体系のなかで認識させる存在。
④　日常的な因果関係にもとづく意味の体系のリアリティを改めて人間に気づかせる存在。
⑤　通常の因果関係の理解では説明のできない意味論的な危機を人間の心に生み出す存在。

問3　傍線部B「アルケオロジー的方法」とは、どのような方法か。その説明として最も適当なものを、次の①～⑤のうちから一つ選べ。解答番号は 7 。

① ある時代の文化事象のあいだにある関係性を理解し、その理解にもとづいて考古学の方法に倣い、その時代の事物の客観的な秩序を復元して描き出す方法。

② 事物のあいだにある秩序を認識し思考することを可能にしている知の枠組みをとらえ、その枠組みが時代とともに変容するさまを記述する方法。

③ さまざまな文化事象を「物」「言葉」「記号」「人間」という要素ごとに分類して整理し直すことで、知の枠組みの変容を描き出す方法。

④ 通常区別されているさまざまな文化事象を同じ認識の平面上でとらえることで、ある時代の文化的特徴を社会的な背景を踏まえて分析し記述する方法。

⑤ 一見関係のないさまざまな歴史的事象を「物」「言葉」「記号」そして「人間」の関係性に即して接合し、大きな世界史的変動として描き出す方法。

問４ 傍線部Ｃ「妖怪の『表象』化」とは、どういうことか。その説明として最も適当なものを、次の①～⑤のうちから一つ選べ。解答番号は［８］。

① 妖怪が、人工的に作り出されるようになり、神霊による警告を伝える役割を失って、人間が人間を戒めるための道具になったということ。

② 妖怪が、神霊の働きを告げる記号から、人間が約束事のなかで作り出す記号になり、架空の存在として楽しむ対象になったということ。

③ 妖怪が、伝承や説話といった言葉の世界の存在ではなく視覚的な形象になったことによって、人間世界に実在するかのように感じられるようになったということ。

④ 妖怪が、人間の手で自由自在に作り出されるものになり、人間の力が世界のあらゆる局面や物に及ぶきっかけになったということ。

⑤ 妖怪が、神霊からの警告を伝える記号から人間がコントロールする人工的な記号になり、人間の性質を戯画的に形象した娯楽の題材になったということ。

問5　この文章を授業で読んだNさんは、内容をよく理解するために【ノート1】～【ノート3】を作成した。本文の内容とNさんの学習の過程を踏まえて、(i)～(iii)の問いに答えよ。

(i)　Nさんは、本文の 1 ～ 18 を【ノート1】のように見出しをつけて整理した。空欄 Ⅰ ・ Ⅱ に入る語句の組合せとして最も適当なものを、後の①～④のうちから一つ選べ。解答番号は 9 。

【ノート1】

● 問題設定（1～5）
　2～3　Ⅰ
　4～5　Ⅱ
● 方法論（6～9）
　7～9　アルケオロジーの説明
● 日本の妖怪観の変容（10～18）
　11　中世の妖怪
　12～14　近世の妖怪
　15～17　近代の妖怪

① Ⅰ 妖怪はいかなる歴史的背景のもとで娯楽の対象になったのかという問い
Ⅱ 意味論的な危機から生み出される妖怪

② Ⅰ 妖怪はいかなる歴史的背景のもとで娯楽の対象になったのかという問い
Ⅱ 妖怪娯楽の具体的事例の紹介

③ Ⅰ 娯楽の対象となった妖怪の説明
Ⅱ いかなる歴史的背景のもとで、どのように妖怪認識が変容したのかという問い

④ Ⅰ 妖怪に対する認識の歴史性
Ⅱ いかなる歴史的背景のもとで、どのように妖怪認識が変容したのかという問い

(ⅱ) Nさんは、本文で述べられている近世から近代への変化を【ノート２】のようにまとめた。空欄 Ⅲ ・ Ⅳ に入る語句として最も適当なものを、後の各群の①～④のうちから、それぞれ一つずつ選べ。解答番号は 10 ・ 11 。

【ノート２】
近世と近代の妖怪観の違いの背景には、「表象」と「人間」との関係の変容があった。

近世には、人間によって作り出された、［Ⅲ］が現れた。しかし、近代へ入ると［Ⅳ］が認識されるようになったことで、近代の妖怪は近世の妖怪にはなかったリアリティを持った存在として現れるようになった。

［Ⅲ］に入る語句［10］

① 恐怖を感じさせる形象としての妖怪
② 神霊からの言葉を伝える記号としての妖怪
③ 視覚的なキャラクターとしての妖怪
④ 人を化かすフィクショナルな存在としての妖怪

［Ⅳ］に入る語句［11］

① 合理的な思考をする人間
② 「私」という自立した人間
③ 万物の霊長としての人間
④ 不可解な内面をもつ人間

(iii) 【ノート2】を作成したNさんは、近代の妖怪観の背景に興味をもった。そこで出典の『江戸の妖怪革命』を読み、【ノート3】を作成した。空欄 V に入る最も適当なものを、後の①～⑤のうちから一つ選べ。解答番号は 12 。

【ノート3】

本文の 17 には、近代において「私」が私にとって「不気味なもの」となったということが書かれていた。このことに関係して、本書第四章には、欧米でも日本でも近代になってドッペルゲンガーや自己分裂を主題とした小説が数多く発表されたとあり、芥川龍之介の小説「歯車」（一九二七年発表）の次の一節が例として引用されていた。

第二の僕、――独逸人《どいつ》の所謂《いわゆる》 Doppelgaenger は仕合《しあわ》せにも僕自身に見えたことはなかった。しかし亜米利加《あめりか》の映画俳優になったK君の夫人は第二の僕を帝劇の廊下に見かけていた。（僕は突然K君の夫人に「先達《せんだって》はつい御挨拶もしませんで」と言われ、当惑したことを覚えている。）それからもう故人になったある隻脚《かたあし》の翻訳家もやはり銀座のある煙草《たばこ》屋に第二の僕を見かけていた。死はあるいは僕よりも第二の僕に来るのかも知れなかった。

考察　ドッペルゲンガー（Doppelgaenger）とは、ドイツ語で「二重に行く者」、すなわち「分身」の意味であり、もう一人の自分を「見てしまう」怪異のことである。また、「ドッペルゲンガーを見た者は死ぬと言い伝えられている」と説明されていた。 V 17 に書かれていた『私』という近代に特有の思想」とは、こうした自己意識を踏まえた指摘だったことがわかった。

① 「歯車」の僕は、自分の知らないところで別の僕が行動していることを知った。僕はまだ自分でドッペルゲンガーを見たわけではないと安心し、別の僕の行動によって自分が周囲から承認されているのだと悟った。これは、「私」が他人の認識のなかで生かされているという神秘的な存在であることの例にあたる。

② 「歯車」の僕は、自分には心当たりがない場所で別の僕が目撃されていたと知った。僕は自分でドッペルゲンガーを見たわけではないのでひとまずは安心しながらも、もう一人の自分に死が訪れるのではないかと考えていた。これは、「私」が自分自身を統御できない不安定な存在であることの例にあたる。

③ 「歯車」の僕は、身に覚えのないうちに、会いたいと思っていた人の前に別の僕が姿を現していたと知った。僕は自分でドッペルゲンガーを見たわけではないが、別の僕が自分に代わって思いをかなえてくれたことに驚いた。これは、「私」が未知なる可能性を秘めた存在であることの例にあたる。

④ 「歯車」の僕は、自分がいたはずのない場所に別の僕がいたことを知った。僕は自分でドッペルゲンガーを見たわけではないと自分を落ち着かせながらも、自分が分身に乗っ取られるかもしれないという不安を感じた。これは、「私」が「私」という分身にコントロールされてしまう不気味な存在であることの例にあたる。

⑤　「歯車」の僕は、自分がいるはずのない時と場所で僕を見かけたと言われた。僕は今のところ自分でドッペルゲンガーを見たわけではないので死ぬことはないと安心しているが、他人にうわさされることに困惑していた。これは、「私」が自分で自分を制御できない部分を抱えた存在であることの例にあたる。

（下書き用紙）

国語の試験問題は次に続く。

第2問

次の文章は、加能作次郎《かのうさくじろう》「羽織と時計」（一九一八年発表）の一節である。「私」と同じ出版社で働くW君は、妻子と従妹《いとこ》と暮らしていたが生活は苦しかった。そのW君が病で休職している期間、「私」は何度か彼を訪れ、同僚から集めた見舞金を届けたことがある。以下はそれに続く場面である。これを読んで、後の問い（**問1～6**）に答えよ。なお、設問の都合で本文の上に行数を付してある。（配点　50）

春になって、陽気がだんだん緩かになると、W君の病気も次第に快《よ》くなって、五月の末には、再び出勤することが出来るようになった。

『君の家の紋(注1)は何かね？』

彼が久し振りに出勤した最初の日に、W君は突然私に尋ねた。私は不審に思いながら答えた。

『円《まる》(注2)に横モッコです。平凡なありふれた紋です。何ですか？』

『いや、実はね。僕も長い間休んで居て、君に少《すく》からぬ世話になったから、ほんのお礼の印に羽二重《はぶたえ》(注3)を一反《いったん》(注4)お上げしようと思っているんだが、同じことなら羽織にでもなるように紋(注5)を抜いた方がよいと思ってね。どうだね、其方《そのほう》がよかろうね。』とW君は言った。

W君の郷里は羽二重の産地で、彼の親類に織元《おりもと》があるので、そこから安く、実費で分けて貰《もら》うので、外にも序《ついで》があるから、そこから直接に京都へ染めにやることにしてあるとのことであった。

『染《そめ》は京都でなくちゃ駄目だからね。』とW君は独りで首肯《うなず》いて、『じゃ早速言ってやろう。』

私は辞退する(ア)術《すべ》もなかった。

一ヶ月あまり経《た》って、染め上《あが》って来た。W君は自分でそれを持って私の下宿を訪れて呉《く》れた。私は早速W君と連れだって、呉服屋へ行って裏地を買って羽織に縫って貰った。

貧乏な私は其時《そのとき》まで礼服というものを一枚も持たなかった。羽二重の紋付《もんつき》の羽織というものを、その時始めて着たのであるが、今でもそれが私の持物《もちもの》の中で最も貴重なものの一つとなって居る。

『ほんとにいい羽織ですこと、あなたの様な貧乏人が、こんな羽織をもって居なさるのが不思議な位ですわね。』

妻は、私がその羽織を着る機会のある毎《ごと》にそう言った。私はW君から貰ったのだということを、妙な羽目からつい(イ)言いはぐれて了《しま》って、今だに妻に打ち明けてないのであった。妻が私が結婚の折に特に拵《こしら》えたものと信じて居るのだ。下に着る着物でも袴《はかま》でも、その羽織とは全く不調和な粗末なものばかりしか私は持って居ないので、

『よくそれでも羽織だけ飛び離れていいものをお拵えになりましたわね。』と妻は言うのであった。

『そりゃ礼服だからな。これ一枚あれば下にどんなものを着て居ても、兎《と》に角《かく》礼服として何処《どこ》へでも出られるからな。』私はA擽《くす》ぐられるような思《おもい》をしながら、そんなことを言って誤魔化《ごまか》して居た。

『これで袴だけ仙台平《せんだいひら》(注6)か何かのがあれば揃《そろ》うのですけれどね。どうにかして袴だけいいのをお拵えなさいよ。これじゃ羽織が泣きますわ。こんなぼとぼとしたセル(注7)の袴じゃ、折角《せっかく》のいい羽織がちっとも引き立たないじゃありませんか。』

妻はいかにも惜しそうにそう言い言いした。

私もそうは思わないではないが、今だにその余裕がないのであった。私はこの羽織を着る毎にW君のことを思い出さずに居なかった。

その後、社に改革があって、私が雑誌を一人でやることになり、W君は書籍の出版の方に廻《まわ》ることになった。そして翌年の春、私は他にいい口があったので、その方へ転ずることになった。

W君は私の将来を祝し、送別会をする代《かわ》りだといって、自ら奔走して社の同人(注8)達《たち》から二十円ばかり醵金《きょきん》(注9)をして、私に記念品を贈ることにして呉れた。私は時計を持って居なかったので、自分から望んで懐中時計を買って貰った。

『贈××君。××社同人。』

こう銀側の蓋の裏に小さく刻まれてあった。

この処置について、社の同人の中には、内内不平を抱いたものもあったそうだ。まだ二年足らずしか居ないものに、記念品を贈るなどということは曾《かつ》て例のないことで、これはW君が、自分の病気の際に私が奔走して見舞金を贈ったので、その時の私の厚意に酬《むく》いようとする個人的の感情から企てたことだといってW君を非難するものもあったそうだ。また中には、

『あれはW君が自分が罷《や》める時にも、そんな風なことをして貰いたいからだよ。』と卑しい邪推をして皮肉を言ったものもあったそうだ。

私は後でそんなことを耳にして非常に不快を感じた。そしてW君に対して気の毒でならなかった。そういう非難を受けてまでも（それはW君自身予想しなかったことであろうが）私の為《ため》に奔走して呉れたW君の厚い情誼《じょうぎ》(注10)を思いやると、私は涙ぐましいほど感謝の念に打たれるのであった。それと同時に、その一種の恩恵に対して、常に或《あ》る重い圧迫を感ぜざるを得なかった。

羽織と時計――。私の身についたものの中で最も高価なものが、二つともW君から贈られたものだ。この意識が、今

でも私の心に、感謝の念と共に、B何だかやましいような気恥《きはずか》しいような、訳のわからぬ一種の重苦しい感情を起《おこ》させるのである。

××社を出てから以後、私は一度もW君と会わなかった。W君は、その後一年あまりして、病気が再発して、遂《つい》に社を辞し、いくらかの金を融通して来て、電車通りに小さなパン菓子屋を始めたこと、自分は寝たきりで、店は主に従妹が支配して居て、それでやっと生活して居るということなどを、私は或る日途中で××社の人に遇《あ》った時に聞いた。私は××社を辞した後、或る文学雑誌の編輯《へんしゅう》に携《たずさわ》って、文壇の方と接触する様になり、交友の範囲もおのずから違って行き、仕事も忙しかったので、一度見舞旁々《みまいかたがた》訪《おとな》わねばならぬと思いながら、自然と遠ざかって了った。その中《うち》私も結婚をしたり、子が出来たりして、境遇も次第に前と異《ことな》って来て、一層(ウ)足が遠くなった。偶々《たまたま》思い出しても、久しく無沙汰をして居ただけそれだけ、そしてそれに対して一種の自責を感ずれば感ずるほど、妙に改まった気持《きもち》になって、つい億劫《おっくう》になるのであった。

羽織と時計——併《しか》し本当を言えば、この二つが、W君と私とを遠ざけたようなものであった。これがなかったなら、私はもっと素直な自由な気持になって、時々W君を訪れることが出来たであろうと、今になって思われる。何故《なぜ》というに、私はこの二個の物品を持って居るので、常にW君から恩恵的債務を負うて居るように感ぜられたからである。この債務に対する自意識は、私をして不思議にW君の家の敷居を高く思わせた。而《しか》も不思議なことに、C私はW君よりも、彼の妻君《さいくん》の眼を恐れた。私が時計を帯にはさんで行くとする、『あの時計は、良人《うち》(注11)が世話して進《あ》げたのだ。』斯《こ》う妻君の眼が言う。私が羽織を着て行く、『あああの羽織は、良人が進げたのだ』斯う妻君の眼が言う。もし二つとも身につけて行かないならば、『あの人は羽織や時計をどうしたのだろう。』斯う妻君の眼が言うように空想されるのであった。どうしてそんな考《かんがえ》が起《おこ》るのか分《わか》らない。或《あるい》は私自身の中に、そういう卑しい邪推深い性情がある為であろう。が、いつでもW君を訪れようと思いつく毎に、妙にその厭《いや》な考が私を引き止めるのであった。そればかりではない、こうして無沙汰を続ければ続けるほど、私はW君の妻君に対して更に恐れを抱くのであった。

『○○さんて方は随分薄情な方ね、あれきり一度も来なさらない。こうして貴郎《あなた》が病気で寝て居らっしゃるのを知らないんでしょうか、見舞に一度も来て下さらない。』

斯う彼女が彼女の良人《おっと》に向《むか》って私を責めて居そうである。その言葉には、あんなに、羽織や時計などを進げたりして、こちらでは尽《つく》すだけのことは尽してあるのに、という意味を、彼女は含めて居るのである。

そんなことを思うと迚《とて》も行く気にはなれなかった。こちらから出て行って、妻君のそういう考をなくする様に努めるよりも、私は逃げよう逃げようとした。私は何か偶然の機会で妻君なり従妹なりと、途中ででも遇わんことを願った。そうしたら、『W君はお変《かわ》りありませんか、相変わらず元気で××社へ行っていらっしゃいますか？』としらばくれて尋ねる、すると、疾《と》うに社をやめ、病気で寝て居ると、相手の人は答えるに違いない。

『おやおや！一寸《ちっと》も知りませんでした。それはいけませんね。どうぞよろしく言って下さい。近いうちに御《お》見舞に上りますから。』

こう言って分れよう。そしてそれから二三日置いて、何か手土産を、そうだ、かなり立派なものを持って見舞に行こう、そうするとそれから後は、心易《こころやす》く往来出来るだろう――。

そんなことを思いながら、三年四年と月日が流れるように経って行った。今年の新緑の頃、子供を連れて郊外へ散歩に行った時に、D 私は少し遠廻りして、W君の家の前を通り、原っぱで子供に食べさせるのだからと妻に命じて、態《わざ》と其《そ》の店に餡《あん》パンを買わせたが、実はその折陰ながら家の様子を窺《うかが》い、うまく行けば、全く偶然の様に、妻君なり従妹なりに遇おうという微《かす》かな期待をもって居た為《た》めであった。私は電車の線路を挟んで向側《むかいがわ》の人道に立って店の様子をそれとなく注視して居たが、出て来た人は妻君でも従妹でもなく、全く見知らぬ、下女《げじょ》(注12)のような女だった。私は若《も》しや家が間違っては居ないか、または代《だい》が変ってでも居るのではないかと、屋根看板をよく注意して見たが、以前××社の人から聞いたと同じく、××堂W——とあった。たしかにW君の店に相違なかった。それ以来、私はまだ一度も其店の前を通ったこともなかった。

(注) 1 紋——家、氏族のしるしとして定まっている図柄。
2 円に横モッコ——紋の図案の一つ。
3 羽二重——上質な絹織物。つやがあり、肌ざわりがいい。
4 一反——布類の長さの単位。長さ一〇メートル幅三六センチ以上が一反の規格で、成人一人分の着物となる。
5 紋を抜いた——「紋の図柄を染め抜いた」という意味。
6 仙台平——袴に用いる高級絹織物の一種。
7 セル——和服用の毛織物の一種。
8 同人——仲間。
9 醵金——何かをするために金銭を出し合うこと。

10　情誼――人とつきあう上での人情や情愛。
11　良人――夫。
12　下女――雑事をさせるために雇った女性のこと。当時の呼称。

問1 傍線部(ア)〜(ウ)の本文中における意味として最も適当なものを、次の各群の①〜⑤のうちから、それぞれ一つずつ選べ。解答番号は 13 〜 15 。

(ア) 術もなかった 13
① 理由もなかった
② 手立てもなかった
③ 義理もなかった
④ 気持ちもなかった
⑤ はずもなかった

(イ) 言いはぐれて 14
① 言う必要を感じないで
② 言う機会を逃して
③ 言うのを忘れて
④ 言う気になれなくて
⑤ 言うべきでないと思って

(ウ) 足が遠くなった 15
① 訪れることがなくなった
② 時間がかかるようになった
③ 会う理由がなくなった
④ 行き来が不便になった
⑤ 思い出さなくなった

問２ 傍線部**A**「擽ぐられるような思」とあるが、それはどのような気持ちか。その説明として最も適当なものを、次の①～⑤のうちから一つ選べ。解答番号は 16 。

① 自分たちの結婚に際して羽織を新調したと思い込んで発言している妻に対する、笑い出したいような気持ち。

② 上等な羽織を持っていることを自慢に思いつつ、妻に事実を知られた場合を想像して、不安になっている気持ち。

③ 妻に羽織をほめられたうれしさと、本当のことを告げていない後ろめたさとが入り混じった、落ち着かない気持ち。

④ 妻が自分の服装に関心を寄せてくれていることをうれしく感じつつも、羽織だけほめることを物足りなく思う気持ち。

⑤ 羽織はW君からもらったものだと妻に打ち明けてみたい衝動と、自分を侮っている妻への不満とがせめぎ合う気持ち。

問3 傍線部B「何だかやましいような気恥しいような、訳のわからぬ一種の重苦しい感情」とあるが、それはどういうことか。その説明として最も適当なものを、次の①～⑤のうちから一つ選べ。解答番号は 17 。

① W君が手を尽くして贈ってくれた品物は、いずれも自分には到底釣り合わないほど立派なものに思え、自分を厚遇しようとするW君の熱意を過剰なものに感じてとまどっている。

② W君の見繕ってくれた羽織はもちろん、自ら希望した時計にも実はさしたる必要を感じていなかったのに、W君がその贈り物をするために評判を落としたことを、申し訳なくももったいなくも感じている。

③ W君が羽織を贈ってくれたことに味をしめ、続いて時計までも希望し、高価な品々をやすやすと手に入れてしまった欲の深さを恥じており、W君へ向けられた批判をそのまま自分にも向けられたものと受け取っている。

④ 立派な羽織と時計とによって一人前の体裁を取り繕うことができたものの、それらを自分の力では手に入れられなかったことを情けなく感じており、W君の厚意にも自分へ向けられた哀れみを感じ取っている。

⑤ 頼んだわけでもないのに自分のために奔走してくれるW君に対する周囲の批判を耳にするたびに、W君に対する申し訳なさを感じたが、同時にその厚意には見返りを期待する底意をも察知している。

問４ 傍線部Ｃ「私はＷ君よりも、彼の妻君の眼を恐れた」とあるが、「私」が「妻君の眼」を気にするのはなぜか。その説明として最も適当なものを、次の①～⑤のうちから一つ選べ。解答番号は 18 。

① 「私」に厚意をもって接してくれたＷ君が退社後に寝たきりで生活苦に陥っていることを考えると、見舞に駆けつけなくてはいけないと思う一方で、「私」の転職後はＷ君と久しく疎遠になってしまい、その間看病を続けた妻君に自分の冷たさを責められるのではないかと悩んでいるから。

② Ｗ君が退社した後慣れないパン菓子屋を始めるほど家計が苦しくなったことを知り、「私」が彼の恩義に酬いる番だと思う一方で、転職後にさほど家計も潤わずＷ君を経済的に助けられないことを考えると、Ｗ君を家庭で支える妻君には申し訳ないことをしていると感じているから。

③ 退職後に病で苦労しているＷ君のことを思うと、「私」に対するＷ君の恩義は一生忘れてはいけないと思う一方で、忙しい日常生活にかまけてＷ君のことをつい忘れてしまうふがいなさを感じたまま見舞に出かけると、妻君に偽善的な態度を指摘されるのではないかという怖さを感じているから。

④ 自分を友人として信頼し苦しい状況にあって頼りにもしているだろうＷ君のことを想像すると、見舞に行きたいという気持ちが募る一方で、かつてＷ君の示した厚意に酬いていないことを内心やましく思わざるを得ず、妻君の前では卑屈にへりくだらねばならないことを疎ましくも感じているから。

⑤ Ｗ君が「私」を立派な人間と評価してくれたことに感謝の気持ちを持っているため、Ｗ君の窮状を救いたいという思いが募る一方で、自分だけが幸せになっているのにＷ君を訪れなかったことを反省すればするほど、苦

労する妻君には顔を合わせられないと悩んでいるから。

問５ 傍線部**Ｄ**「私は少し遠廻りして、Ｗ君の家の前を通り、原っぱで子供に食べさせるのだからと妻に命じて、態と其の店に餡パンを買わせた」とあるが、この「私」の行動の説明として最も適当なものを、次の①～⑤のうちから一つ選べ。解答番号は［19］。

① Ｗ君の家族に対する罪悪感を募らせるあまり、自分たち家族の暮らし向きが好転したさまを見せることがためらわれて、かつてのような質素な生活を演出しようと作為的な振る舞いに及んでいる。

② Ｗ君と疎遠になってしまった後悔にさいなまれてはいるものの、それを妻に率直に打ち明け相談することも今更できず、逆にその悩みを悟られまいとして妻にまで虚勢を張るはめになっている。

③ 家族を犠牲にしてまで自分を厚遇してくれたＷ君に酬いるためのふさわしい方法がわからず、せめて店で買い物をすることによって、かつての厚意に少しでも応えることができればと考えている。

④ Ｗ君の家族との間柄がこじれてしまったことが気がかりでならず、どうにかしてその誤解を解こうとして稚拙な振る舞いに及ぶばかりか、身勝手な思いに事情を知らない自分の家族まで付き合わせている。

⑤ 偶然を装わなければＷ君と会えないとまで思っていたが、これまで事情を誤魔化してきたために、今更妻に本当のことを打ち明けることもできず、回りくどいやり方で様子を窺う機会を作ろうとしている。

問6　次に示す【資料】は、この文章（加能作次郎「羽織と時計」）が発表された当時、新聞紙上に掲載された批評（評者は宮島新三郎、原文の仮名遣いを改めてある）の一部である。これを踏まえた上で、後の(i)・(ii)の問いに答えよ。

【資料】

今までの氏は生活の種々相を様々な方面から多角的に描破（注1）して、其処《そこ》から或るものを浮き上《あが》らせようとした点があったし、又そうすることに依《よ》って作品の効果を強大にするという長所を示していたように思う。見た儘《まま》、有りの儘を刻明に描写する——其処に氏の有する大きな強味がある。由来（注2）氏はライフの一点だけを覘《ねら》って作をするというような所謂《いわゆる》『小話《こばなし》』作家の面影は有《も》っていなかった。

それが『羽織と時計』になると、作者が本当の泣き笑いの悲痛な人生を描こうとしたものか、それとも単に羽織と時計に伴う思い出を中心にして、ある一つの興味ある覘いを、否一つのおちを物語ってでもやろうとしたのか分《わか》らない程謂《い》う所の小話臭味の多過ぎた嫌いがある。若《も》し此《この》作品から小話臭味を取《とり》去ったら、即《すなわ》ち羽織と時計とに作者が感心し過ぎなかったら、そして飽くまでも『私』の見たW君の生活、W君の病気、それに伴う陰鬱な、悲惨な境遇を如実に描いたなら、一層感銘の深い作品になったろうと思われる。羽織と時計とに執し（注3）過ぎたことは、この作品をユーモラスなものにする助けとはなったが、作品の効果を増す力にはなって居ない。私は寧《むし》ろ忠実なる生活の再現者としての加能氏に多くの尊敬を払っている。

宮島新三郎「師走文壇の一瞥《いちべつ》」（『時事新報』一九一八年一二月七日）

（注）１　描破——あまさず描きつくすこと。
２　由来——元来、もともと。
３　執し過ぎた——「執着し過ぎた」という意味。

(i)　**【資料】**の二重傍線部に「羽織と時計とに執し過ぎたことは、この作品をユーモラスなものにする助けとはなったが、作品の効果を増す力にはなって居ない。」とあるが、それはどのようなことか。評者の意見の説明として最も適当なものを、後の①～④のうちから一つ選べ。解答番号は 20 。

① 多くの挿話からW君の姿を浮かび上がらせようとして、W君の描き方に予期せぬぶれが生じている。
② 実際の出来事を忠実に再現しようと意識しすぎた結果、W君の悲痛な思いに寄り添えていない。
③ 強い印象を残した思い出の品への愛着が強かったために、W君の一面だけを取り上げ美化している。
④ 挿話の巧みなまとまりにこだわったため、W君の生活や境遇の描き方が断片的なものになっている。

(ii) 【資料】の評者が着目する「羽織と時計」は、表題に用いられるほかに、「羽織と時計――」という表現として本文中にも用いられている（46行目、58行目）。この繰り返しに注目し、評者とは異なる見解を提示した内容として最も適当なものを、後の①～④のうちから一つ選べ。解答番号は 21 。

① 「羽織と時計――」という表現がそれぞれ異なる状況において自問自答のように繰り返されることで、かつてのようにはW君を信頼できなくなっていく「私」の動揺が描かれることを重視すべきだ。

② 複雑な人間関係に耐えられず生活の破綻を招いてしまったW君のつたなさが、「羽織と時計――」という余韻を含んだ表現で哀惜の思いをこめて回顧されていることを重視すべきだ。

③ 「私」の境遇の変化にかかわらず繰り返し用いられる「羽織と時計――」という表現が、好意をもって接していた「私」に必死で応えようとするW君の思いの純粋さを想起させることを重視すべきだ。

④ 「羽織と時計――」という表現の繰り返しによって、W君の厚意が皮肉にも自分をかえって遠ざけることになった経緯について、「私」が切ない心中を吐露していることを重視すべきだ。

東進　共通テスト実戦問題集

第2回

【2021年度　共通テスト第2日程】

国語〔現代文〕　（100点）

注意事項

1　解答用紙に，正しく記入・マークされていない場合は，採点できないことがあります。

2　試験中に問題冊子の印刷不鮮明，ページの落丁・乱丁及び解答用紙の汚れ等に気付いた場合は，手を高く挙げて監督者に知らせなさい。

3　解答は，解答用紙の解答欄にマークしなさい。例えば，[10] と表示のある問いに対して③と解答する場合は，次の（例）のように**解答番号10の解答欄**の③に**マーク**しなさい。

（例）

解答番号	解　答　欄
10	① ② ● ④ ⑤ ⑥ ⑦ ⑧ ⑨

4　問題冊子の余白等は適宜利用してよいが，どのページも切り離してはいけません。

5　**不正行為について**

①　不正行為に対しては厳正に対処します。

②　不正行為に見えるような行為が見受けられた場合は，監督者がカードを用いて注意します。

③　不正行為を行った場合は，その時点で受験を取りやめさせ退室させます。

6　試験終了後，問題冊子は持ち帰りなさい。

第1問

次の文章を読んで、後の問い（問1～6）に答えよ。なお、設問の都合で本文の段落に 1 ～ 8 の番号を付してある。（配点　50）

1 椅子の「座」と「背」について生理学的にはふたつの問題があった。西欧での椅子の座法は、尻、腿《もも》、背をじかに椅子の面に接触させる。そこに自らの体重によって圧迫が生じる。接触とはほんらい相互的であるから、一方が硬ければ軟らかい方が圧迫される。板にじかに座ることを考えればよい。ひどい場合には、血行を阻害する。たぶん椅子の硬さは、人びとに「血の流れる袋」のような身体のイメージを喚起していたにちがいない。もうひとつは椅子に座ることで人間は両足で立つことからは解放されるとはいえ、上体を支えるには、それなりに筋肉を不断に働かせている。この筋肉の緊張が苦痛をもたらすことは、私たちが椅子の上で決して長時間、一定の姿勢をとりつづけられず、たえず動いている方がずっと楽だという経験的事実からも明らかである。椅子は休息のための道具とはいえ、身体に生理的苦痛をひきおこすものでもある。

2 十七世紀の椅子の背が後ろに傾きはじめたのは、上体を支える筋肉の緊張をいくらかでも緩和するためであった。そのためには身体を垂直の姿勢から次第に横臥《おうが》の状態に近づけていけばよい。イノケンティウス一〇世の肖像でみたように、公的な場で使われる椅子では決して威厳を失うほど後ろに靠《もた》れた姿勢がとられなかったが、「背」の後傾が純粋に生理的な身体への配慮から追求される場合もあった。その結果が、私たちがもっと後の時代の発明ではないかと想像しがちなリクライニング・チェアの発明になった。これにキャスターをとりつけた車椅子も同時にうまれていた。このふたつとも、もちろん、十七世紀にあっては高位の身障者、病人のために発明されたのである。リクライニング・チェアは、骨とそれをつつむ筋肉からなる一種のバロック的な(注2)「身体機械」のイメージを(ア)イダかせたにちがいない。次の世紀には『人間機械論』(注3)があらわれて、「人間はゼンマイの集合にすぎない」というようになる時代である。

3 十七世紀半ばにスペインの王フェリーペ二世のために考案された椅子のスケッチが残っている。普通の状態ではすでにあげた十七世紀の椅子のかたちと同じだが、後ろに重心がかかるから、倒れないために後脚を少し斜め後ろに張り出している。馬の毛を填《つ》めたキルティング(注4)で蔽《おお》った背は両側の大きな留め金具で適度な傾きに調整でき、足台も同様の留め金具でそれにあわせて動かせるので、背を倒し足台を上げると、身体に横臥に近い姿勢をとらせることができる。こうして背を立てていると王者らしい威厳も保てる車椅子が考えられていた。実際にフェリーペ二世のためにつくられた車椅子はこのスケッチとは若干ことなり、天幕を張っていたようであり、足台はなかった。このような仕掛けはいろいろ工夫される。たとえばスウェーデンのチャールス一〇世の身障者椅子では、背と足台を腕木にあけた穴を通した紐《ひも》で連動させていた。病人用の椅子から、背の両側に目隠し用の袖を立てた仮眠のためのスリーピング・チェアがうまれ、それは上流社会で静かに流行した。

4 A もうひとつの生理的配慮も、背の後傾とどちらが早いともいえない時期に生じている。どちらも身体への配慮にもとづくから不思議ではない。椅子からうける圧迫をやわらげる努力は古くから行われてきた。エジプト人は座に曲面をあたえた椅子をつくっていたし、植物セン(イ)イや革紐で網をあんで座の枠に張ってもいた。ギリシャのクリスモス(注5)の座も編んだしなやかなものであった。しかし、それでも充分とはいえなかったので、古代からクッションが使われてきた。エジプトでもアッシリアでも玉座には美しいクッションが使われているし、ギリシャのクリスモスの上にもクッションを置いて使うのが常であった。中世では四角い膨らんだクッションがそれ自体可動の家具のようにさえなっていた。長持ち(注6)はその上にクッションを置けば腰掛けにもなった。窓ぎわの石の腰掛けもクッションを置きさえすれば快適だった。クッションは石や木の硬さをやわらげ、身体は軟らかい触覚で座ることができた。しかし、いまから考えれば驚くことだが、クッションはその美しい色彩とともに、それだけでステータス(注7)を表示する室内装飾のひとつの要素だったのである。クッションを使うこと、つまり身体に快適さを与えること自体が政治的特権であった。オランダ語で「クッションに座る」といえば、高い官職を保持することを意味したといわれるが、この換喩法《メトニミー》(注8)が成立すること自体、いかにクッションの使用が階層性と結びついていたかを物語っている。たしかに王や女王、貴族たちを描いた絵画や版画を調べていくと、さまざまな意匠のクッションがその豊富なヴォリュームと色彩を(ウ)コジするように使われているのである。

5　こうして別々に作られ、使うときに一緒にされていた椅子とクッションが十六世紀から十七世紀にかけてひとつになりはじめた。この結びつけの技術は十七世紀のあいだに著しく発達する。最初は木の座や背の上に填め物を素朴にとりつけることからはじまったが、椅子張り職人（アプホルストラー——実際にはテキスタイル(注9)全般をあつかった職人）の技術の向上とともに、布や革で蔽われた座や背はほとんど今日のものに(エ)ミオトりしないほどに進んだ。こうした填め物《アプホルスター》は、たんにクッションを椅子に合体させただけではなかった。それまで硬かった椅子そのもののイメージを軟らかくしてしまったことが、椅子についての概念を決定的に変え、近代の方向に椅子を押しやるきっかけになったのである。エリック・マーサー(注10)も指摘するように椅子の近代化は形態からではなく、装飾の消去からでもなく、身体への配慮、あらたに見出された快楽を志向する身体による椅子の再構成からはじまったのであった。

6 だが、近代人ならばすぐに機能化と呼んでしまいそうな椅子を成立させた思考も技術も、十七世紀にあっては限られた身分の人間なればこそ生じた身体への配慮のなかに形成されたのである。つまり傾いた背をもつ椅子も、填め物で軟らかくなった椅子も、それ自体をいま見る限りでは「身体」との関係で説明し切れるように思えるが、さらに視野をひろげて階層社会をみれば、「もの」はほんらい社会的な関係――ここでは宮廷社会――にとりまかれ、身分に結びつく政治学をひそかにもっていたのである。むしろ「もの」を機能的にだけ理解することはすでに一種の抽象である。私たちが普通、この時代の家具とみなしているものは、実は支配階級の使用するものであり、十六世紀頃からは版画による意匠集の出版、「人形の家」という玩具でもあれば一種の商品見本でもあるものによって、新しい意匠の伝播《でんぱ》が生じるが、それは国境を越えて他の国の宮廷、小宮廷貴族、大ブルジョワジー(注11)には伝わっても、同じ国の下層へひろまることはなかった。私たちはあらためて「身体」という概念が、自然の肉体ではなく、普遍的な哲学の概念でもなく、文化の産物であり、ここまで「生理的配慮」とよんできたものも、宮廷社会のなかで生じた新しい感情やそれに伴う新しい振舞方《ふるまいかた》と切り離せない文化的価値だったことに気がつくのである。その時代に哲学ではスピノザ(注12)をのぞけば「身体」の不思議さに謎を感じているものはなかったのである。

7 生理的快適さに触れたとき、椅子に影響する身体を「血の流れる袋」とか「筋肉と骨からなる身体機械」とか、解剖学的肉体にもとづくイメージであるかのように語ったが、B実際に椅子に掛けるのは「裸の身体」ではなく「着物をまとった身体」なのである。衣装は一面では仮面と同じく社会的な記号としてパフォーマンスの一部である。同時に、実際にかさのある身体として椅子の形態に直接の影響をあたえていた。十六世紀には婦人たちは鯨骨を用いてひろがったスカート(ファージンゲール)で座るために、「背」はあるが腕木はないバック・ストゥールや、ズガベルロ（イタリアの椅子のタイプ）がうまれたし、十八世紀のフォートゥイユ（安楽椅子）の腕木がずっと後方にさげられるのも、やはり婦人たちの膨らんだスカートのためであった。このように文化としての「身体」は、さまざまな意味において単純な自然的肉体ではないのである。もちろんこの衣装も本質的には宮廷社会という構図のなかに形成されるし、宮廷社会への帰属という、政治的な記号なのである。

8 やがてブルジョワジーが上昇し、支配の座につくとき、かれらはかつての支配階級、宮廷社会がうみだし、使用していた「もの」の文化を吸収するのである。ベンヤミン(注13)が「ルイ＝フィリップあるいは室内」で幻影として批評したブルジョワジーの家具、調度類は、この宮廷社会の「もの」の文化のケイ(オ)フに属していた。いいかえるならそっくりそのままではないが、ブルジョワジーは支配階級の所作のうちに形成された「身体」をひきついで、働く「身体」に結びつけ、充分に貴族的な色彩をもつブルジョワジー固有の「身体技法」(注14)をうみだしていたのである。C「身体」の仕組みはそれ自体、すでにひとつの、しかし複雑な政治過程を含んでいるのである。

（多木浩二《たきこうじ》『「もの」の詩学』による）

（注）1　イノケンティウス一〇世の肖像 ―― スペインの画家ベラスケスが描いた肖像画。わずかに後傾した椅子にモデルが座っている。

2　バロック ―― 芸術様式の一つ。技巧や有機的な装飾を重視し、動的で迫力ある特色を示す。

3　『人間機械論』―― フランスの哲学者ラ・メトリの著書。

4　キルティング ―― 刺繍《ししゅう》の一種。二枚の布のあいだに綿や毛糸などを入れ、模様などを刺し縫いする。

5　クリスモス――古代ギリシャからローマ時代にかけて使われた椅子の一種。

6　長持ち――衣類や調度などを収納する、蓋付きの大きな箱。

7　ステータス――社会的地位。

8　換喩法《メトニミー》――あるものを表す際に、関係の深い別のもので置き換える表現技法。

9　テキスタイル――織物。布。

10　エリック・マーサー――イギリスの建築史家（一九一八―二〇〇一）。

11　ブルジョワジー――裕福な市民層。ブルジョアジー。

12　スピノザ――オランダの哲学者（一六三三―一六七七）。

13　ベンヤミン――ドイツの批評家（一八九二―一九四〇）。

14　「身体技法」――フランスの民族学者モースによる概念。人間は社会の中で身体の扱い方を習得することで、特定の文化に組み入れられるという考え方。

問１ 傍線部(ア)〜(オ)に相当する漢字を含むものを、次の各群の①〜④のうちから、それぞれ一つずつ選べ。解答番号は［１］〜［５］。

(ア) イダかせ ［１］
① 複数の意味をホウガンする
② 卒業後のホウフ
③ 港にホウダイを築く
④ 交通量がホウワ状態になる

(イ) センイ ［２］
① 現状をイジする
② アンイな道を選ぶ
③ キョウイ的な回復力
④ 条約にイキョする

(ウ) コジ ［３］
① 偉人のカイコ録
② 液体のギョウコ
③ コチョウした表現
④ ココウの詩人

(エ) ミオトリ ［４］
① 商品を棚にチンレツする
② モウレツに勉強する
③ 風船がハレツする
④ ヒレツな策を用いる

(オ) ケイフ ［５］
① フゴウしない証言
② フメン通りの演奏
③ フリョの事故
④ 家族をフヨウする

問2　傍線部A「もうひとつの生理的配慮も、背の後傾とどちらが早いともいえない時期に生じている。」とあるが、それはどういうことか。その説明として最も適当なものを、次の①～⑤のうちから一つ選べ。解答番号は 6 。

① 身体を横臥の状態に近づけて上体の筋肉を不断の緊張から解放する配慮が現れたのとほとんど同じ時期に、椅子にキャスターを付けて可動式とし、身体障害者や病人の移動を容易にするための配慮も現れたということ。

② 椅子の背を後傾させて上半身を支える筋肉の緊張をやわらげる配慮が現れたのとほとんど同じ時期に、椅子と一体化したクッションを用いて背や座面から受ける圧迫をやわらげる配慮も現れたということ。

③ 椅子の背を調整して一定の姿勢で座り続ける苦痛をやわらげる配慮が現れたのとほとんど同じ時期に、後傾した椅子の背にクッションを取り付けることによって体重による圧迫を軽減する配慮も現れたということ。

④ 椅子の背を後ろに傾けて上体の筋肉の緊張を低減しようという配慮が現れたのとほとんど同じ時期に、エジプトやギリシャにおいてクッションを用いることで椅子の硬さを低減させる配慮も現れたということ。

⑤ 後傾させた椅子の背によって上半身の筋肉を緊張から解放する配慮が現れたのとほとんど同じ時期に、それ自体が可動式の家具のようにさえなったクッションを用いて椅子の硬さを緩和する配慮も現れたということ。

問3　傍線部B「実際に椅子に掛けるのは『裸の身体』ではなく『着物をまとった身体』なのである」とあるが、それはどういうことか。その説明として最も適当なものを、次の①～⑤のうちから一つ選べ。解答番号は 7 。

① 宮廷社会の家具の意匠が国境と身分を越えて行き渡ったということは、身体に配慮する政治学の普遍性を示すものであり、人々が椅子に座るときの服装やふるまいといった社会的な記号の由来もここから説明できるということ。

② 貴婦人の椅子が彼女たちの衣装やふるまいに合わせてデザインされていたように、椅子の用い方には生理的な快適さの追求という説明だけでは理解できない文化的な記号としての側面もあったということ。

③ 座るのは自然的肉体であっても、服装のヴォリュームも考慮に入れた機能的な椅子が求められており、宮廷社会では貴族の服飾文化に合わせた形態の椅子がこれまでとは異なる解剖学的な記号として登場したということ。

④ 宮廷社会の椅子には、貴族たちが自分の身体に向けていた生理的な快適さへの関心を、機能性には直結しない服飾文化に振り向けることで仮面のように覆い隠そうとする政治的な記号としての役割があったということ。

⑤ 椅子と実際に接触するのは生身の身体よりも衣服であるから、貴婦人の衣装やパフォーマンスを引き立たせるために、生理的な快適さを手放してでも、社会的な記号としての華美な椅子が重視されたということ。

問4 傍線部C『身体』の仕組みはそれ自体、すでにひとつの、しかし複雑な政治過程を含んでいるのである。」とあるが、それはどういうことか。その説明として最も適当なものを、次の①〜⑤のうちから一つ選べ。解答番号は 8 。

① ブルジョワジーはかつて労働者向けの簡素な「もの」を用いていたが、支配階級に取って代わったとき、彼らの「身体」は「もの」に実用的な機能ではなく、貴族的な装飾や快楽を求めるようになった。このように、本質的には人間の「身体」は、新しい「もの」の獲得によって新たな感覚や好みを備えて次々と変容していくものだということ。

② ブルジョワジーは働く「身体」という固有の特徴を受け皿にして、かつての支配階級が所有していた家具や調度類といった「もの」を受け継ぎ、それを宮廷社会への帰属の印として掲げていった。このように、「身体」と「もの」の文化は部分的に支配階級の権威の影響を受けており、相互に影響し合って単純に固有性が見いだせるものではないということ。

③ ブルジョワジーがかつての支配階級に取って代わったという変革は単なる権力の奪取ではなく、貴族に固有の「もの」や「身体」で構成された宮廷文化を解消していくという側面も持っていた。このように、「身体」にかかわる文化は永続的なものではなく、新しい支配階級に合った形がそのつど生じるので予見できないということ。

④ ブルジョワジーがかつての支配階級の所作を受け継いだやり方はそっくりそのままではなく、貴族の社会に

おける「もの」の用い方を、労働者の「身体」に適応させるような変化をともなっていた。このように、働く「身体」には「もの」の機能を追求し、それに応じて「もの」の形態を多様化させる潜在的な力があるということ。

⑤ ブルジョワジーは新しい支配階級となるにあたって貴族社会のすべてを拒否したわけではなく、彼らの働く「身体」に応じて、宮廷社会の「もの」に付随する所作や感覚を受け継いで再構成した。このように、人間の「身体」には、権力構造の変遷にともなうさまざまな社会的要素がからみ合い、新旧の文化が積み重なっているということ。

問5　この文章の構成と内容に関する説明として最も適当なものを、次の①～④のうちから一つ選べ。解答番号は［9］。

① ［1］段落では、本文での議論が最終的に生理学的問題として解決できるという見通しを示し、［2］～［5］段落では、支配階級の椅子を詳しく描写しながら［1］段落で触れた問題を解決するための過去の取り組みを説明している。

② ［5］段落は、椅子の座や背を軟らかくする技術が椅子についての概念を決定的に変えてしまったことを述べており、［6］段落以降でもこの変化が社会にもたらした意義についての議論を継続している。

③ ［6］段落と［7］段落では、生理学的な問題への配慮という角度から論じていたそれまでの議論を踏まえて、さらに「もの」の社会的あるいは政治的な記号という側面に目を向ける必要性を説いている。

④ ［8］段落は、新たな支配階級がかつての支配階級の「もの」の文化を吸収し、固有の「身体技法」を生み出したことを述べ、［5］段落までの「もの」の議論と［6］段落からの「身体」の議論の接続を行なっている。

問６　次に示すのは、この文章を読んだ後に、教師の指示を受けて六人の生徒が意見を発表している場面である。本文の趣旨に**合致しないもの**を、次の①〜⑥のうちから**二つ**選べ。ただし、解答の順序は問わない。解答番号は 10 ・ 11 。

教師──この文章では「もの」と「身体」との社会的関係について論じていましたね。本文で述べられていたことを、皆さんの知っている具体的な例にあてはめて考えてみましょう。

① 生徒Ａ──快適さを求めて改良されてきた様々な家具が紹介されていましたが、家に関しても寒い地域では断熱性が高められる一方で、暑い地域では風通しが良いように作られています。私たちの「身体」がそれぞれの環境に適応して心地よく暮らしていくための工夫がいろいろ試みられ、近代的な家屋という「もの」の文化を生み出しています。

② 生徒Ｂ──身につける「もの」に複数の側面があるということは、スポーツで用いるユニホームについても言えると思います。競技の特性や選手の「身体」に合わせた機能性を重視し、そろいのデザインによって所属チームを明らかにすることはもちろんですが、同じ「もの」をファンが着て一体感を生み出す記号としての役割も大きいはずです。

③ 生徒Ｃ──「身体」という概念は文化の産物だと述べられていますが、私たちが箸を使うときのことを思い出しました。二本の棒という「もの」を用いて食事をするわけですが、単に料理を口に運べればよいのではなく、

その扱い方には様々な「身体」的決まり事があって、それは文化によって規定されているのだと思います。

④　生徒D――「身体」がまとう衣装は社会的な記号であるということでしたが、明治時代の鹿鳴館《ろくめいかん》では当時の上流階級が華やかな洋装で交流していたそうです。その姿は単なる服装という「もの」の変化にとどまらず、西洋の貴族やブルジョワジーの「身体」にまつわる文化的な価値を日本が取り入れようとしたことを示しているのではないでしょうか。

⑤　生徒E――支配階級の交代にともなって「身体」のありようが変容するとありましたが、現代ではスマートフォンの登場によって、娯楽だけでなく勉強の仕方も大きく変わってきています。このような新しい「もの」がそれを用いる世代の感覚やふるまいを変え、さらには社会の仕組みも刷新していくことになるのではないでしょうか。

⑥　生徒F――椅子や衣装にともなう所作のもつ意味に関連して、私たちが身につける「もの」の中でも、帽子には日射しを避けるという機能とは別の「身体」のふるまいにかかわる記号としての側面もあるのではないでしょうか。「脱帽」という行為は相手への敬意を表しますし、帽子を脱いだ方がふさわしい場もあると思います。

第2問

次の文章は、津村記久子《つむらきくこ》「サキの忘れ物」(二〇一七年発表)の一節である。十八歳の千春は高校を中退し、病院に併設されている喫茶店で、店長の谷中《やなか》さんとアルバイトの先輩の菊田さんと働いている。ある日、常連客の「女の人」が喫茶店に文庫本を忘れる。その本は、「サキ」という名前の外国人男性作家が書いた短編集だった。以下はそれに続く場面である。これを読んで、後の問い(**問1～6**)に答えよ。なお、設問の都合で本文の上に行数を付してある。(配点　50)

本を店に忘れた女の人は、いつもと同じように夜の八時にやってきた。女の人は、席に着くなり申し訳なさそうに、私昨日忘れ物をしていったかもしれないんですけど調べてもらえますか？　文庫本なんですが、と千春に言った。千春は、ありましたよ、とうなずいてすぐに忘れ物の棚に取りに行き、女の人に本を渡した。女の人は、よかった、電車に忘れてたら買い直そうと思ってたんだけど、とうれしそうに笑って本を受け取った。

「ここに忘れててよかったです。電車だと手続きが面倒だし、たぶん戻ってこないから」

「そうなんですか」

ここに忘れてよかった、というのはなんだかへんな表現だと千春は思う。でも、女の人がとても喜んでいる様子なのはよかった。

「サキ」はおもしろいですか？　どんな話を書いているかわからない顔の男の人ですね。私は別れた彼氏と付き合ってた頃、この人と結婚して娘ができたらサキっていう名前にしようと思っていました。(注1)

千春は、頭の中でそう言いながら、女の人のオーダーを取った。珍しいことだった。千春が誰かに何かを話しかけたいと思うことは。何を話しかけたいか、ちゃんと頭の中に文言が出てくるということは。

女の人は、チーズケーキとブレンドコーヒーを注文した。チーズケーキは、昨日帰り際に谷中さんが仕込んでいたもので、たぶん最後の一きれだったはずだ。

あなたは運がいいですよ。

千春はそう思いながら、もちろんそれも口にはしなかった。

手順通りコーヒーを淹《い》れて、チーズケーキを冷蔵庫から出して、昨日店に本を忘れた女の人の席へと持って行く。谷中さんは厨房《ちゅうぼう》で、昨日と同じように明日のチーズケーキの仕込みをしていた。午前(注2)に千春がビルマのことについてたずねたことは、完全に忘れているようだった。

ソーサーに乗せたコーヒーカップと、チーズケーキのお皿をテーブルの上に置くと、女の人は、いい匂い、と言った。初めてのことだった。もしかしたら今日、忘れ物に関して注文以外の会話をしたからかもしれないし、この店に来るまでに何か良いことがあったのかもしれない、と千春は思った。

「お客さんは運がいいですよ。ケーキ、最後の一個だったんで」

そう話しながら、緊張で全身に血が巡るような感覚を千春は覚えた。今年の五月から半年ぐらいここで働いているけど、お客さんに話しかけるのは初めてだった。

「そうなんですか、それはよかったです」

女の人は、千春を見上げてかすかに笑った。千春はその表情をもう少しだけ続けさせたい、と思って、本をこの店に忘れてよかったですね、と女の人が言っていたことをそのまま言った。女の人はうなずいた。

「友達のお見舞いに来てるんですけど、眠ってる時間が長くて、本がないと間が持たないんですよね」

あと、ここから家までも一時間ぐらいあるし、と女の人は付け加えた。遠くから来ているのだな、と千春は思った。いくつか情報を与えられて、フロアには他のお客さんもいなかったし、もう少し話を続けてみよう、と千春は決めた。

「遠くからお越しなんですね」

「携帯を見ていてもいいんですけど、電車で見ると頭が痛くなるんですよね。ほんともう年だから」

おいくつなんですか？　と言いかけて、千春はやめる。女の人に年を訊《き》くのは失礼にあたるかもしれないということぐらいは、千春も知っている。

「私は電車に乗らなくなってだいぶ経《た》つから、そういう感じは忘れました」

「それは幸せですねえ」

女の人にそう言われると、千春は自分が少しびっくりするのを感じた。他の人に「幸せ」なんて言われたのは、生まれて初めてのような気がしたのだった。小さい頃にはあったかもしれないけれども、とにかく記憶の及ぶ範囲では一度もなかった。

A何も言い返せないでいると、女の人は、もしかしたら事情があるかもしれないのに、ごめんなさいね、と頭を下げて、コーヒーカップに口を付けた。千春は、自分が黙ってしまったことで女の人が(ア)居心地の悪さを感じたのではないかと怖くなって、いえいえ事情なんて、と何度も頭を下げながらその場を離れた。高校をやめたから、と言ったら、たぶんその人はより申し訳ない気持ちになるのではないかと千春は思った。千春自身にとっては、何の意欲も持てないことをやめたに過ぎなかったけれども、高校をやめることがそう頻繁にはないことは千春も知っている。

その日も女の人は、九時の少し前まで店で本を読んで帰っていった。千春は、忘れた本人のところに戻っていったものの、(注3)一度は家に持って帰ったサキの本のことがどうしても気になって、家に帰るのとは反対方向の、病院の近くの遅くまで開いているチェーンの書店に寄って「サキ」の本を探した。文庫本のコーナーに入るのは初めてで、表紙を上にして置いてある本以外は、背表紙の文字だけが頼りなのでめまいがするようだった。本棚の分類が出版社別になっているということも、千春を混乱させた。女の人が忘れた本が、どこの出版社のものかなんてまったく見ていなかった。

三十分ほど文庫本のコーナーを見て回ったあと、千春は、棚の整理に来た小柄な女性の店員さんに、サキの本を探しているのですが、と話しかけた。正直、それだけの情報では、なんとかサキだとか、サキなんとかという人の本を出されるのではないかと千春は(イ)危惧したのだが、店員さんは、ああはい、少々お待ちください、と言い残した後、女の人が忘れていったのとまったく同じ本をすぐに持ってきて、今お店にはこの本しか置いていないんですけれども、と言った。千春は少し興奮して、これです、ありがとうございます、と受け取り、早足でレジに向かった。

文庫本なんて初めて買った。読めるかどうかもわからないのに。明日になったら、どうしてこんなものを買ったのと思うかもしれないけれども、それでもべつにいいやと思える値段でよかった。

いつもより遅くて長い帰り道を歩きながら、千春は、これがおもしろくてもつまらなくてもかまわない、とずっと思っていた。それ以上に、おもしろいかつまらないかをなんとか自分でわかるようになりたいと思った。それで自分が、何にもおもしろいと思えなくて高校をやめたことの埋め合わせが少しでもできるなんて(ウ)むしのいいことは望んでいなかったけれども、Bとにかく、この軽い小さい本のことだけでも、自分でわかるようになりたいと思った。

＊

次の日、その女の人は、いらなかったらいいんですけど、もしよろしければ、とすごく大きなみかんを千春と菊田さんと谷中さんに一つずつくれた。みかんというか、グレープフルーツというか、とにかく大きな丸い果物だった。すいかほどではないが、プリンスメロンぐらいの大きさはあった。レジで応対して直接もらった菊田さんによると、ブンタン、という名前らしい。

「友達の病室で、隣のベッドの患者さんの親戚の人が五つくれたんだけど、一人じゃこんなに食べれないし、明日職場で配るにしても持って帰るのがとにかく重いから、って」

菊田さんはブンタンを右手に置いて、おもしろそうに手を上下させて千春に見せた。黄色いボールみたいだった。

「隣のベッドの人のお見舞いの人が、いろんなものをくれるんだって。本当ならぜんぜん関わりがないような人同士が同じ場所にいて、その周囲の知らない人がさらに集まってくるから、入院って不思議よね」

菊田さん自身は、まだ入院はしたことがないそうだけれども、その日の暇な時間帯に谷中さんにたずねると、あるよ、とちょっと暗い声で答えた。

昨日本を買って帰った千春は、いろんな話の書き出しを読んでみて、自分に理解できそうな話をなんとか探し、牛の話を読んだ。牛専門の画家が、隣の家の庭に入り込んで、おそらく貴重な花を食べている牛を追っ払おうとするが、逆に牛は家の中に入り込んでしまい、仕方ないので画家は牛を絵に描くことにする、という話だった。牛専門の画家というのがそもそもいるのかという感じだったし、牛が人の家の庭にいて、さらに家の中に入ってくるというのもありえないと思ったが、千春は、自分の家の庭に牛がいて、それが玄関から家の中に入ってくると思うと、ちょっと愉快な気持ちになった。

その話を読んでいて、千春は、声を出して笑ったわけでも、つまらないと本を投げ出したわけでもなかった。ただ、様子を想像していたいと思い、続けて読んでいたいと思った。C本は、千春が予想していたようなおもしろさやつまらなさを感じさせるものではない、ということを千春は発見した。

ブンタンをもらったその日も、家に帰ってからどれか読めそうな話を読むつもりだった。ブンタンはお母さんに渡そうと思っていたが、千春は家の中のいろんなところに牛がいるところを想像していて、お母さんに渡すのは忘れて部屋に持って帰ってしまった。

また持って行くよりは、お茶を淹れて本を読みたいという気持ちが勝って、もう勉強なんてしないのに部屋に置いてある勉強机の上に、千春は大きなブンタンを置いた。Dすっとする、良い香りがした。

（注）1 どんな話を書いているかわからない顔の男の人 —— 本文の前の場面で、千春は女の人が忘れた本のカバーに載っていたサキの写真を見ていた。

2 午前に千春がビルマのことについてたずねた —— 本文の前の場面で、サキが「ビルマ」（現在のミャンマー）の出身であることを知った千春は谷中さんに「ビルマ」について尋ねていた。

3 一度は家に持って帰ったサキの本 —— 前日、千春は女の人が忘れた本に興味を持ち、自宅に持ち帰ってしまったが、翌日、その本を店の忘れ物の棚に戻しておいた。

問1 傍線部(ア)〜(ウ)の本文中における意味として最も適当なものを、次の各群の①〜⑤のうちから、それぞれ一つずつ選べ。解答番号は 12 〜 14 。

(ア) 居心地の悪さを感じた 12
① 所在ない感じがした
② あじけない感じがした
③ やるせない感じがした
④ 落ち着かない感じがした
⑤ 心細い感じがした

(イ) 危惧した 13
① 疑いを持った
② 慎重になった
③ 気後れがした
④ 心配になった
⑤ 恐れをなした

(ウ) むしのいい 14
① 都合がよい
② 手際がよい
③ 威勢がよい
④ 要領がよい
⑤ 気分がよい

問２　傍線部Ａ「何も言い返せないでいる」とあるが、このときの千春の状況や心情の説明として最も適当なものを、次の①～⑤のうちから一つ選べ。解答番号は 15 。

① 周囲の誰からも自分が幸せだとは思われていないと感じていただけに、女の人から幸せだと指摘されたことで、あまり目を覚ましてくれない友達の見舞いを続ける彼女の境遇を察し、言葉を失ってしまった。

② 人から自分が幸せに見えることがあるとは思っていなかっただけに、女の人が自然な様子で千春の境遇を幸せだと言ったことに意表をつかれて、その後の会話を続ける言葉が思い浮かばなかった。

③ 女の人の笑顔をもう少し見ていたくて会話を続けているのに、幸せだったことは記憶の及ぶ限り一度もなかったために話題が思い浮かばず、何か話さなくてはならないと焦ってしまった。

④ 仕事や見舞いのために長時間電車に乗らなくてはならない女の人と比べると、高校をやめたのも電車に乗らなくてよいという点からは幸せに見えるのだと気づかされ、その皮肉に言葉が出なくなった。

⑤ これまでお客さんと会話をすることがほとんどなかったために、その場にふさわしい話し方がわからず、千春が幸せな境遇かどうかという話題をうまくやりすごす返答の仕方が見つからなかった。

問3 傍線部B「とにかく、この軽い小さい本のことだけでも、自分でわかるようになりたいと思った」とあるが、このときの千春の心情はどのようなものか。その説明として最も適当なものを、次の①～⑤のうちから一つ選べ。解答番号は 16 。

① つまらないと感じたことはやめてしまいがちな自分に最後まで本が読めるとは思えなかったが、女の人も愛読するサキの本は書店でもすぐに見つかるほど有名だとわかり、自分でも読んでみて内容を知りたいと思った。

② 高校をやめてしまった挫折感が和らぐことは期待できなくても、女の人が買い直してもよいとまで言うサキの本と同じものを入手して読むことで、その本をきっかけにして女の人とさらに親しくなりたいと思った。

③ 仕事帰りに書店に立ち寄り見つけるのに苦労しながら初めて購入した本なので、読書体験の乏しい自分でもこの軽い小さい本のことだけは、内容を知りそれなりに理解できるようになりたいと思った。

④ 娘が生まれたらつけようと思っていたサキという名を持つ作家について女の人から教えてもらいたかったのに、話がそれてしまったので、自分で読んでそのおもしろさだけでもわかりたいと思った。

⑤ 高校をやめたことの理由づけにはならなくても、何かが変わるというかすかな期待をもって、女の人と会話をするきっかけとなったこの本のおもしろさやつまらなさだけでも自分で判断できるようになりたいと思った。

問４ 傍線部Ｃ「本は、千春が予想していたようなおもしろさやつまらなさを感じさせるものではない、ということを千春は発見した。」とあるが、千春は読書についてどのように思ったか。その説明として最も適当なものを、次の①～⑤のうちから一つ選べ。解答番号は 17 。

① 「牛の話」の内容そのものには嘘くささを感じたが、追い払おうとした牛を受け入れ自分の画業に生かした画家の姿勢には勇気づけられた。このことから、本を読む意義は、ただ内容を読み取るだけではなく、物語を想像し登場人物に共感することで自分の力にすることにあると思った。

② きっかけは単なる偶然でしかなかったが、初めての経験がもたらす新鮮な驚きに支えられながら「牛の話」を読み通すところまでたどり着けた。このことから、本を読む喜びは、内容のおもしろさによって与えられるのではなく、苦労して読み通すその過程によって生み出されるのだと思った。

③ 「牛の話」は日常とかけ離れていて情景を想像するのが難しかったが、世界には牛と人との生活がすぐ近くにある人たちもいるという事実を知ることができた。このことから、本を読む価値は、内容のおもしろさよりもむしろ、世の中にはまだ知らないことが多いと気づくことにあると思った。

④ 「牛の話」の内容そのものはおもしろいとは思わなかったが、未知の体験を経て想像しながら読んだ本には愛着を感じることができた。このことから、本を読んだ感動は、それを読むに至る経緯や状況によって左右されるので、内容がおもしろいかつまらないかはさほど重要ではないと思った。

⑤ 「牛の話」の内容そのものはいかにも突飛なものに思えたが、それを自分のこととして空想することには魅力

が感じられた。このことから、本を読むという体験には、書かれているものをただ受けとめるだけではなく、自ら想像をふくらませてそれと関わることが含まれるのだと思った。

問５ 傍線部**Ｄ**「すっとする、良い香りがした。」とあるが、「ブンタン」の描写と千春の気持ちや行動との関係についての説明として最も適当なものを、次の①～⑤のうちから一つ選べ。解答番号は 18 。

① 女の人が喫茶店のスタッフに一つずつくれた「ブンタン」は、人見知りで口下手だったために自分を過小評価していた千春が一人前の社会人として認められたことを示している。その香りの印象は、千春が仕事を通して前向きに生きる自信を回復する予兆となっている。

② 千春が自室に持ち込んだ「ブンタン」は、友達の見舞いの帰りに喫茶店で本を読む女の人の行動を真似、家とは反対方向の書店にわざわざ出かけて本を探した千春の憧れの強さを表している。その香りの印象は、他の人の生活に関心を持ち始めた千春の変化を示している。

③ 千春が本を読むときに自分のそばに置きたいと思った「ブンタン」は、女の人や喫茶店のスタッフに対する積極的な好意を表している。その香りの印象は、自分にしか関心のなかった千春がその場しのぎの態度を改めて周囲との関係を作っていこうとする前向きな変化を強調している。

④ 千春が手にした「ブンタン」は、長く使っていなかった勉強机に向かった千春の姿と、交流のなかった喫茶店のスタッフに「ブンタン」を分けてくれた女の人の姿とを結びつける。その香りの印象は、千春が自分の意志で新たなことに取り組もうとする積極性を表している。

⑤ 女の人がくれた「ブンタン」は、それを勉強机に置き、その香りのなかでお茶を淹れて本を読もうとしている千春の姿と、喫茶店でコーヒーを飲みながら本を読む女の人の姿とを結びつける。その香りの印象は、千春が

本を読む楽しさを発見した清新な喜びにつながっている。

問６　Ａさんのクラスでは国語の授業で千春の描写を中心に学んできた。続いてもうひとりの登場人物である女の人について各グループで話し合うことになった。Ａさんのグループでは、「⑴女の人はどのように描かれているか」「⑵千春にとって女の人はどういう存在として描かれているか」について考えることにした。次はＡさんのグループの話し合いの様子である。本文の内容を踏まえて、空欄［Ⅰ］・［Ⅱ］に入る最も適当なものを、後の各群の①～⑤のうちから、それぞれ一つずつ選べ。解答番号は［19］・［20］。

Ａさん――まずは表情に注目してみよう。本文の１行目で、「申し訳なさそうに」忘れ物の本のことを尋ねてきた女の人は、４行目で本があったことを千春が告げると、うれしそうに笑っている。

Ｂさん――それに釣られるようにして、千春も女の人に話しかけたいと思う言葉を頭の中でめぐらせ始めている。

Ｃさん――千春の運んだコーヒーとチーズケーキについて、女の人が「いい匂い」と口にしたことで、二人の会話が始まったね。

Ｄさん――23行目で千春が緊張しながら話しかけると、女の人は笑顔で応じている。

Ｃさん――友達のお見舞いに来ているという自分の事情をざっくばらんに話してもいるよ。

Ｄさん――でも、70行目で喫茶店のスタッフに果物をあげるときに、職場で配るために持って帰るのも重いとわざわざ付け加えているのも、この人らしいね。そうそう、66行目では「もしよろしければ」という言い方もしているよ。

Aさん――そうすると、この人は［Ⅰ］ように描かれていることになるね。これを⑴のまとめにしよう。

Bさん――次に⑵の「千春にとって女の人はどういう存在として描かれているか」についてだけど、5行目にある「ここに忘れててよかった」、という女の人の言葉をなんだか変な表現だと思ったところから、千春の心に変化が起こっているね。

Dさん――気になる存在になった。どうしてだろう。

Aさん――文庫本もきっかけだけど、それだけじゃない。

Bさん――37行目で女の人に「それは幸せですねえ」と言われたのに千春が何も言い返せないでいたら、女の人が「もしかしたら事情があるかもしれないのに、ごめんなさいね」と言う。このやりとりは気になるね。

Cさん――女の人から「幸せ」だと言われたり、「事情があるかもしれない」と配慮されたりすることで、千春の心は揺り動かされているのかな。

Bさん――そうか、女の人は［Ⅱ］きっかけを千春に与えてくれたんだ。

Aさん――「わかるようになりたい」という60行目の言葉も印象的だね。Bさんの言ったことが⑵のまとめになる。

Ⅰ

19

① 相手を気遣うようでありながら、自分の心の内は包み隠す人である
② 相手と気さくに打ち解ける一方で、繊細な気遣いも見せる人である
③ 相手への配慮を感じさせつつ、内心がすぐ顔に出てしまう人である
④ 相手に気安く接しながら、どこかに緊張感を漂わせている人である
⑤ 相手の気持ちに寄り添いながら、自分の思いもさらけ出す人である

Ⅱ

20

① 周囲の誰に対しても打ち明けられないまま目をそらしてきた悩みに改めて向き合う
② 高校を中退してしまったことを後悔するばかりだった後ろ向きの思考から抜け出す
③ 流されるままにただこなしていた仕事に意義や楽しさを積極的に見出していく
④ 他の人や物事に自ら働きかけることのなかったこれまでの自分について考え始める
⑤ 他人に気遣われる経験を通して自分に欠けていた他人への配慮について意識する

第3回

【オリジナル問題①】

国語〔現代文〕 (100点)

注意事項

1 解答用紙に，正しく記入・マークされていない場合は，採点できないことがあります。

2 試験中に問題冊子の印刷不鮮明，ページの落丁・乱丁及び解答用紙の汚れ等に気付いた場合は，手を高く挙げて監督者に知らせなさい。

3 解答は，解答用紙の解答欄にマークしなさい。例えば， 10 と表示のある問いに対して③と解答する場合は，次の（例）のように**解答番号１０の解答欄の③にマーク**しなさい。

（例）

解答番号	解答欄
10	① ② ● ④ ⑤ ⑥ ⑦ ⑧ ⑨

4 問題冊子の余白等は適宜利用してよいが，どのページも切り離してはいけません。

5 **不正行為について**

① 不正行為に対しては厳正に対処します。

② 不正行為に見えるような行為が見受けられた場合は，監督者がカードを用いて注意します。

③ 不正行為を行った場合は，その時点で受験を取りやめさせ退室させます。

6 試験終了後，問題冊子は持ち帰りなさい。

第1問

次の文章は、森達也《もりたつや》「群れない個が地球を救う」の一節である。文章中で用いられている「メディア・リテラシー」という語について、筆者はこれより前の箇所で「メディアが発信する情報に対して批判的に接すること」と説明している。これを読んで、後の問い（**問1〜5**）に答えよ。なお、設問の都合で本文の段落に 1 〜 27 の番号を付してある。（配点　50）

1 一八九五年、パリのキャプシーヌ街にあったグランカフェの地下一階で、リュミエール兄弟が発明したシネマトグラフという映写装置によって、世界で初めての映像の有料上映会が行われた。兄弟が経営する工場から仕事を終えた労働者たちが出てくる『工場の出口』など、とても短い（数分の）作品が何本も上映された。駅のプラットホームに機関車がやってくる『ラ・シオタ駅への列車の到着』を上映したときは、突進してくる列車の映像にパニックになった観客は、一人残らず椅子から立ち上がって会場から逃げようとしたとの逸話が残っている。なぜなら世界で初めての映像だ。観客たちに虚と実の区別などつくはずがない。

2 ラジオの誕生は映像から九年後。アメリカのマサチューセッツで最初の通信テストが行われ、一九二〇年にはペンシルヴァニアで商業放送が始まった。

3 二つの新しいメディアはあっというまに広がった。世界で初めての上映会がパリで行われた二年後には大阪で日本初の上映会が行われているし、アメリカで商業放送が始まってから五年後の一九二五年には、社団法人東京放送による日本初のラジオ放送が行われている。

4 もちろん日本が特別なのではない。映画とラジオという二つのメディアは、燎原《りょうげん》の火のように世界中に広がった。

当時の交通事情を考えれば、驚異的な速さといえるだろう。

5 なぜ世界の人々は新しいメディアを歓迎したのか。この理由もとても単純。前述したように、文字の文化は人類の歴史と共にあった。でも文字を読んだり書いたりするためには、読み書きの教育を受けることが必要だ。ところが当時の世界において、文字を読み書きできる階層は圧倒的な少数派だ。だって教育は普及していない。ほとんどの人は識字能力《リテラシー》を持たない。ならば文字は意味をなさない。

6 グーテンベルクが活版印刷を発明したのは一五世紀。これによって、聖書や新聞などが、大量に刷られることが可能になった。でもいくら大量に印刷されたとしても、この時代の印刷物は、マスメディアには決してなれなかった。

7 ところが映像と音のメディアは、識字能力を必要としない。教育など受けていなくても、基本的には誰だって見ることはできるし聞くこともできる。

8 こうして二十世紀初頭、もう少し正確に書けば一九二〇～三〇年代、この世界に初めてのマスメディアが誕生することになる。Aそしてその帰結として、ファシズム（全体主義）が誕生した。

9 あなたは不思議に思ったことはないだろうか。ファシズムという政治形態がスペインやイタリア、そして日本とドイツなど同時多発的に登場するのは、やっぱり一九二〇～三〇年代だ。この時代以前に、ファシズムは歴史に登場していない。

10 誰もが理解できるメディアが誕生したことで、特定の政治的意図のもとに、主義や思想や危機意識などを、大衆に何度も強調して刷り込むことが可能になった。つまり大規模なプロパガンダ(注1)が可能になった。

11 でもそれは人々がメディアを理解していなかった昔の話。それにメディアの側も現在では、さすがにそこまで露骨なプロパガンダを行わないはずだ。もしあなたがそう思うのなら、僕はもうひとつの例を提示しよう。

12 一九九四年、アフリカのルワンダで大虐殺が行われた。フツ族によって殺害されたツチ族の犠牲者の数はおよそ一〇〇万人。国民の一〇人に一人が犠牲になった。テレビがまだ普及していない（しかも識字率も高くない）ルワンダにおいて、ラジオは唯一の国民的な娯楽だった。フツ族向けのラジオ放送局がツチ族の危険性をしきりに煽《あお》り、その帰結として「彼らを殺さないことには自分たちが殺される」との意識が喚起され、最終的に未曽有の虐殺が始まった。あるいは二〇一四年にクリミア併合をめぐって勃発したロシアとウクライナの紛争の際、それぞれの国のメディアはＳＮＳなどの映像を使いながら、自分たちの正当性と相手国の残虐性を自国民に訴えた。こうして高揚した相手国への憎悪は、地域の紛争をさらにエスカレートさせる燃料になった。

13 視聴率や部数を上げるため、メディアは不安や恐怖を刺激する。そしてB<u>人は、この刺激に最も弱い。</u>（中略）

14 樹上生活から地上に降りてきた人類の祖先は、二足歩行を始めるのとほぼ同じころ、単独ではなく群れて生きることを選択した。地上には天敵がたくさんいるからだ。一人では捕食されてしまう。でも集団なら天敵も簡単には近づかない。こうして人は群れる本能を獲得する。群れる動物は人だけではない。イワシにメダカ、スズメやカモ、トナカイにヌー、まだまだたくさんいる。

15 これら群れる動物の共通項は、いつも天敵に脅えていることだ。トラやシャチやワシやタカは群れない。彼らは天敵の存在に脅える必要がないからだ。

16 人は身体的にはきわめて脆弱《ぜいじゃく》な生きものだ。筋肉は衰えたし泳ぎは下手だ。翼はないし鋭い爪や牙も進化の過程で失った。だからこそ人の危機意識は強い。いつも脅えている。まさしく小鹿のように。

17 ところが人は、自由に使えるようになった二本の手を使って道具を作り、やがて火薬を発明し、武器を所持し、いつしかこの地球上で最強の動物になっていた。もう天敵に脅える必要はない。でも群れる本能は遺伝子レベルで残っている。

18 もしも天敵に襲われたとき、群れは一方向に全速力で走る。どんな敵なのか。どれほどに危険なのか。それを考える余裕はない。ただひたすら走る。この状態になったとき、群れにキ(ア)ゾクする個は、自分が全体と同じ行動をとっていることで安心する。だから全体と一緒に必死に走る。つまり、自ら望む同調圧力だ。

19 エーリッヒ・フロムはこの状態を「自由からの逃走」と名づけ、ドイツ国民が民主的な手続きを経ながら強権的なナチスドイツに全権を委任する過程を考察した。人は自由が怖くなる。全体が走れば一匹も走る。そして一匹が走れば全体も走る。つまり個と全体はともに相互作用の同調圧力を持つ。こうなると他の人たちと違う動きはしづらい。群れはひとつの生きもののように動く。

20 野生の生きものは鋭い感覚で全体の動きを察知するが、進化の過程で鋭敏な感覚を失った人類は、代わりに言葉を得た。だからこそ集団化が加速するとき、多くの人は指示や命令が欲しくなる。自由よりも束縛されることを無意識に望む。強い為政者を求め始める。

21 (注2)オウム事件をきっかけにして始まった日本の集団化は、二〇〇一年のアメリカ同時多発テロで世界規模にトレースされた。特にアメリカは、まずは集団の結束を固めるために愛国者法を制定して集団内の異物を排除し、国民の統合を呼びかけるブッシュ大統領の支持率は一気に上昇し、敵を探してこれを殲滅《せんめつ》する（もし可視化できなければ無理やりに設定する）という集団化のプロセスを、まさしくモデルケースのように実践した。ここで(イ)リュウイすべきは、ひとつの集団の結束の高まりは他の集団との分離を(ウ)ソクシンする、ということだ。こうしてナショナリズム(注3)やレイシズム(注4)の衣をまといながら、自分たちと敵対する集団が周囲に増えてくる。

22 これが現在の世界の状況だ。（中略）かつてであれば独裁者に位置づけられていたはずの為政者が、高い支持率を背景にきわめて強権的な政治を行っている。そしてこの(エ)ケイフにおいて日本は、とても先駆的な位置を示している。

23 集団化の過程で人は指示や命令を求める。見つからない場合は無自覚に作りだす。そして仮想の指示や命令に従う。これが組織内における忖度《そんたく》だ。普遍的なアイヒマン(注5)が同時多発的に誕生する。特に日本人は集団と相性がいい。言い換えれば集団化しやすい。一極集中に付和雷同。個が弱い。集団に摩擦なく従属してしまう。

24 こうして群れは暴走《スタンピード》を起こす。高揚した危機意識は敵を可視化しようとする。もしも可視化できなければ無理やりにでも作りだす。なぜなら敵が見えたほうが安心できるからだ。（中略）

25 メディアは今後も進化し続ける。ただし自然トウ(オ)タが環境の諸要因によって決まるのなら、その環境を新たに作り直すことは可能なはずだ。現状においてはメディアの覇者であるテレビは、視聴率でその動きを決める。つまり市場原理だ。ならば市場が変われば、テレビはあっさりとその進化の方向を変えるはずだ。

26 C 我々がメディア・リテラシーを身に付けなければいけない理由はここにある。リテラシーの主体は、受け手であるこの社会だ。送り手であるテレビ局や新聞社や出版社ではない。ならば社会（市場）が変われば、メディアも変わるのだ。そして社会が変わるためには、情報を正しく有効に活用しなくてはならない。すなわち正しいリテラシーだ。

27 水や空気と同じように、この世界はメディアをもう手放せない。ならば浄化する方法を考えるべきだ。もしそれが不首尾に終わるのなら、近い将来において人類は、氷河期や宇宙人の襲撃や隕石《いんせき》の衝突などの理由ではなく、メディアによって滅ぶだろう。

（注）1 プロパガンダ――宣伝。特に、政治的意図をもって行われる主義・思想などの宣伝。
2 オウム事件――一九八〇年代末期から一九九〇年代中期にかけてオウム真理教が起こした地下鉄サリン事件などの一連の事件のこと。日本の犯罪史上に残る凶悪事件とされる。
3 ナショナリズム――自国／自民族の自立性、独自性を強く打ち出し、自国／自民族の利益を第一とする考え方。国家主義／民族主義。
4 レイシズム――人種間に根本的な優劣の差異があり、優等人種が劣等人種を支配するのは当然であるという思想。人種主義。
5 アイヒマン――アドルフ・アイヒマン（一九〇六～一九六二）は、ナチスドイツによるホロコーストにおいて、ユダヤ人移送の中心的な役割を果たした人物。ここでは、「組織における指示や命令に従順な人間」という程の意味。

問１ 傍線部(ア)～(オ)に相当する漢字を含むものを、次の各群の①～④のうちから、それぞれ一つずつ選べ。解答番号は 1 ～ 5 。

(ア) キゾク 1
① ゾクブツに成り下がる
② 物のゾクセイを調べる
③ 正月にシンゾクが集う
④ キンゾク年数を調べる

(イ) リュウイ 2
① リュウコウに乗じる
② 回答をリュウホする
③ ソリュウシの研究者
④ リュウセイを極める

(ウ) ソクシン 3
① ソクセイ栽培を始める
② ソクダン即決を求める
③ 降雪量をソクテイする
④ 無病ソクサイをいのる

(エ) ケイフ 4
① 夏目漱石にケイトウする
② ケイレツ会社に転職する
③ 広く大衆をケイモウする
④ 命にケイチョウなどない

(オ) トウタ 5
① タザンの石から学ぶ
② タヅナをきつく握る
③ タキに渡る職業分野
④ 地獄のサタも金次第

問2　傍線部A「そしてその帰結として、ファシズム（全体主義）が誕生した」とは、どういうことか。それを説明したものとして最も適当なものを、次の①～⑤のうちから一つ選べ。解答番号は 6 。

① 基礎的な教育さえ受けていれば見ることも聞くこともできる映画とラジオの登場によって、虚実の区別がつかない大衆を特定の主義や思想へと誘導できるようになり、ファシズムが誕生した。

② 文字を読み書きできなくても理解できる映画とラジオという二つのメディアの登場によって、ファシズムという政治形態に関する理解が広まったことが、実際にファシズムを誕生させることになった。

③ 権力の側に都合の良い主義や思想や危機意識を大衆に対して繰り返し強調する必要が生じたことで、識字能力を必要としないメディアとして映画とラジオの普及が要請され、ファシズムを生み出した。

④ 大量に印刷することのできなかった活版印刷はマスメディアにはなりえなかったが、映画とラジオはわかりやすい情報を求める人々の欲望に呼応して世界中に広まり、結果としてファシズムにつながっていった。

⑤ 文字メディアとは違い誰もが理解できる映画とラジオという二つの新しいメディアの登場により、大衆に対する大規模なプロパガンダが可能となったことが、大衆の集団化を促し、ファシズムを準備した。

問３　傍線部**Ｂ**「人は、この刺激に最も弱い」とあるが、なぜか。その理由を説明したものとして最も適当なものを、次の①～⑤のうちから一つ選べ。解答番号は［７］。

①　様々な情報があふれ、メディアの刺激に対して鈍感になっている今でも、敵対関係にある相手の危険性や残虐性を声高に喧伝《けんでん》するメディアには、思わず耳目を惹《ひ》きつけられてしまうから。

②　不安や恐怖を煽るメディアのやり方は視聴率や発行部数を伸ばすための戦略に過ぎないとわかっていても、万一のことを考えると一応知っておいた方が良いという気になってしまうから。

③　天敵が存在しないために群れを作る必要のない動物と違い、人類は身体能力がきわめて低く、群れを作らなければ天敵に襲われてしまうから。

④　天敵に脅え、群れを作って生きてきた人類は、地球上で最も強大な力を持つようになってからも、自分を脅かすものに対する危機意識を潜在的に抱いているから。

⑤　身体的に脆弱なために群れを作ることで生き延びてきた人類は、危機にさらされたとき、周囲の人間と同じ行動をとることで安心することができるから。

問4　傍線部C「我々がメディア・リテラシーを身に付けなければいけない理由はここにある」とあるが、どういうことか。その説明として最も適当なものを、次の①～⑤のうちから一つ選べ。解答番号は 8 。

① メディアの目指す方向は、その受け手である社会によって決められるのだから、人々の不安や恐怖を煽り集団化を推し進めるようなメディアのあり方に対しては、批判的に接していかなければならないということ。

② メディアはなくならないし今後も進化し続けるのだから、メディアの送り手から発信される情報を正しく有効に活用することができるだけの力を、我々一人ひとりが伸ばしていかなければならないということ。

③ テレビを筆頭とするメディアの動きは市場原理に支配されているのだから、その市場を活性化させるためにも、メディアが発信する情報とその内容をきちんと読み取る力を社会全体として身に付けなければならないということ。

④ 近い将来、人類を滅亡させ得るものは集団化を加速させ他の集団との分離を推進するメディアなのだから、メディアを必要としないようなリテラシーを各人が身に付ける必要があるということ。

⑤ リテラシーの主体はあくまでも社会であり、社会が変わればメディアも変わるのだから、社会を構成する我々一人ひとりが、正しく有用な情報を発信する力を身に付けなければならないということ。

問５　この文章を授業で読んだTさんは、内容をよく理解するために【ノート１】～【ノート３】を作成した。本文の内容とTさんの学習の過程を踏まえて、(i)～(iii)の問いに答えよ。

(i)　Tさんは、本文の 1 ～ 27 を【ノート１】のように見出しをつけて整理した。空欄 Ⅰ ・ Ⅱ に入る語句の組合せとして最も適当なものを、後の①～④のうちから一つ選べ。解答番号は 9 。

【ノート１】

●新しいメディアとファシズム（ 1 ～ 10 ）

●群れる人々とメディア（ 11 ～ 24 ）

11 ～ 13 　Ⅰ

14 ～ 17 　Ⅱ

18 ～ 20 　集団化は「自由からの逃走」

21 ～ 24 　集団化が進む現在の世界

●メディア・リテラシーの必要性（ 25 ～ 27 ）

①　Ⅰ　人々がメディアを理解していなかった昔

　　Ⅱ　天敵に対する危機意識

② Ⅰ 不安や恐怖を煽るメディア
Ⅱ 人間の群れる本能

③ Ⅰ 人間のもつ残虐性
Ⅱ 群れる動物の共通項

④ Ⅰ かつての露骨なプロパガンダ
Ⅱ 自ら望む同調圧力

(ii) 19 段落の波線部の内容に興味を持ったTさんは、図書室でエーリッヒ・フロム『自由からの逃走』を借りて読み、印象的だった一節を【ノート2】に書き写した。空欄 Ⅲ ・ Ⅳ に入る語句の組合せとして最も適当なものを、後の①～④のうちから一つ選べ。解答番号は 10 。

【ノート2】

……幾百万のひとびとにとって、ヒットラーの政府は「ドイツ」と同一のものとなった。ひとたびヒットラーが政府の権力を握った以上、かれに戦いを挑むことはドイツ人の共同体からみずからを閉めだすことを意味した。他の諸政党が廃止され、ナチ党がドイツそのものである」とき、ナチ党にたいする反対はドイツにたいする反対を意味した。より大きな集団と合一していないという感情ほど、一般の人間にとって堪えがたいものはないであろう。ナチズムの諸原理にたいしてどんなに反対していようとも、もしかれが［Ⅲ］と、［Ⅳ］と、どちらか選ばなければならないとすれば、多くのひとびとは後者を選ぶであろう。

① Ⅲ ナチ党と一体化すること Ⅳ ドイツ人の共同体と一体化すること
② Ⅲ ナチ党に反対すること Ⅳ ドイツにたいして反対すること
③ Ⅲ ドイツに属しているという感情をもつこと Ⅳ ナチ党に反対すること
④ Ⅲ 孤独であること Ⅳ ドイツに属しているという感情をもつこと

(iii) 【ノート2】に『自由からの逃走』の一節を書き写したTさんは、ではナチズムのような脅威に対抗するためにはどうすればよいかということについて、本文と『自由からの逃走』の内容を参考にして考察し【ノート3】を作成した。空欄 V に入る語句として最も適当なものを、後の①〜⑥のうちから一つ選べ。解答番号は 11 。

【ノート3】

……この考察から、政治的プロパガンダの問題にとって重要な一つの公理が帰結する。すなわち、ドイツそのものにたいする攻撃、「ドイツ人」についての誹謗《ひぼう》的プロパガンダは、それがどのようなものであっても、ナチ体制と完全に合一していないひとびとの忠誠心までも増大させるだけであるということである。しかしこの問題は巧妙なプロパガンダによっては根本的に解決することはできない。それは一つの根本的な真理、すなわち倫理的原理は国家の存在以上のものであり、個人はこれらの原理を固く守ることによって、過去、現在、未来を通じてこの信念をわけあうひとびとの共同体に属するという真理が、すべての国々において勝利をえたとき、はじめて解決できることがらである。(『自由からの逃走』より)

考察 人は危機を感じた時に、孤立を恐れ、メディアの流す一面的な情報を通じて自分を全体と一体化させ、安心を得ようとする。そのことが結果的にナチズムの暴走につながってしまった。必要なことは V 。

① 自己の属する集団における支配的な思想を相対化し、より普遍的な倫理的原則に従おうとすることである。

② 自己を同一化させる対象である国家そのもののあり方を浄化し、より望ましい姿に変化させていくことである。

③ 全体主義的な政治形態に対して断固「否」を突きつけるような政治的プロパガンダを展開することである。

④ メディア・リテラシーを身に付けることで、為政者の求めていることを自ら汲《く》み取れるようにすることである。

⑤ メディアが発信する情報に批判的に接し、孤立を恐れずに一貫した自己の信念に基づいて行動することである。

⑥ 自己にとって望ましくないと思われるメディアを排除することでメディア空間を浄化することである。

（下書き用紙）

国語の試験問題は次に続く。

第2問

次の文章は、辻仁成《つじひとなり》『海峡の光』の一節である。主人公の「私」（斉藤）は、函館《はこだて》の刑務所で看守として働いていたが、ある日、そこに、小学校の同級生だった花井修が受刑者として入所してくる。小学生時代の花井は美少年でクラスメートからの人望も厚かったが、「私」はその花井から陰湿な苛めを受けていた。以下はそれに続く場面である。これを読んで、後の問い（**問1～6**）に答えよ。なお、設問の都合で本文の上に行数を付してある。（配点　50）

夏も近づいたある日、月一度の持ち回りとなっている舎房勤務の順番が回ってきた。木造平屋の獄舎の、体育用具室の空気にも似た、つんと鼻につく黴臭《かびくさ》い匂《にお》いにはいつまで経《た》っても慣れることがなかった。特に夏は風が抜けず、閉鎖的な穴蔵の空気はいよいよ澱《よど》んだ。私の足先は、花井修が収容されている第三寮へと自然に向いた。

A 日が経つほどに花井はますます私の中で立ち上がり、それは今や四六時中気になって仕方のない存在へと膨らんだ。家族との日常に身を浸している時でさえ、花井は幽霊のようにすうっと現れた。あなたの幼なじみの人、まだあなたのこと気がつかないの？　妻は子供を寝かせつけた後の、話題が無くなった退屈な時間を狙《ねら》ってわざと聞いてきた。私が黙っていると、いいのよ、応《こた》えなくて。刑務所のことは聞かない約束だものね。でもそれを最初に口にしたのはあなたの方なのよ。小学校の同級生が入所した。頭が上がらなかった。なのに今じゃ俺が懲罰を与えることだってできるって。あなた自慢気だったじゃない。妻は毎日の憂《う》さでも晴らすように、私に食い下がった。私を怒らせるこつをよく心得ていた。大声を出そうものなら、いいのね、お母さん起きちゃうわよ、と奥の部屋でここ数年病気で臥《ふ》せている母の方を顎でしゃくった。看病と育児の毎日なんだもん。愚痴言ってるわけじゃないけど、夜に少しぐらい普通の夫婦のように世間話をしたって構わないでしょ。花井の薄笑いを浮かべた涼しい顔が、ふっと心に割り込んでくる。まるであの男が私の日常を、獄舎の中から遠隔操作しているようだった。

夏の休日の日差しが舎房の突き当たりにある格子窓《こうしまど》から斜めに差し込み、幾条もの光の柱を拵《こしら》えた。どこから舞い込んだか蝶《ちょう》が、羽根を弱々しく翻《ひるがえ》らせては宙を彷徨《さまよ》っていた。羽ばたきの、機械仕掛けの玩具《がんぐ》のようなひとかきひとかきや、傷《いた》んだ羽根の表面の模様までもが確認できた。紛れ込んだが抜け出せず、もう長いことここを行き交っている様子で、すっかり生命力も消尽しきってなんとも哀れだった。窓がなく、密閉された舎房の廊下を飛ぶモンシロチョウの静かだが鬼気迫る舞いに、私は束《つか》の間放心状態となり、次第に死へと向かいつつある蝶の美しく危うげな瞬間の一つ一つを目で追いかけては、逆に自分の心が落ちつくのを覚えた。

花井が転校することを知ったのは、一学期の終業式より僅《わず》かに一週間前、夏休みを目前にしたやはり暑気に逆上せる真夏日のこと。B花井の転校を知った時、私はまず大きく安堵《あんど》した。花井さえいなければ悪餓鬼たちの罪のない苛《いじ》めなど苦でもない。無視してしまえばほとんど次元の低い悪戯《いたずら》として片づけることができた。問題はここに花井の知恵が加わることによって、悪童の罪の無いちょっかいが突然何倍も陰湿な苛めへと凶暴化することにあった。

「協調できないはみ出し者を僕たちが愛情をもって鍛えなおしてやらなきゃ」

彼の一言で私はクラスの不出来な落ちこぼれと決めつけられて、手厳しい攻撃の的となった。正義の名のもとにふるわれる制裁ほど恐ろしいものはない。人を殴りつけておいて、彼らは花井の説いたカタルシスに浸るわけだから、悪いことをしたという意識がまるでなく、それればかりか私を導くと豪語して力加減もない。花井も私を利用し、とかげの尻尾《しっぽ》のように扱うことで、クラスをうまく一つにまとめあげ、自分の確固たる地位を築いていた。花井が転校せず卒業まで学校に残ったなら、私は人間としての尊厳を維持出来たかどうか疑わしい。

花井の出発の日が迫って来ると、私は復讐《ふくしゅう》をしなければと焦るようになった。皆の前で存在を否定された私自身を回復するため、そして父の(注1)侮辱を晴らすために。更には花井がいなくなった後の学校内での自分の居場所を確保するためにも、彼が去る前に決着をつける必要があった。できれば花井修が転校するその日にクラス中が見ている前で彼を力のかぎり叩《たた》きのめし、その誇りと神話を失墜させ、そうすることで私の再生を高らかに全校へ宣言するのだ。終業式を狙ったのは、彼に時間的余裕を与えないためであった。

当日、私は朝からずっと機会を窺《うかが》い、いよいよ復讐の時を迎えようとしていた。ところが、今こそ実行しようと決意したその瞬間、C彼はクラスメート全員の前で突如私への和解を申し出たのである。

「僕がいなくなった後、この斉藤君のことだけが気掛かりなんだ。皆が仲間として彼をきちんと迎え入れてやってくれるなら僕は思い残すことなく新しい学校へ転校できる。決して彼を孤立させないでほしいんだよ」

その提案は、ホームルームの時間を割いて行われた彼のお別れ会の席、挨拶《あいさつ》の冒頭で述べられたものである。意外な展開に私は一斉に向けられたクラスメートたちの視線に敵意のやり場を攪拌《かくはん》され、茫然《ぼうぜん》自失の状態になり、ただ彼の言葉を聞くしかなかった。しかもその(ア)巧言ほど、彼への別れを悲しんでいた女生徒の心を大きく揺り動かすものはなく、涙まで誘って、またしてもそこに偽物《にせもの》の正義をまき散らすことに成功したのだった。

もしもあの時、和解を無視して私が予定通り花井をその場で殴りつけていたなら、私は花井がいなくなった後、全校生徒を残らず敵に回すこととなり、卒業するまで彼の亡霊に支配され続けかねなかった。結局私の最後のチャンスは脆《もろ》くも奪われてしまい、(イ)地団太を踏むしかなかった。焦慮と憤怒《ふんぬ》のせいで血が頭に上りつづけ夜中に風呂場《ふろば》で嘔吐《おうと》した。

ところが私は翌日、自分でも信じられないことに、まるで自らの意思とは違う別の磁力によって、彼を見送るため函館桟橋《さんばし》へと出向いた。

花井はサラリーマンをしている彼の両親に温かく囲まれ、真新しいスーツに身を包んでは、まるで小さな英雄を気取り胸を張っていた。漁師の家で育った私とは見るからに風趣の違う家庭の香りが花井家の周辺からは漂っていた。その清々《すがすが》しい雰囲気を見るだけでも自分の今日がいかに惨《みじ》めなものかが思い知らされ、彼への反発がただの時代錯誤の嫉妬《しっと》による、身分不相応の反乱のような気がして、困惑が底無しに錯綜《さくそう》した。

花井は皆と握手し、清澄《せいちょう》な言葉に一点の曇りもない微笑《ほほえ》みを交えてそこに集まった全《すべ》ての者に投げかけていた。私は、その有終の美とでも言うべき最後の演出に近づけないばかりか、何しにここへ来たのだ、と後悔しながら一段と気後れし、人々から退いてしまう。花井は勿論《もちろん》そこでも作られた偽善を見せつけた。隅の方で小さくなる私の方へ歩み寄って来て、しかもみんなに聞こえるように声を高め、

「君は君らしさを見つけて強くならなければ駄目だ」

と言った。周囲の者たちは花井の演技にまんまと騙《だま》され、同意を口々に漏らしたが、私は彼の手を力一杯握りしめると引き寄せ、心の中で溢《あふ》れ出しそうになっていた感情を一つの言葉に集約し、偽善者、と小声で浴びせたのだった。私の精一杯の声は花井にしか届かなかったが、意外にも彼をうろたえさせた。花井修は二の句が継げず、暫《しばら》く(ウ)挙措を失い、私の顔を見つめたが、ふいに慌《あわ》てて私から視線を逸《そ》らすと、彼の両親の間に逃げるようにして隠れ、そのまま女生徒たちの熱い声援に見送られてタラップを連絡船へと渡ってしまった。

まもなく桟橋にいた旅客担当助役が合図を送り、船の客室係たちによって舷門《げんもん》(注2)が閉じられると、桟橋はゆっくり上昇し、纜《ともづな》(注3)が外された。汽笛が唐突に鳴り響き、スクリューの振動が桟橋にも伝わった。そして私と花井とは以後別々の世界に押し分けられてしまうのだった。

船が徐々に岸壁から離れはじめると、クラスメートたちは自分たちの時代の麒麟児《きりんじ》(注4)が出陣するのをひたすら手を振っては見送り、中には泣き崩れる者までいた。花井は両親に挟まれて、船のデッキから見送る人々を見下ろしていたが、顔つきからは先程の余裕が心なしか消え失《う》せていた。D ぎこちない微笑みは、少なくとも私には空笑いとしか見えなかった。

（注）1　父の侮辱を晴らすために――真面目な漁師だった「私」の父は、「私」が小学四年生の時、荒れた真冬の海で漁をしていた時に海に投げ出され水死したのだが、花井は、その父の名誉を汚すような中傷を学校中に広めていた。

2　舷門――船の上甲板（デッキ）の横にある出入口。

3　纜――船をつなぎとめておく綱。

4　麒麟児――才能が優れていて、将来が期待される少年。

問1　傍線部(ア)～(ウ)の本文中における意味として最も適当なものを、次の各群の①～⑤のうちから、それぞれ一つずつ選べ。解答番号は 12 ～ 14 。

(ア) 巧言 12
① 心から出た感謝のことば
② 口先だけのたくみなことば
③ 心にもないいつわりのことば
④ 相手のことを思いやったことば
⑤ 人を惹きつける力を持ったことば

(イ) 地団太を踏む 13
① これまでの自分の考え方を悔い改める
② 自分以外の誰かの助けを期待して待つ
③ 仕方のないこととして潔くあきらめる
④ 悔しさに身もだえして地を踏みならす
⑤ 自分自身のふがいなさを激しく責める

(ウ) 挙措を失い 14
① 周囲を気にすることもなく
② 自分のやるべきことを忘れ
③ 言うべき言葉が見つからず
④ 心の平静を失って取り乱し
⑤ すっかり威厳をそこなって

問２ 傍線部Ａ「日が経つほどに花井はますます私の中で立ち上がり、それは今や四六時中気になって仕方のない存在へと膨らんだ」とあるが、この表現からわかる、花井に対する「私」の気持ちはどのようなものか。その説明として最も適当なものを、次の①～⑤のうちから一つ選べ。解答番号は 15 。

① かつて自分をいじめた花井に思いがけない形で再会し、今なら親しくなれるのではないかと期待している。
② かつてはクラスメートからの人望も厚かった花井のその後の人生に何が起きたのか不審に思っている。
③ 過去の出来事を忘れることができず、力関係が逆転した今も、花井の存在に頭を支配されている。
④ 過去に花井から受けたいじめのことが深い傷となって残っており、いまだに脅えを払拭できないでいる。
⑤ 思わぬ形で再会したかつてのいじめっ子に、どのような仕返しをしてやろうかと考えを巡らせている。

問3　傍線部B「花井の転校を知った時、私はまず大きく安堵した」とあるが、それはなぜか。その説明として最も適当なものを、次の①〜⑤のうちから一つ選べ。解答番号は 16 。

① 花井さえいなくなれば、悪童たちへの罪のない苛めは、次元の低い悪戯として見逃してもらえると思ったから。
② 悪童たちの暴力を正当化する口実を与える花井の知恵によって、クラスの秩序が崩壊しかかっていたから。
③ クラスの人間関係の頂点に君臨していた花井がいなくなれば、今度は自分が頂点に君臨できるから。
④ 「私」へのいじめを「私」のための行為へとすり替える花井に、ようやく復讐することができると思ったから。
⑤ 「私」を協調性のある真っ当な人間に導くという名目で行われる苛烈な暴力から解放されると思ったから。

問４　傍線部Ｃ「彼はクラスメート全員の前で突如私への和解を申し出たのである」とあるが、「私」はそれをどのように受け止めたか。その説明として最も適当なものを、次の①～⑤のうちから一つ選べ。解答番号は 17 。

① 花井のせいで失ったものを取り返すためになんとしても花井に復讐しなければならないと決意を固めていたが、突然花井が「私」を気遣うような提案を皆にしたために、手を出したくても出せない状況に置かれてしまい、どうすればよいのかわからなくなっている。

② 学校内での居場所を再び取り戻し自分だけでなく父親の名誉を回復するためにも花井に復讐しなければならないと決意を固めていたが、突然花井が皆の前で、「私」に直接和解を求めてきたために、呆気《あっけ》にとられ、敵意の向けどころを失っている。

③ 失われた自分の尊厳を取り戻し父の汚名をそそぐためにも花井への復讐を決行する決意を固めていたが、突然花井が皆の前で、「私」のことを心配する胸中を吐露したために、クラスの雰囲気が変わり、もはや復讐をする意味が失われてしまったと拍子抜けしている。

④ 時間的に忙しいために花井も心の余裕を持てないであろうと考えて終業式に復讐を果たす決意を固めていたが、突然花井が皆の前で、「私」への優しさを示すような発言をしたために、このようなときにも他者への配慮を忘れない花井に対して、敵意を向けることができなくなっている。

⑤ 叩きのめしたあとの花井に信頼と誇りを回復する時間を与えないために終業式に復讐を果たす決意を固めていたが、突然花井が「私」に仲直りを求めてきたために、驚きつつも、これまでのことは水に流して気持ちよく

花井を送り出してやろうと思っている。

問５ 傍線部Ｄ「ぎこちない微笑みは、少なくとも私には空笑いとしか見えなかった」とあるが、この時の「私」の心情はどのようなものか。その説明として最も適当なものを、次の①～⑤のうちから一つ選べ。解答番号は 18 。

① 最後まで卑劣な演技で「私」をおとしめようとする花井に対し、「偽善者」という一言を突きつけ、花井をうろたえさせたことで、皆の前で復讐するという当初の目的を果たすことができたと思っている。

② これまで逆らうことができなかった花井に対し、はじめて「私」の感情をまっすぐにぶつけ、それにまごつく花井の姿を見たことで、これくらいのことで動揺するような人間だったのかと花井への興味を失っている。

③ 偽物の正義を振りかざして「私」を苛め抜いてきた花井に対し、花井が予想だにしていなかったであろう反撃を加えたことで、復讐とまではいかずとも、一矢を報いることはできたと思っている。

④ 悪童たちをそそのかして「私」を苛めてきた花井に対し、「偽善者」という痛烈な一言をぶつけ、花井に大きな痛手を与えたことで、「私」を苛めたことを十分に後悔させることができたと思い、満足している。

⑤ つねに正義の仮面をかぶり、誰にも腹の底を見せてこなかった花井に対し、「偽善者」という鋭い一言を突きつけたことで、皆に花井の本性を明かすことができたと思っている。

問6　次に示すのは、本文を読んだ後に教師の話を聞き、【資料】を読んだ六人の生徒が話し合っている場面である。本文と【資料】を踏まえた説明として**適当でない発言**を、次の①～⑥のうちから**二つ**選べ。解答番号は 19 ・ 20 。

教師の話――この作品は、純文学ジャンルの新人賞である芥川龍之介賞を一九九六年に受賞しました。しかし、選考会では賛否両論噴出し、強く推す選考委員がいた一方で、受賞にふさわしくないという考えを表明した選考委員もいたようです。次に示す【資料】は、選考委員たちの意見の一部です。これを読んで皆さんで自由に意見を出し合ってみてください。

【資料】

宮本輝「一気に読んだ。（……）辻氏の筆からスタミナは最後まで失われず、不可知な人間の闇を描くことに成功したと思う。」

石原慎太郎「氏の作家としての力量を感じさせる幅も奥も深い作品である。人間の心、というよりも体の芯の芯に潜む邪悪なるものの不可知さに正面きって向かい合い厄介な主題をとにかくもこなしている。」

日野啓三「主要登場人物の心理と行動の変化の点で構成上の欠陥がないわけではない。自然に納得し難い飛躍があるのだが、にもかかわらず小器用にまとまった佳作以上の迫力と魅力があることを納得せざるをえない。」

古井由吉「少年のイジメ・イジメラレという、（……）関心事を、人間の「悪」の姿へと立ち上がらせた。そのために、こなしきれぬ言葉まで動員した。しばしば意味のかなり不明な表現も、支柱として打ちこんだ。イジメ・イジメラレの関係から、人間の「悪」をめぐる関係へ至るまでの、表現の距離は長い。遠大な試みとさえ言える。踏破したとは言えない。しかし（……）とにかく立ち上がらせた。出発点である。」

丸谷才一「この語り手の教養に合せて文体を選んだと見るのならば、これだけ言語能力の低い者の一人称で小説を書かうとした作者の責任が問はれなければならない。」

① 生徒A――花井という人間が何を考えているのか全然わからなかったけど、そのことは、**宮本輝**が言うように「不可知な人間の闇を描くことに成功した」というように肯定することもできるんだね。

② 生徒B――うん、その闇は、**石原慎太郎**の指摘する「体の芯の芯に潜む邪悪なるものの不可知さ」にもつながるよね。そのような難しい主題に取り組んだこと自体も、この作品が評価された一つの理由なんだろうな。

③ 生徒C――48行目で、あんなに花井を憎んでいた「私」が、花井を見送るために桟橋に出向いたところは、ちょっと強引な気がしたな。**日野啓三**のいう「自然に納得し難い飛躍」の一例だね。

④ 生徒D――僕は21行目の「暑気に逆上せる真夏日のこと」という唐突な硬い表現に違和感を覚えたな。**古井由吉**は、「こなしきれぬ言葉」、「意味のかなり不明な表現」を多用するこの作品を批判的にとらえているね。

⑤ 生徒E――32行目の「父の侮辱を晴らすために」も日本語として少し違和感があるな。普通は「屈辱を晴

らす」だよね。**丸谷才一**の痛烈な批判もゆえなきことではないと思うよ。

⑥ 生徒F――でも、別に主人公の「私」は学者じゃなくて一般市民なのだから、常に正しい日本語を使っていなくてもいいんじゃないかな。**丸谷才一**は「この語り手の教養に合せて文体を選んだと見る」と言っているよ。

第4回

【オリジナル問題②】

国語〔現代文〕　(100点)

注意事項

1　解答用紙に，正しく記入・マークされていない場合は，採点できないことがあります。

2　試験中に問題冊子の印刷不鮮明，ページの落丁・乱丁及び解答用紙の汚れ等に気付いた場合は，手を高く挙げて監督者に知らせなさい。

3　解答は，解答用紙の解答欄にマークしなさい。例えば，10 と表示のある問いに対して③と解答する場合は，次の（例）のように**解答番号１０の解答欄の③にマーク**しなさい。

（例）

解答番号	解答欄
10	① ② ❸ ④ ⑤ ⑥ ⑦ ⑧ ⑨

4　問題冊子の余白等は適宜利用してよいが，どのページも切り離してはいけません。

5　**不正行為について**

①　不正行為に対しては厳正に対処します。

②　不正行為に見えるような行為が見受けられた場合は，監督者がカードを用いて注意します。

③　不正行為を行った場合は，その時点で受験を取りやめさせ退室させます。

6　試験終了後，問題冊子は持ち帰りなさい。

第1問　次の文章を読んで、後の問い（問1～6）に答えよ。なお、設問の都合で本文の段落に［1］～［18］の番号を付してある。（配点　50）

［1］「飢えた子どもを前に文学は役に立つか」

［2］この問いはジャン＝ポール・サルトル（注）に由来する。彼は一九六四年四月、『言葉』と題する自伝の刊行を機におこなわれた『ル・モンド』紙のインタヴューにおいて、かつて一世を風靡《ふうび》した自分の代表作である『嘔吐《おうと》』（一九三八年）を回顧しつつ、次のように語った。

私に欠けていたのは現実感覚でした。あれ以来、私は変わりました。現実をゆっくりと学んだのです。私は飢え死にする子どもたちを見てきました。死んでいく子どもを前にして『嘔吐』は無力です。

［3］この発言を踏まえて、まずは問いにたいする三つの回答を想定してみよう。

［4］第一の回答は、「文学は現実に餓死する子どもを救うことはできないのだから役に立たない」というもので、サルトルの言葉をそのまま敷衍《ふえん》した答えである。あたりまえのことだが、『嘔吐』に限らず、世に名作と言われているどんな作品であっても――『ハムレット』であろうが『戦争と平和』であろうが――空腹に苦しむ子どもにとっては（いや、飽食した大人にとっても）食べることのできないただの活字の集合体にすぎない。したがってこの立場をつきつめていけば、必然的にごく単純な文学無用論につながることになる。

5 第二の回答は、「確かにどんなにすぐれた文学も飢えた子どもを救うことはできないが、ある作品が人びとの思考や感情に作用を及ぼし、それがめぐりめぐって飢えた子どもを救うことにつながることはありうるのだから、その限りにおいて文学は役に立つ」というものである。これは文学が直接的・現実的な有用性はもたなくても、場合によって間接的有用性をもちうる可能性に賭けるという意味で、いわば希望観測的な文学有用論といえよう。

6 そして第三の回答は、「飢えた子どもを前にして文学はなんの役にも立たないが、それでいいのだ、文学はなにかの役に立つためにあるのではなく、純粋に無償の営みとしてあるのだから」というものである。これは第二の回答のように文学の有用性を主張するのではなく、むしろ現実的には無用であること、無用性に徹すること自体に文学の存在意義を見いだす立場で、逆説的な文学擁護論としてとらえることができる。

7 それでは順番に、A以上三つの回答を検討してみよう。

8 まず第一の回答にたいしては、文学は果たして飢えた子どもを救うため（だけ）にあるのか、と反問することができる。文学には人びとの心を(ア)イヤしたり、魂を昂揚《こうよう》させたり、意識を啓発したりといった、さまざまな役割がある。つまり文学には文学なりの存在意義があるのであって、「飢えた子どもを前に」という条件のつけ方がそもそも間違っているのだ。文学はもっと多様な可能性に向けて開かれているはずであり、餓死する子どもを救えないからといってその存在自体が否定されなければならない理由はない、今日まで文学が消滅していないという事実こそが、文学の必要性を裏付けるなによりの証である——と、おおよそこんな反論が想定される。

9 第二の回答についてはどうだろうか。これは有用性の(イ)ヨウセイそのものは認めながらも、それが即時的かつ直接的な形で満たされる必要はなく、迂遠《うえん》な回路を経た上であってもかまわないという立場で、一見したところもっとも妥当で説得的な回答のように思える。だが、その回路が必ず飢えた子どもの救済につながるという保証はどこにもないし、おそらく実際にそんな夢物語を本気で信じている作者も読者もほとんどいないだろう。結局のところこの種の説明は、文学の根拠を正当化するために無理やりひねりだされた口実にすぎないのではないか、という素朴な疑問はぬぐえない。

10 では、第三の回答はどうか。これは「文学はなにかの役に立たなければならない」という前提そのものを斥《しりぞ》け、文学の内在的価値を擁護する立場であるから、その意味ではきわめて旗幟《きし》鮮明である。しかし、人間のあらゆる営みはなんらかの社会的使命を果たすべきだと考える倫理観の持ち主から見れば、ほとんど開き直りに近い身勝手な自己正当化と映るであろう。サルトルは冒頭の引用の少し後で、「作家はしたがって大多数の側、飢えている二十億人の側に立たなければなりません。もし万人に語りかけ、万人に読まれたいと願うのであれば、そうでなければ、作家は特権階級に奉仕し、特権階級と同じく搾取者になってしまいます」と語っているが、この立場からすれば、無償の営みとしての文学を擁護する人びとは「飢えている二十億人」に敵対する搾取者として断罪されざるをえない。

11 このように、三つの回答にはそれぞれ説得的な部分と反論可能な部分が微妙に混在しているのだが、B作家たちの中には基本的に第三の回答を支持する立場をとる者が多いようだ。たとえば冒頭に引いたサルトルのインタヴュー記事から一カ月あまり後の一九六四年五月二十八日、「ヌーヴォー・ロマン」と呼ばれる新しい傾向の作家、クロード・シモンは、『レクスプレス』誌に「サルトルはいったい誰のために書くのか？」と題する文章を発表し、文学が果たす役割は政治その他のすべてから独立した自律的なものであると主張した。また、同じ雑誌にはシモンより二十歳近く若い新進作家のイヴ・ベルジェも寄稿しており、強い口調でサルトルを批判しつつ、文学と現実は別ものであるという議論を展開した。これらはいずれも、文学を安易に現実的目的に従属させようとする思考法にたいする作家の側からの反撃である。

12 日本の作家では大江健三郎が二十代の頃、こうした論争のケイ(ウ)イを踏まえて「飢えて死ぬ子供の前で文学は有効か?」と題する文章を書いているが、その終わりの部分には「広島の原爆病院前の日盛《ひざか》りの広場、蚊のなくような声で、核兵器の廃止を希望した患者代表が、冬の終りにむなしく絶望して白血病で死んだという記事にふれると、まったく動揺し混乱してしまうのである」という一節がある。餓死する子どもと同様、白血病で死んでいく被爆者を前にしてもなお、文学はおのれの無力さに目をつぶり、自律的価値を主張したり無償の営みとして自己正当化したりすることを許されるのだろうか。「文学はなんのためにあるか? なぜ書くのか? という問いに答える試みほど、作家にとって危険な、割りのあわない冒険はない」と大江は率直に告白する。文学と現実世界の関係は、それほど困難で微妙なものだ。

13 ところで本書の読者の中には、自分は文学になんか興味はないし、ましてや文学者ではないので、このような問いにこだわる意味がまったくわからない、という人も少なくあるまい。だが、「文学」という言葉をみずからがコミットしている活動領域や学問分野に置き換えてみれば、これがいくらでも拡大可能な問いであることがすぐに了解されるだろう。「飢えた子どもを前に音楽は役に立つか」「飢えた子どもを前に哲学は役に立つか」「飢えた子どもを前に物理学は役に立つか」等々——この問いを自分自身のケースに適用してみたとき、あなたならいったいどう答えるだろうか。

14 文学を一分野として含む芸術一般に関しては、サルトルの発言より一世紀以上前に書かれた文章がある。テオフイル・ゴーチエの小説『モーパン嬢』（一八三五年）の序文がそれだ。そこで彼は「人間の生存を支えるのに現実的に有益なものは何か？　日に二度のパン入りスープと一切れの肉、文字どおり厳密な意味で腹を満たすのに必要なものはそれだけだ」と述べた上で、「音楽なんて何になる？　絵画なんて、何の役に立つ？［……］真に美しいものは、何の役にも立たないものに限られる。有益なものはすべて醜い」と喝破した。

15　芸術は飢えを満たすにはまったく役に立たないが、現実的に無益であるがゆえに美しいのであって、もしなにか他の目的に奉仕する有益なものであったらそれだけで醜いものになってしまうとするこの立場は、しばしば「芸術のための芸術」という用語で語られるもので、先に挙げた第三の回答を先取りするものとしてとらえることができる。

16　当然のことながら、目の前で死んでいく子どもを救えないのは文学だけではない。音楽も、絵画も、無力であるという点ではなんら変わりはないし、哲学も、数学も、法律学も、物理学も、その意味では(エ)ドウダンである。直接役に立つものといえば、つまるところゴーチエの言う「日に二度のパン入りスープと一切れの肉」、すなわち食糧と、これを供給するのに必要な交通手段や経済システム、そして飢えた子どもの健康を回復させる医療技術くらいだろう。少なくともこうした状況で文学・芸術はまったく無益だし、大半の学問もほとんど無用ということになる。

17　この考えを押し進めていくと、最終的には学問不要論に行き着きかねない。とくに昨今は人文科学系の学問にたいする風当たりが強く、大学に人文系の学部は無用であるという議論さえ時折見かけるようになった。こうした流れの中で、「役に立たない学問」はなお、みずからの存在根拠を主張することができるだろうか。

18　このように、Cサルトルの問いは文学に限らず、すべての学問にたいして、さらには人間のあらゆる営為にたいして提起されるべき(オ)フヘン的な問いなのである。

（石井洋二郎《いしいようじろう》／藤垣裕子《ふじがきゆうこ》『大人になるためのリベラルアーツ　思考演習12題』による）

（注）ジャン=ポール・サルトル――フランスの作家・哲学者・思想家（一九〇五〜一九八〇）。実存主義の主導者として、さまざまな分野で数多くの著作を遺した。

問１　傍線部(ア)〜(オ)に相当する漢字を含むものを、次の各群の①〜④のうちから、それぞれ一つずつ選べ。解答番号は 1 〜 5 。

(ア) イヤす 1
① 小学校のキョウユになる
② 特産品をユシュツする
③ 役所と業者がユチャクする
④ ユエツの情に満たされる

(イ) ヨウセイ 2
① セイチョウを見まもる
② 原油をセイセイする
③ セイキュウに事を運ぶ
④ 代金をセイキュウする

(ウ) ケイイ 3
① 核兵器のキョウイ
② イドの高い地域
③ 神仏へのイフ
④ イシン伝心

(エ) ドウダン 4
① 苦渋のケツダン
② ダンドウミサイル
③ ダンカイの世代
④ 首相のダンワ

(オ) フヘン 5
① 富のヘンザイを是正する
② 時代のヘンレキをたどる
③ ヘンシュウ作業に携わる
④ 時代のヘンカに乗り遅れる

問2　傍線部A「以上三つの回答を検討してみよう」とあるが、その内容として最も適当なものを、次の①～⑤のうちから一つ選べ。解答番号は 6 。

① 第一の回答をつきつめていけば、ごく単純な文学無用論につながるが、それに対しては、人の心に影響を及ぼす文学の力は飢えた子どもの心にも作用するのだから文学は無用ではないという反論が想定される。

② 第二の回答は文学の間接的な有用性を主張するものだが、その有用性は希望観測的なものにすぎず、実際に文学が飢えた子どもの救済につながる保証は何もない以上、その正当性には疑念が残る。

③ 第二の回答は文学の直接的・現実的な有用性を認めないが、人びとの思考や感情に訴えかける作品は迂遠な回路を経て飢えた子どもの救済につながるのだから、その有用性に疑問を挟むことはできない。

④ 第三の回答は、文学は現実的目的のためにあるのではなく、むしろ文学のために現実があるという立場であり、そのような立場の擁護は、飢えた子どもを利用する身勝手な営為との誹《そし》りを免れない。

⑤ 第三の回答はいわば無用の用ともいえる逆説的な文学擁護論だが、人間のあらゆる営みがなんらかの社会的な使命を有している以上、現実的に無用な文学の存在というのは考えにくい。

問３　傍線部Ｂ「作家たちの中には基本的に第三の回答を支持する立場をとる者が多いようだ」とあるが、「第三の回答」を支持する作家たちの立場とはどのようなものだと考えられるか。その説明として最も適当なものを、次の①～⑤のうちから一つ選べ。解答番号は［７］。

① 現実的には無用であること自体に文学の存在意義を見いだし、文学の無用性と他律性を擁護する立場。
② 文学それ自体の内在的価値を認め、文学が他の何かのために奉仕するものになることを懸念する立場。
③ 飢える二十億人の側に立つことで、社会的弱者を搾取する特権階級の側に立つことを厳に戒める立場。
④ 文学を安易に現実的目的に従属させようとする思考法に抗い、文学それ自体の有用性を主張する立場。
⑤ 文学の果たす役割は政治その他のすべての営為から人々を切り離し独立させることであるとする立場。

問4　傍線部C「サルトルの問い」とあるが、筆者はそれをどのようなものとして捉えているか。その説明として最も適当なものを、次の①～⑤のうちから一つ選べ。解答番号は 8 。

① 「飢えた子どもを前に文学は役に立つか」というサルトルの問いは、文学愛好者や文学研究者に向けられた問いであり、その意味で彼ら文学に関わるものに自分の活動に対する反省や再考を促す契機にはなり得るが、それ以外の多くの人にとっては実質的な意味を持たない閉鎖的な問いである。

② 「飢えた子どもを前に文学は役に立つか」というサルトルの問いは、サルトル自身の意図とは別に、文学以外の様々な活動領域や学問分野に置き換えることが可能な問いであり、その問いを自身に向けた一人ひとりに自分の存在価値の無さを痛感させてしまうという意味で実存的な問いである。

③ 「飢えた子どもを前に文学は役に立つか」というサルトルの問いは、文学のみならず、すべての学問にたいして、さらには人間のあらゆる営為にたいして向けることのできる問いであり、その意味で、飢えた子どもを直接的・現実的に救済する営み以外のすべての営みの無用性を暴く批判的な問いである。

④ 「飢えた子どもを前に文学は役に立つか」というサルトルの問いは、サルトル自身の考えとは異なるさまざまな議論を引き出したが、そのような議論が文学・芸術の無用性のみならず、大学に人文科学系の学問は不要であるといった風潮まで生んでしまったという意味では、反知性的な問いである。

⑤ 「飢えた子どもを前に文学は役に立つか」というサルトルの問いは、文学以外のあらゆる学問・芸術、さらには人間のあらゆる営みに拡大可能な問いであり、問いにさらされる営みの存在意義のみならず、「役に立つ」と

はどういうことかといったことにまで目を向けさせる建設的な問いである。

問5　この文章の構成と内容に関する説明として最も適当なものを、次の①～④のうちから一つ選べ。解答番号は［9］。

①　［1］～［2］段落では「飢えた子どもを前に文学は役に立つか」というサルトルの問いと、文学は現実に対して無力であってはならないというサルトル自身の考えが述べられている。

②　［3］～［6］段落では、サルトルの問いに対して想定される三つの回答について、また［7］～［10］段落では、それぞれの回答に違う角度から加えられた検討内容について述べられている。

③　［11］～［12］段落では、それまでに説明されてきた三つの回答のうち、海外でも日本でも作家の多くは基本的には第三の回答を支持すること、及びその理由について述べられている。

④　［13］～［18］段落では、それまでの議論から一転して「飢えた子どもを前に」という限定を取り払い、サルトルの問いが人間のあらゆる営為を包含するものであると述べられている。

問６　この文章を授業で読んだＡさんのクラスでは、さらに先生が用意した二つの文章（**【資料Ⅰ】**・**【資料Ⅱ】**）を読んだうえで本文と**【資料】**との関係について話し合った。本文と**【資料Ⅰ】**・**【資料Ⅱ】**の内容を踏まえた意見として適当なものを、後の①〜⑥のうちから**二つ**選べ。解答番号は［10］・［11］。

【資料Ⅰ】

作家たるもの、今日飢えている二〇億の人間の側に立たねばならず、そのためには文学を一時放棄することも止むを得ない、というサルトルの言葉は、文学という営み——作品を書き、読むという営み——を此岸《しがん》に、アフリカで飢えて死んでいる子どもを彼岸に対置する。しかし不条理な現実のなかで人間が正気を保つために文学を読むのだとすれば、サルトルの提起とは反対に、アフリカで飢えて死んでいく者たち、彼岸の飢えている二〇億の人間たちこそが、ほかの誰にも増して切実に文学を必要としていると言えるのではないか。そうでないなら、文学とは、北の世界の、飢えを免れた者たち、つつがなく安寧に暮らせる者のみが特権的に享受する奢侈品《しゃしひん》ということになりはしないか。

飢えて今にも死にそうな子どもは本など読めないにちがいない。だが、その子が実際問題として文学を読めないという事実は、その子が文学を必要としていない、ということを意味するのだろうか。瀕死《ひんし》の床の中で小説が読めたとして、その子は遠からず死ぬ。だがその子が死ぬことが一〇〇パーセント確実であるとして、だから小説はその子にとって無力である、いま小説を読むことがその子にとって何の意味もないと、なぜ、言えるだろう。

（岡真理《おかまり》『アラブ、祈りとしての文学』より）

【資料Ⅱ】

「物語を拓こう、心を語ろう」。これは少し説明が必要かもしれません。

まず、「心を語る」というのは簡単そうで、そんなに簡単なことじゃありません。僕らがふだん「これは自分の心だ」と考えていることは、僕らの心全体のうちの、ほんの一部分に過ぎないからです。つまり僕らの「意識」というのは、心という池からくみ上げた、バケツ一杯の水みたいなものでしかありません。あとは手つかずで、未知の領域として残されています。でも僕らを本当に動かしていくのは、その残された心の方なんです。意識や論理ではなく、もっと広くて大きい心です。

じゃあ、その「心」という未知の領域を、僕らはどうやって探り当てればいいのか？　自分を動かしているその力の源をどのように見つけていけばいいのか？　その役割を果たしてくれるもののひとつが、「物語」です。物語は僕らの意識がうまく読み取れない心の領域に光を当ててくれます。言葉にならない僕らの心を、フィクションという形に変えて、比喩的に浮かびあがらせる——それが、僕ら小説家がやろうとしていることです。

「それはね、たとえばこういうことなんだよ」——簡単にいえば、それが小説の基本的な語り口です。それは「たとえば」とひとつ置き換えた形でしか表現できないことなんです。回りくどいといえば、回りくどいですね。

だから小説って直接的には、ほとんど社会の役に立たないんです。何かがあってもその即効薬、ワクチンみたいなものにはなれません。しかし小説というものの働きを抜きにしては、社会は健やかに前に進んでいくことはできません。社会にもやはり心はあるからです。意識や論理だけでは掬《すく》いきれないもの、掬い残されてしまうもの、そういうものをしっかりゆっくり掬い取っていくのが小説の、文学の、役目です。心と意識の間の隙間を埋めるもの——それが小説です。

（村上春樹《むらかみはるき》「早稲田大学文学部・文化構想学部入学式における挨拶文」より）

① Aさん——文学は飢えた子どもの前には無力だというサルトルの見解に真っ向から反対する【資料Ⅰ】の立場は、本文の三つの回答の中では「第二の回答」に近いのではないだろうか。

② Bさん——そうかな、本文10段落のサルトルの引用では、「作家はしたがって大多数の側、飢えている二十億人の側に立たなければなりません」とあるから、【資料Ⅰ】の立場はやっぱり「第一の回答」に近いと思うよ。

③ Cさん——【資料Ⅰ】で述べられていることは、飢えた子どもたちにとって文学は現実的な意味を持つということだから、【資料Ⅰ】の立場は本文の三つの回答のどれとも違う、いわば第四の立場といえるんじゃないかな。

④ Dさん——本文で紹介されていた作家たちはみな、文学はそもそも何の役にも立たなくてよいという立場だったけれど、文学の社会的な役割を述べている【資料Ⅱ】は、どうもそれとは違う立場みたいだね。

⑤ Eさん——本文では、「第二の回答」は「希望観測的な文学有用論」だとしてその有用性に対する疑義が提出されていたけれど、【資料Ⅱ】では、社会を健やかに前に進めるものとしての文学の役割が一定の説得

力をもって説明されているよ。

⑥　Ｆさん――ただ、「飢えた子どもを前に」という限定的な状況における文学の役割について述べている本文と、日常的な状況における文学の役割について述べている**【資料Ⅱ】**とでは重なるところがないから、同列には論じられないね。

第2問　次の文章は、辻征夫《つじゆきお》「頭上に毀《こわ》れやすいガラス細工があった頃――詩人から高校生へ」(『ゴーシュの肖像』、二〇〇二年)の一節である。これを読んで、後の問い(問1～5)に答えよ。なお、設問の都合で本文の段落に 1 ～ 15 の番号を付してある。(配点　50)

1　いま高校生は何を考え、どんな生活をしているのだろう。大雑把な見当はもちろん付くが、それはあくまでも〈大雑把な〉見当にすぎない。高校生もことによったら、ネリリし、キルルし、ハララしているか。

2　何?　なんだこれはと、いまおおかたの人は思ったのではないだろうか。そしてごく少数の人が、あれだな、とかつて読んだ詩を思い出して微笑を浮かべる……。

3　そう、これは谷川俊太郎氏(注1)が十代のときに書いた詩に出てくる。火星語なのである。

火星人は小さな球の上で
何をしてるか　僕は知らない
(或《あるい》はネリリし　キルルし　ハララしているか)
しかしときどき地球に仲間をほしがったりする
それはまったくたしかなことだ

4　火星語だから、意味はわからない。ぼくもわからないし谷川さんだってわかって書いたわけではないだろう。なにしろ火星語なのだから。

5 しかしこれが谷川俊太郎氏が空想した火星語だということを、たとえば高校のクラスの半数が知っていたらどうだろう。さらに大手企業のサラリーマンの十分の一が知っていたら。

6 これは決してありえない事態だとぼくは思うが、しかしもしそうだったら、人間の生活はもう少し余裕のある、生き生きとしたものになっているのではないだろうか。実利には直接結び付かない記憶と思考の回路が人間にはあり、それはわれわれを深くもすれば活力も与えてくれる大事な源泉なのである。（中略）

7 Aいったいどうして、自分が一生をかけてする仕事は詩を書くことなんだなんて、ぼくは決めてしまったのだろう。はっきりとそう思い定めたのは十五歳の頃のことだが、それはあれかこれかと迷った末に決めたのではなく、もうこれしかないという感じだった。中学のときに国語の授業で詩と詩人の存在を知ったのが発端なのだが、ほんきでそれを選び迷わないというのはこれは資質としか言いようがないことなのかも知れない。文学、芸術にかぎらず、少年時代に一生の仕事を決めるというのはべつだん珍しいことではないと思うが、それが詩だということはいささか他とちがっているところがある。画家や音楽家、あるいは小説家とことなり、詩は、いかにいい詩を書いても、また詩人としてどんな存在になっても、それだけでは生活できないということだ。親の脛《すね》を齧《かじ》っているうちはいいが、そのあとは何か他に暮らしの手段をもとめなければならない。さもなければ、文字どおり路頭に迷うのである。

8 こういうことがあらかじめわかっているひとつのジャンルを選び、それに情熱を傾けている高校生というものは特殊な例に属すると思うが、それだけにだれもが経験するB親や学校との対立もまた、曖昧さのない、鮮烈なものだったような気がする。

9 当時、ぼくがたえず言われていたことは、そういうことは趣味として余暇にやれということだった。高校生には高校生としてしなければいけないことが他にある筈《はず》であり、さしあたってそれは受験勉強であろう。大学に入ったら、あるいは大学を出て社会人になったら、仕事の合間に、詩でも歌でも書くがいい。それが一般的な人間の生活の仕方であって、お前のように何もかも放擲《ほうてき》（注２）して頭の中を詩だけでいっぱいにしていたら、ほんとうに落伍者《らくごしゃ》になってしまう……。

10 言われることはぜんぶ身に染みてわかっていたが、ぼくはたいへんに焦っていたのでそれらの意見に耳を貸すわけにはいかなかった。まず第一に、生涯に一篇《いっぺん》でいいから優れた詩を残したいのに、最も感受性が鋭敏な時期かも知れない十代の終わりを、他のことにかまけて過ごすことができるだろうか。その年齢の人間にしか書けない詩があるとすれば、それはその年齢のときに書かなければならない。(ア)よしんばそれが少年の焦燥からの思考にすぎないとしても、いったいだれが、ぼくが三十歳まで生きると保証するのか。

11 第二に（これはこの人生で詩を選択する重要な要因になったものだが）、不幸にしてぼくに才能がなくて、結局詩は駄目だとしても——その不幸な自覚は十年二十年と詩にかかわったあと、突然動かしがたい事実として重い石のようにぼくのこころに投げ込まれるのではないだろうか——ぼくはこの管理された社会の中で、単に労働力として存在する人間にはなりたくない。たとえ人生を棒に振っても、ある純粋さを保持した、あるがままの人間でありたい……。

12 昨日のことのように明確に覚えている当時の心情をこうして書いていると、やはりそうとう現実ばなれのした高校生だったなと思う。いま考えればこういう年齢のときはもっとゆったりかまえていてよかったのだが、その頃はそんな余裕はとてもなくて、母の言葉によれば、「頭の上に何だか毀れやすいガラス細工を乗せているようで、危なっかしくて見ていられなかった」この高校生は、三年の秋には突然出奔《しゅっぽん》（注3）するという無謀な事件まで起こし（このことを語ろうとするとぼくはいまでも恥ずかしさのために顔に汗が吹き出てくる）、頭上のガラス細工を一瞬のうちに粉粉に砕いてしまうのである。

13 詩のことはさまざまな角度から、どのようにも語ることができるから、なにもこんな風に若年の日のごたごたを書くこともないと、昨日までのぼくなら思うのだが、ぼくには実は娘が二人いて、そろそろむずかしい年齢になってきたものだから、きみたちの父もまた親や学校と対立したりしてけっこうたいへんだったんだぜと、こんな文章を読むものかどうかわからないが、一度書いておきたくなってしまった。自分の娘に対してさえこんな感じだから、未知の高校生にどう伝わるものかとんと見当がつかない。あるいはこれはあまりに特殊な高校生活かも知れぬと思うが、人間の豊かさあるいは多様さは、どこでどんなやつがどんなことを考えて生きているかわからないというところにもあるものだ。ぼくの内面の彷徨《ほうこう》と生活上のてんやわんやは、高校卒業後ももちろん続くのだが、そんな状況の中でいつのまにか身につけたのは、単純でしかし深いものに、ごく自然に感動するという精神の姿勢だろうか。

14 二十年近く前、妹が結婚するとき、一冊の詩集を贈ったが、同じ詩集の中の一篇を未知の若い人々に贈りたい。

大人になるというのは
(イ)すれっからしになることだと
思い込んでいた少女の頃

立居振舞の美しい
発音の正確な
素敵な女のひとと会いました
そのひとは私の背のびを見すかしたように
なにげない話に言いました

初々しさが大切なの
人に対しても世の中に対しても
人を人とも思わなくなったとき
堕落が始るのね　堕《お》ちてゆくのを
隠そうとしても　隠せなくなった人を何人も見ました

私はどきんとし
そして深く悟りました

大人になっても(ウ)どぎまぎしたっていいんだな
ぎこちない挨拶　醜く赤くなる

失語症　なめらかでないしぐさ
子供の悪態にさえ傷ついてしまう
頼りない生牡蠣《なまがき》のような感受性

……………………

15 茨木のり子(注4)さんの作品「汲《く》む」の前半である。ぼくはこの詩に、二十代の半ばにさしかかった頃出会った。この詩はあの「夕鶴」の女優山本安英《やまもとやすえ》さんが、茨木さんにふっと語った言葉がもとになっている作品だが、優れた詩の言葉は、いつどこでだれに働きかけるかわからない。この詩を読んだとき、ぼくはすでにいっぱしの酔っぱらいになっていたが、「人を人とも思わなくなったとき／堕落が始るのね」という茨木さんの優しい語り口は、C一瞬ぼくを粛然《しゅくぜん》とさせたのである。現実とは遠い夢想だが、人間は何歳になっても、「頼りない生牡蠣のような」初々しい感受性を保持できるように、ほんとうは作られているのではないかと、ときどき考えることがある。

(注) 1　谷川俊太郎――日本の詩人（一九三一〜）。引用されている詩は「二十億光年の孤独」の一節。
2　放擲――うち捨てること。何もしないで放っておくこと。
3　出奔――逃げ出して姿をくらますこと。
4　茨木のり子――日本の詩人（一九二六〜二〇〇六）。

問１　傍線部(ア)〜(ウ)の本文中における意味として最も適当なものを、次の各群の①〜⑤のうちから、それぞれ一つずつ選べ。解答番号は［12］〜［14］。

(ア)　よしんば［12］
①　おそらくは
②　悪くいえば
③　もしかりに
④　いつも通り
⑤　良くいえば

(イ)　すれっからし［13］
①　中身のない人間を装う人
②　いつでも堂々としている人
③　様々な経験を積んだ悪賢い人
④　頑固で人の意見を聞かない人
⑤　他人に対する気配りのできる人

(ウ)　どぎまぎ［14］
①　期待を寄せる様子
②　緊張している様子
③　言葉につまる様子
④　喜びに浮き立つ様子
⑤　うろたえあわてる様子

問2　傍線部A「いったいどうして、自分が一生をかけてする仕事は詩を書くことなんだなんて、ぼくは決めてしまったのだろう」とあるが、筆者はその理由をどのように考えているか。その説明として最も適当なものを、次の①〜⑤のうちから一つ選べ。解答番号は［15］。

① 中学生のときの国語の授業で詩と詩人に出会い、これしかないと思うと同時にこれなら自分にもできると思ったから。

② どんなに良い作品を書いたとしてもそれだけでは生活できない詩人という生き方に、なにか純粋なものを感じ取ったから。

③ 最も感受性が鋭敏な時期かも知れない十代の終わりを、詩を書く以外のことに時間を使って過ごしたくなかったから。

④ 長く詩にかかわれば、自分には才能がないという不幸な自覚を動かしがたい事実として受け止めることができると思ったから。

⑤ 詩と詩人の存在を知り、濁りない感性を持った人間としてあり続けるには詩人になるしかないと思ったから。

問3　傍線部**B**「親や学校との対立もまた、曖昧さのない、鮮烈なものだった」とあるが、それはなぜだと筆者は考えているか。その説明として最も適当なものを、次の①～⑤のうちから一つ選べ。解答番号は 16 。

① 筆者が、高校生としてなすべき受験勉強よりも自分の好きなことを優先しようとしていたから。

② 筆者が、自分に才能があるかどうかもわからずに芸術という一般的ではない生き方を選ぼうとしていたから。

③ 筆者が、自分のやりたいことを貫くために親から経済的な支援を引き出そうとしていることは明白だったから。

④ 筆者が、路頭に迷うことがあらかじめわかっているジャンルをあえて選び、それに情熱を傾けようとしていたから。

⑤ 筆者が、それだけでは生計を立てることのできない仕事を選び、大多数の人とは異なる道に進もうとしていたから。

問4　傍線部C「一瞬ぼくを粛然とさせたのである」とあるが、それはどういうことか。その説明として最も適当なものを、次の①～⑤のうちから一つ選べ。解答番号は 17 。

① 他者に対する怖れや不安を感じてうろたえてしまうような初々しさを積極的に肯定する茨木のり子の詩に、我が意を得たりという気持ちになり、感動したということ。

② 人付き合いをいくら重ねてもそれに慣れることができないような初々しさを失うことは人間の堕落であるという茨木のり子の詩に、わが身を省みて、思わず居ずまいを正したということ。

③ 自分が周囲の人間に支えられていることを忘れ他者への感謝の気持ちを失うことは堕落の始まりであるという茨木のり子の詩を、自分に向けられたものだと感じ、反省したということ。

④ 目の前の人間をないがしろにして自分のことばかり考えるようになることは堕落への道であるという茨木のり子の詩に、心が引き締まるような、厳粛な気持ちになったということ。

⑤ 人や世の中に対する繊細な感受性を失うことは人としての品性を失うことだという茨木のり子の詩に、自分はもうすでに手遅れなのではないかと思い、がっかりしたということ。

問５　本文と関連する次の二つの文章（【資料Ⅰ】・【資料Ⅱ】）を読み、それぞれに付された設問に答えよ。

(i)　【資料Ⅰ】は、本文の筆者である辻征夫が二十歳の時に書いた詩である。本文と【資料Ⅰ】を踏まえた解釈として適当なものを、後の①～⑤のうちから二つ選べ。解答番号は 18 ・ 19 。

【資料Ⅰ】

沈黙

いきなり電話が鳴ったので
ぼくは目覚めてしまったのだ

夢の中でぼくは
一冊の詩集を読んでいたのだが
その中の一篇がすばらしかった
思わず
すばらしいとぼくは呟《つぶや》き
夢だなぞとは夢にも思っていなかった

だが　目覚めたとたんに
ぼくは忘れてしまったのだ
どんな詩であったか
だれの詩であったか
みんな　なにもかも
ぼくは忘れてしまったのだ

電話の向うでは
友だちが言っている

もしもし　もしもし
今日　会おうよ
一時に？
二時に？
三時に？　もしもし

一時に　二時に　三時に
ぼくは友だちに会うだろう
そしてぼくらは語るだろう
夢のことでなく
現実のぼくらの生活について
ぼくらの今日と
明日の不安について
とめどもなく
ぼくらは語らねばならぬだろう

そして　語ってもなお
ぼくは思い出せないだろう
あの美しい
幻
いつまでも
ぼくは思い出せないだろう
そして書くこともできないだろう

ぼくは友だちに言う
すばらしいことはみんな夢の中で起った
ぼくらはそれを思い出せないで暮している
一篇の詩
ぼくらの苦しみでは創り出せない詩
それを思い出そうとしてぼくは歩いている
ぼくの沈黙を許したまえ　と

① 本文の10段落に書かれている「生涯に一篇でいいから優れた詩を残したい」という願いは、【資料Ⅰ】でも「あの美しい／幻」を思い出そうとする「ぼく」の歩みに重なるものである。

② 本文13段落の「むずかしい」「たいへん」といった、子供に読まれる可能性に配慮したひらがな表記は、【資料Ⅰ】の「ぼく」や「すばらしい」という表現にも見られる。

③ 【資料Ⅰ】に見える、友だちとの語らいよりも「沈黙」を選ぶ「ぼく」の姿勢には、本文の7・8段落で述べられている、それだけでは生活できない詩の道を選んだ「ぼく」の姿勢に通じるものがある。

④ 【資料Ⅰ】における「夢」と「現実のぼくらの生活」の対比は、本文の9段落における「趣味として余暇に」やる詩作と「受験勉強」との対比と重なるものである。

⑤ 【資料Ⅰ】で「友だち」からの執拗《しつよう》な誘いに乗ってしまう「ぼく」は、本文の12段落で「頭の上に何だか毀れやすいガラス細工を乗せているよう」と表現されている、誘惑に弱い「ぼく」の姿と重なる。

(ii) 【資料Ⅱ】は、本文の波線部に関連する別の筆者の文章の一節である。本文と【資料Ⅱ】との共通点あるいは相違点の説明として最も適当なものを、後の①～⑤のうちから一つ選べ。解答番号は 20 。

【資料Ⅱ】

僕の「哲学の冒険」は、僕が一五歳になった頃からはじまった。まずはそのときのことから書いておくことにしよう。

その年の夏、僕はひどく憂鬱《ゆううつ》な気持ちになっていた。それは僕が自分の未来のことを考えはじめたときからはじまっていた。そういうことになると、どうして誰もが同じことをいうのだろう。周りの人たちが僕に教えてくれたのはこういうことだった。いまをうまく過ごしておくことが未来の僕の利益につながる……、ただそれだけだった。実際周りの人たちは僕に、うまく受験を乗り切り、うまく就職して、うまく出世していった人たちの話をずいぶんたくさん聞かせてくれた。

しかし、僕はもっと本当のことが知りたかった。君たちがいう利益なんていうものは、将来僕がちょっと他人より優越感をもてる、というだけのことだろう。優越感をもつということは、他人を軽蔑するということだろう。他人を軽蔑できるようになるために努力する、そんなことは僕にはひどく愚かなことに思えてならなかった。君たちが僕に教えてくれたことは、将来僕が他人を軽蔑しながら生きられるように、いま競争に勝て、ということだけだったような気がする。

未来の僕がどんな暮らし方をしているかは、誰にもわからない。ただ僕は大人たちや僕の同級生たちに不信感をもっていたことは確かだった。僕はいつでも小説のなかの主人公たちに憧れていた。小説のなかの主人公たちは、誰にも命令されない自分自身の生き方をもっていた。自分の人生を悩みながら演技していくハ(注1)ムレットは魅力的だった。人生の傍観者のようなホレイショウ(注2)も素敵だった。力で自分の未来を切り拓いていくホーチンブラス（注３）は素晴らしかった。

未来という言葉を聞くと、僕はいつでも、僕がどんな人間として未来を生きていったらよいのかを考えた。それなのに僕の周りの人たちは、未来の僕の利益ということだけを、何度も何度も僕の周りでささやいていた。これでは僕が鬱陶《うっとう》しくなっていたのも当たり前だ。

（内山節《うちやまたかし》『哲学の冒険　生きることの意味を探して』より）

（注）１　ハムレット――ウィリアム・シェイクスピアの戯曲『ハムレット』の主人公。

２　ホレイショウ――『ハムレット』の登場人物。

３　ホーチンブラス――『ハムレット』の登場人物。

① 本文の「ぼく」も**【資料Ⅱ】**の「僕」も、自分の将来の仕事について周囲の理解を得られなかった。

② 本文の「ぼく」も**【資料Ⅱ】**の「僕」も、感受性の敏感な十代の終わりに文学に触れることを重要視している。

③ 本文の「ぼく」も**【資料Ⅱ】**の「僕」も、一般論に流されることなく、他でもない自分が何をすべきかを考えようとしている。

④ 本文の「ぼく」は周囲の意見に一切理解を示さないが、**【資料Ⅱ】**の「僕」は周囲の意見に一定の理解を示している。

⑤ 本文の「ぼく」は未来よりも現在を優先しようとしているが、**【資料Ⅱ】**の「僕」は現在よりも未来を優先しようとしている。

東進　共通テスト実戦問題集

5

第5回

【オリジナル問題③】

国語〔現代文〕

（100点）

注意事項

1　解答用紙に，正しく記入・マークされていない場合は，採点できないことがあります。

2　試験中に問題冊子の印刷不鮮明，ページの落丁・乱丁及び解答用紙の汚れ等に気付いた場合は，手を高く挙げて監督者に知らせなさい。

3　解答は，解答用紙の解答欄にマークしなさい。例えば，10 と表示のある問いに対して③と解答する場合は，次の（例）のように**解答番号１０の解答欄の③にマーク**しなさい。

（例）

解答番号	解答欄
10	①②●④⑤⑥⑦⑧⑨

4　問題冊子の余白等は適宜利用してよいが，どのページも切り離してはいけません。

5　**不正行為について**

①　不正行為に対しては厳正に対処します。

②　不正行為に見えるような行為が見受けられた場合は，監督者がカードを用いて注意します。

③　不正行為を行った場合は，その時点で受験を取りやめさせ退室させます。

6　試験終了後，問題冊子は持ち帰りなさい。

第1問

次の文章は、鷲田清一《わしだきよかず》『摩擦』の意味——知性的であるということについて」の一節である。これを読んで、後の問い（問1〜6）に答えよ。なお、設問の都合で本文の段落に 1 〜 16 の番号を付してある。（配点 50）

1 「話せばわかる」——。これは、五・一五事件、昭和7年5月15日に海軍青年将校たちによって時の内閣総理大臣、犬養毅《いぬかいつよし》が銃撃されたその直前に口にした言葉として伝えられているものです。こうした言葉がなんの逡巡《しゅんじゅん》もなしに無視されるとき、社会は壊れるのだと思います。

2 とっさに口をついて出たこの言葉に、言論の力と相互理解の可能性が賭《か》けられていたことは疑いありません。けれども、それを聴き入れる魂をもはやもたない人たちにおいては、犬養が信じた言論の力は肉体の（暴）力に転位し、相互理解の可能性は相互遮断《しゃだん》の現実性へと裏返ってしまっていました。

3 意見の対立が調停不可能なまでに激化していたこと、そのことに問題があるのではありません。そうではなくて、そういう対立が対立として認められる場所そのものが損ねられたこと、壊れてしまっていたこと、それが問題なのだと思います。理路をつまびらかにする、そういう説得にもはや「耳を貸す」「聞く耳をもつ」ことを拒む人たちが、暗殺といった惨劇を惹《ひ》き起こしました。A ここには別の言葉はあっても、そのあいだに公分母は存在しませんでした。

4 わたしがこれまでとおなじくここでもしようとしているように、「わたしたち」という語を使うということには、つまり、みずからの個人的な主張を（他の人たちにもさまざまの異論がありうることを承知のうえで）「わたしたち」というふうに第一人称複数形で語りだすことには、わたしが「わたしたち」を僭称《せんしょう》する、という面がたしかにあります。あるいは、おもねりやもたれつき、つまりは同意への根拠なき期待といったものがあるにちがいありません。とはいえそこで、「わたしたち」を「わたし」と言い替えたところで、事は変わりません。「わたし」とはそのように語る者のことであるという「話者」の当然の権利を、というか了解を、他者にあたりまえのように求めているからです。この了解を拒むこと、それを「問答無用」と言って拒んだのが、あの狙撃者《そげきしゃ》たちです。その襲撃の場では、「わたし」という第一人称と「きみたち」という第二人称を包括する「わたしたち」が一方的に否認されたのでした。

5 「話してもわからない」ことはもちろんいっぱいあります。そういうときでも「わかりあえないこと」からこそ始めようという姿勢が、メッセージが、「わたしたち」という語には籠《こ》められています。けれども、それがもはや他者に通用しないとき、意味（meaning）として理解できても意味あるもの、significant（注1）なものとしては聴かれないとき、一つの社会、一つの文化が壊れてしまいます。

6 そうした壊れ、崩れには、すくなくとも二つのかたちがあります。一つは、外部の権力による侵襲、あるいは内部の権力による圧制が、その社会の構成員を「難民」として(ア)リサンさせるかたちであり、いま一つは、ある社会のなかで格差と分断が修復しがたいまでに昂《こう》じるというかたちです。

7 後者について、T・S・エリオット（注2）はかつて「文化の定義のための覚書」（1848年）のなかで、こんなふうに述べていました――

　文化の解体は二つもしくはそれ以上の社会層が全くかけ離れてしまって、それらが事実上別個の文化と化する場合に現われます。また上層水準の集団における文化が分裂して断片化し、それらの各々が一つの文化的活動のみを代表する場合にも現われます。

（「文化の定義のための覚書」『エリオット全集　５』深瀬基寛訳、中央公論新社、２４６頁）

8 交通の不能、伝達の不能。そういうかたちでの人びとのあいだの乖離《かいり》によって一つの〈文化〉が崩壊する可能性は、そもそも社会というものが、異なる共同体、異なる文化集団、異なる階層が「統合」されたものとしてある以上は、その社会につねに伏在しています。それは、ここに述べられているように、職能の複雑化や個別化などをとおして、茎に鬆《す》が入るようにそれと気づかれることなく進行することもあれば、社会の異なるセクター、異なる階層、異なる文化集団などの利害が和解不能なほどに対立し、その軋轢《あつれき》がいっきょに激しく噴きだすというふうに起こることもあります。しかしそれらがめったなことでは最終的な解体や崩壊にまで転げ落ちることがないのは、出自や利害や文化的な背景を異にしながらも、それらの差異をある共通の理念で(イ)オオいえてきたからです。国民国家として成形される現代の社会でいえば、〈民主制〉と〈立憲制〉という理念がそれにあたるでしょう。

9 このような理念が共有されないところでは、社会のなかの複数の異なるセクターが他との交通を遮断して、経済的な依存関係とは別に、おのおのが閉鎖された共同性へと収縮したままです。それを超えて、たがいに見知らぬ人びとがそれでも見知らぬまま、国民国家という、一つの擬制的（fictitious）ともいえる政治的共同体を形成するには、共通の理念が、ときにはその「象徴」となる存在が必要となるのです。

10 ただ、ある理念を共有しようというその意志は、一定の権勢をもつ集団による他集団の「同化」というふうに、いわば同心円状にそれを拡大したところに成り立つものであってはなりません。いわゆる西欧発の《近代性》はある面、ヨーロッパというローカルな場所で生まれた社会の構成理念が世界へと同心円状に拡《ひろ》がっていったものと見ることができます。ですが、異なった歴史的時間を刻んできた国々に、伝搬もしくは強行というかたちでイ(ウ)ショクされたあと、それぞれの国で伝統文化との複雑な軋轢を生みました。《近代性》の諸制度はそれぞれの場所で、希望を育むとともにさまざまの軋《きし》みや傷や歪《ゆが》みを強いてきもしました。そうした経験をへて現在、それぞれの地域でそれぞれに異なる複数の《近代性》があらためて模索されつつあります。《近代性》を「未完のプロジェクト」と呼んだのはH(注3)・ハーバーマスですが、これは理念の完全な実現の途上にあるという意味のみならず、Bその理念の具体化には未知の複数のかたちがありうるという意味でも解されるべきだろうと思います。

11 「支配的な思想とは、まさしくある一つの階級を支配階級たらしめる諸関係の観念的表現であり、その階級の支配の思想である」とK(注4)・マルクスが(エ)カンパしたように、この共通の意志もまた、支配的な集団の一つの「信仰」であることは否めません。じじつ、《近代性》という「信仰」は、それ自身がなにより《普遍性》を謳《うた》うものであるのですから、これまでいろいろな場所で目撃されてきたように、これに従わない人たちの存在を事前に否認し、政治という交渉の場所から排除してしまいます。そしてそれゆえにこそ、ある社会を構成する複数文化のその《共存》のありようがきわめて重要になるのです。〈民主制〉と〈立憲制〉を下支えする《寛容》の精神は、他者の自由に対して不寛容な人たちにさえも寛容であることを求めるものであるはずだからです。これは綱渡りのようにきわめて困難な課題をすすんで引き受けようとする精神なのです。

12 エリオットはこの《共存》の可能性を、なにかある「信仰」やイデオロギーの共有にではなく、あくまで社会の諸構成部分のあいだの「摩擦」のなかに見ようとしました。あえて「摩擦」を維持するとは、これもまたなかなか容易《たやす》いことではありませんが、エリオットはこう言っています（傍点は引用者）――

〔一つの社会のなかに階層や地域などの相違が〕多ければ多いほど、あらゆる人間が何等《なんら》かの点において他のあらゆる人間の同盟者となり、他の何等かの点においては敵対者となり、かくしてはじめて単に一種の闘争、嫉視、恐怖のみが他のすべてを支配するという危険から脱却することが可能となるのであります。（同書、２９０頁）

13 C一つの社会の「重大な生命」はこの「摩擦」によって育まれるというのです。社会のそれぞれの階層やセクターはかならず「余分の附加物と補うべき欠陥」とを併せもっているのであって、それゆえに生じる恒常的な「摩擦」によって「刺戟《しげき》が絶えず(オ)ヘンザイしているということが何よりも確実な平和の保障なのであります」とまで、エリオットは言います。というのも、「互いに交錯する分割線が多ければ多いだけ、敵対心を分散させ混乱させることによって一国民の内部の平和というものに有利にはたらく結果を生ずる」からです。

14 こうした「摩擦」を縮減し、消去し、一つの「信仰」へと均《なら》してゆこうとする社会は、「牽引力《けんいんりょく》」と「反撥力《はんぱつりょく》」との緊張をなくし、その「生命」を失ってしまいます。この点についてエリオットはこう言っています。――「一国の文化が繁栄するためには、その国民は統一されすぎてもまた分割されすぎてもいけない。（……）過度の統一は野蛮に起因する場合が多く、それは結局、圧制に導く可能性があり、過度の分割は頽廃《たいはい》に起因する場合が多く、これまた圧制に導く可能性があります」、と。

15 以上の議論は半世紀以上前のものですが、現代においても、というか現代においてよりいっそう、リアルになってきています。権力といえば、わたしたちは長らく、じぶんたちの暮らしを細部まで管理し、一つに糾合しようという、「翼賛」的な権力による《統合の過剰》をひどく警戒してきました。けれども、昨今における格差の異様な肥大、排外主義の止めようのないエスカレーション[注5]などをみれば、わたしたちが憂うべきはむしろその逆、人びとを一つにまとめさせない《分断の深化》（齋藤純一[注6]）ではないかと思われます。（中略）

16 「摩擦」を消すのではなく、「摩擦」に耐え、そのことで「圧制」と「頽廃」のいずれをも回避するためには、煩雑さへの耐性というものが人びとに強く求められます。知性は、それを身につければ世界がよりクリスタルクリアに見えてくるというものではありません。むしろ世界を理解するときの補助線、あるいは参照軸が増殖し、世界の複雑性はますますつのっていきます。世界の理解はますます煩雑になってくるのです。わたしたちが生きるこの場、この世界が壊れないためには、煩雑さに耐えることがなにより必要です。そのことがいっそう明確に見えてくるということ、それが知性的ということなのです。世界を理解するうえでのこの煩雑さの増大に耐えきれる知性を身につけていることが、知性的ということなのです。

（注）1　significant ―― 意味のある、重要な。

2　T・S・エリオット ―― イギリスの詩人・批評家（一八八八〜一九六五）。

3　H・ハーバーマス ―― ドイツの哲学者・社会学者（一九二九〜）。

4　K・マルクス ―― ドイツの思想家（一八一八〜一八八三）。

5　エスカレーション ―― 段階的に拡大していくこと。度合を激しくすること。

6　齋藤純一——日本の政治学者（一九五八〜）。

問1 傍線部(ア)～(オ)に相当する漢字を含むものを、次の各群の①～④のうちから、それぞれ一つずつ選べ。解答番号は 1 ～ 5 。

(ア) リサン 1
① 森の小道をサンサクする
② 戦争のサンカを目撃する
③ サンバシで待ち合わせる
④ 問題がサンセキしている

(イ) オオい 2
① 公共のフクシを図る
② フクサヨウを調べる
③ 遺跡をフクゲンする
④ フクスイ盆に返らず

(ウ) イショク 3
① ショクサン興業を推進する
② イショク足りて礼節を知る
③ イショクの経歴を持つ作家
④ 観葉ショクブツの種を蒔く

(エ) カンパ 4
① カンダンの差が激しい
② 名演奏にカンゲキする
③ 病人をカンビョウする
④ カンサンとした住宅街

(オ) ヘンザイ 5
① 雑誌のヘンシュウ作業
② 読書ヘンレキを語らう
③ ヘンキョウの島国日本
④ フヘン不党を旨とする

問２　傍線部Ａ「ここには別の言葉はあっても、そのあいだに公分母は存在しませんでした」とあるが、どういうことか。その説明として最も適当なものを、次の①～⑤のうちから一つ選べ。解答番号は 6 。

① 「話せばわかる」という言葉をためらいもなく無視し、時の内閣総理大臣を海軍青年将校たちが暗殺したこの事件は、両者の間に共通の価値観がほとんど存在していなかったことを表している。

② 「話せばわかる」という言葉に耳を貸さず、意見を異にする者を暴力によって殺害したこの事件は、多くの人に共有されるべき良識がこの時代に存在していなかったことを表している。

③ 意見の相違は互いに話し合うことで解決可能であるという説得を無視し、暴力によって相互理解の可能性を遮断したこの事件は、合意を導くことが不可能なまでに意見の対立が激化していたことを表している。

④ 言論の力と相互理解の可能性が賭けられた言葉を暴力によって封じたこの事件は、自らと異なる意見も意見であると認め、対立を対立として認める場所そのものが損なわれていたことを表している。

⑤ 言論の力によって意見の対立は乗り越えられると信じていた犬養毅が海軍青年将校たちに殺されたこの事件は、異なる意見のあいだを橋渡しする仲介役の不在を端的に表している。

問3　傍線部B「その理念の具体化には未知の複数のかたちがありうるという意味でも解されるべきだろうと思います」とあるが、筆者がそのように考えるのはなぜか。その説明として最も適当なものを、次の①～⑤のうちから一つ選べ。解答番号は 7 。

① 《近代性》という理念は、ヨーロッパという一つの地域で生まれたものなので、その完成形を一つのかたちに定めてしまうと、異なる歴史をもつ地域がそれを受容するときに様々な問題が生まれてしまうから。

② 《近代性》という理念は、ヨーロッパで生まれた社会の構成理念が世界へと同心円状に拡がったものだが、その拡がり方は、異なった歴史的時間を刻んできた国々への一方的な強制といえるようなものではなかったから。

③ 《近代性》という理念は、出自や利害や文化的な背景を異にする多様な集団を一つにまとめるために必要なものだが、その完全な実現までにはまだ乗り越えなければならない課題も多いから。

④ 《近代性》という理念は、たがいに見知らぬ人々が国民国家という政治的共同体を形成するうえでなくてはならないものなので、それを受け入れることで生まれる軋みや傷や歪みも受け入れなければならないから。

⑤ 《近代性》という理念は、ヨーロッパで生まれ世界に拡がっていく過程でそれを受容するそれぞれの国の伝統文化を吸収し、すでに一つの概念では括れないほどに多様なかたちで具体化されているから。

問４ 傍線部Ｃ「一つの社会の『重大な生命』はこの『摩擦』によって育まれるというのです」とあるが、それはなぜか。その説明として最も適当なものを、次の①～⑤のうちから一つ選べ。解答番号は 8 。

① 「摩擦」とは社会のそれぞれの階層やセクターが不可避的に持つ「余分の附加物と補うべき欠陥」のことであり、そのような「摩擦」によってはじめて敵対心が分散され、一種類の闘争がすべてを支配する危険から免れるから。

② 「摩擦」とは社会のそれぞれの階層やセクターが不可避的に持つ「余分の附加物と補うべき欠陥」のことであり、そのような「摩擦」がもたらす刺激の存在が何よりも確実な平和の保障となるから。

③ 「摩擦」とは一つの社会のなかに存在する階層や地域などの相違のことであり、そのような「摩擦」が多ければ多いほど社会内部の対立や闘争が相対化され、社会を構成する複数文化の共存の可能性が高まるから。

④ 「摩擦」とは一つの社会のなかに存在する階層や地域などの相違のことであり、そのような「摩擦」がつねに存在することで社会の多様性が担保され、社会を構成する複数文化の共存の可能性が高まるから。

⑤ 「摩擦」とは一つの社会のなかに存在する階層や地域などの相違のことであり、そのような「摩擦」が恒常的に生じることで人々の平和を希求する心が維持され、一国民内部の平和に有利に働くことになるから。

問5　この文章のタイトルは『摩擦』の意味――知性的であるということについて」であるが、本文で筆者は「知性的」ということをどのように理解しているか。その説明として最も適当なものを、次の①～⑤のうちから一つ選べ。解答番号は 9 。

① 野蛮に起因する過度の統一や、頽廃に起因する過度の分割は圧制を導いてしまうので、それらを回避するためには、社会のなかに存在する「摩擦」をできるだけ多く維持する必要がある。そのようにして複雑性を増す世界を単純明快に見通す知性を備えていることが知性的ということである。

② 社会のなかに存在する「摩擦」を縮減し、一つのイデオロギーや「信仰」で社会をまとめ上げていくことは、社会の多様性の喪失につながる。わたしたちがなすべきことはむしろ分断を深化させることであり、そのことで複雑多様になっていく世界をそのまま理解することが知性的ということである。

③ 社会の統合が保たれているのは、出自や利害や文化的な背景を異にしながらも、それらの差異を〈民主制〉や〈立憲制〉といった共通の理念で結びつけることができていたからである。そのような世界を理解するうえでの補助線、参照軸を増殖させ、世界の複雑性をつのらせていくことこそが知性的ということである。

④ わたしたちが生きるこの世界が壊れないためには、自分とは意見を異にする他者の同意を期待せずに、言論の力によって相互理解の可能性を開くことが必要である。そのことは「摩擦」をもたらし、世界の理解を煩雑にするが、その煩雑さに耐えることの必要性を明確に認識することが知性的ということである。

⑤ 異なる共同体、文化集団、階層によって構成されるのが社会である以上、その共存のためには対立を対立と

して認め、そこに生じる「摩擦」に耐える必要がある。それによって複雑性を増す世界を単純化することなく理解し、その煩雑さに耐えること、そのことの必要性を明瞭に把握することが知性的ということである。

問6　この文章を授業で読んだAさんのクラスでは、その内容について互いに意見を出し合った。

(i)次に示すのは、本文の表現について四人の生徒が意見を述べている場面である。本文の内容を踏まえた意見として**適当でないもの**を、次の①～④のうちから一つ選べ。解答番号は［10］。

① 生徒A――「話せばわかる」という言葉を［1］段落の冒頭に置いたことは、具体的な事例を入り口として読者の注意を惹きつけ、次第に抽象的な内容に導いてくための一つの工夫といえるんじゃないかな。

② 生徒B――［4］段落の「わたしが『わたしたち』を僭称する」という表現は、みずからの個人的な主張が普遍性を有していることへの自負を比喩的に表しているんだと思う。

③ 生徒C――［5］段落の「意味（meaning）として理解できても意味あるもの、significant なものとしては聴かれない」は、「言葉の意味は理解できても、自分と関わりがある言葉としては受け取れない」と換言できるね。

④ 生徒D――この文章では、引用の際に必ずその言葉が誰の言葉であるかを明示しているね。［15］段落の「《分断の深化》（齋藤純一）」という表現もその一例だといえるよ。

(ii) 次に示すのは、本文の波線部に関連して教師が提示した【資料】である。この【資料】をもとにＡさんたちは、なぜ波線部のように言えるのかを四人で話し合った。本文および【資料】をもとにした意見として最も適当なものを、次の①～④のうちから一つ選べ。解答番号は 11 。

【資料】

過去の歴史を見ても、我々の周囲に展開される現実を眺めても、寛容が自らを守るために、不寛容を打倒すると称して、不寛容になった実例をしばしば見出すことができる。しかし、それだからと言って、寛容は、自らを守るために不寛容に対して不寛容になってよいというはずはない。割り切れない、有限な人間として、切羽《せっぱ》つまった場合に際し、いかなる寛容人といえども不寛容に対して不寛容にならざるを得ぬようなことがあるであろう。これは、認める。しかし、このような場合は、実に情ない悲しい結末であって、これを原則として是認肯定する気持は僕にはないのである。その上、不寛容に報いるに不寛容を以《もっ》てした結果、双方の人間が、逆上し、狂乱して、避けられたかもしれぬ犠牲をも避けられぬことになったり、更にまた、怨恨と猜疑《さいぎ》とが双方の人間の心に深い襞《ひだ》を残して、対立の激化を長引かせたりすることになるのを、僕は、考えまいとしても考えざるを得ない。（中略）

人間を対峙《たいじ》せしめる様々な口実・信念・思想があるわけであるが、そのいずれでも、寛容精神によって克服されないわけはない。そして、不寛容に報いるに不寛容を以てすることは、寛容の自殺であり、不寛容を肥大させるにすぎないのであるし、たとえ不寛容的暴力に圧倒されるかもしれない寛容も、個人の生命を乗り越えて、必ず人間とともに歩み続けるであろう、と僕は思っている。

（渡辺一夫《わたなべかずお》「寛容《トレランス》は自らを守るために不寛容《アントレランス》に対して不寛容《アントレラン》になるべきか」の一節）

① 生徒A――波線部のように言える理由を【**資料**】から見出すなら、「いかなる寛容人といえども不寛容に対して不寛容にならざるを得ぬようなことがある」という部分じゃないかな。

② 生徒B――私は「不寛容に報いるに不寛容を以てした結果、……避けられたかもしれぬ犠牲をも避けられぬことになったり、……対立の激化を長引かせたりすることになる」からだと思う。

③ 生徒C――たしかにそうだね。もし、他者の自由に対して不寛容な人たちにさえも寛容であるなら、寛容の精神はいずれ自らを滅ぼすことになって、結果的に不寛容を肥大させてしまう。

④ 生徒D――結局、寛容の精神は、不寛容的暴力によって生命を奪われる危険がある場合を除いて、不寛容に対しても寛容であるべきだ、ということが原則だといえそうだね。

第2問

次の【文章Ⅰ】は、大正八年（一九一九年）に執筆された芥川龍之介の小説『尾生《びせい》の信《しん》』の全文である（タイトルとなっている「尾生の信」は、故事成語の（注1）「尾生の信」に由来する）。また【文章Ⅱ】は、昭和一七年（一九四二年）に執筆された太宰治の小説『待つ』の全文である。これらを読んで、後の問い（問1～6）に答えよ。（配点　50）

【文章Ⅰ】

尾生《びせい》は橋の下に佇《たたず》んで、さっきから女の来るのを待っている。

見上げると、高い石の橋欄《きょうらん》（注2）には蔦蘿《つたかずら》が半ば這《は》いかかって、時々その間を通りすぎる往来の人の白衣《はくい》の裾が、鮮《あざや》かな入日に照らされながら、悠々と風に吹かれて行く。が、女は未《いま》だに来ない。

A 尾生はそっと口笛を鳴しながら、気軽く橋の下の洲《す》を見渡した。

橋の下の黄泥《こうでい》の洲は、二坪ばかりの広さを剰《あま》して、すぐに水と続いている。水際《みずぎわ》の蘆《あし》の間には、大方蟹《おおかたかに》の棲家《すみか》であろう、いくつも円《まる》い穴があって、そこへ波が当る度に、たぶりと云《い》うかすかな音が聞えた。が、女は未だに来ない。

尾生はやや待遠しそうに水際まで歩《ほ》を移して、舟一艘《いっそう》通らない静《しずか》な川筋を眺めまわした。

川筋には青い蘆《あし》が、隙間《すきま》もなくひしひしと生えている。のみならずその蘆の間には、所々《ところどころ》に川楊《かわやなぎ》が、こんもりと円く茂っている。だからその間を縫う水の面《おもて》も、川幅の割には広く見えない。ただ、帯《おび》ほどの澄んだ水が、雲母《きらら》（注3）のような雲の影をたった一つ鍍金《めっき》しながら、ひっそりと蘆の中にうねっている。が、女は未だに来ない。

尾生は水際から歩をめぐらせて、今度は広くもない洲《す》の上を、あちらこちらと歩きながら、(ア)おもむろに暮色を加えて行く、あたりの静かさに耳を傾けた。

橋の上にはしばらくの間、行人《こうじん》(注4)の跡を絶ったのであろう。沓《くつ》の音も、蹄《ひづめ》の音も、あるいはまた車の音も、そこからはもう聞えて来ない。風の音、蘆の音、水の音、――それからどこかでけたたましく、蒼鷺《あおさぎ》の啼《な》く声がした。と思って立止ると、いつか潮がさし出したと見えて、黄泥《こうでい》を洗う水の色が、さっきよりは間近に光っている。が、女は未だに来ない。

尾生は険しく(イ)眉《まゆ》をひそめながら、橋の下のうす暗い洲を、いよいよ足早に歩き始めた。その内に川の水は、一寸ずつ、一尺ずつ、次第に洲の上へ上って来る。同時にまた川から立昇《たちのぼ》る藻《も》の匂《におい》や水の匂も、冷たく肌にまつわり出した。見上げると、もう橋の上には鮮かな入日の光が消えて、ただ、石の橋欄《きょうらん》ばかりが、ほのかに青んだ暮方《くれがた》の空を、黒々と正しく切り抜いている。が、女は未だに来ない。

尾生はとうとう(ウ)立ちすくんだ。

川の水はもう沓を濡《ぬら》しながら、鋼鉄よりも冷《ひや》やかな光を湛《たた》えて、漫々(注5)と橋の下に広がっている。すると、膝《ひざ》も、腹も、胸も、恐らくは頃刻《けいこく》(注6)を出ない内に、この酷薄《こくはく》(注7)な満潮の水に隠されてしまうのに相違あるまい。いや、そう云う内にも水嵩《みずかさ》は益《ますます》高くなって、今ではとうとう両脛《りょうはぎ》さえも、川波の下に没してしまった。が、女は未だに来ない。

尾生は水の中に立ったまま、まだ一縷《いちる》の望《のぞみ》を便りに、何度も橋の空へ眼をやった。

腹を浸《ひた》した水の上には、とうに蒼茫《そうぼう》(注8)たる暮色が立ち罩《こ》めて、遠近《おちこち》に茂った蘆や柳も、寂しい葉ずれの音ばかりを、ぼんやりした靄《もや》の中から送って来る。と、尾生の鼻を掠《かす》めて、鱸《すずき》らしい魚が一匹、ひらりと白い腹を飜《ひるがえ》した。その魚の躍った空にも、疎《まばら》ながらもう星の光が見えて、蔦蘿《つたかずら》のからんだ橋欄《きょうらん》の形さえ、いち早い宵暗《よいやみ》の中に紛《まぎ》れている。が、女は未だに来ない。……

夜半、月の光が一川《いっせん》の蘆と柳とに溢《あふ》れた時、川の水と微風とは静に囁《ささや》き交しながら、橋の下の尾生の死骸を、やさしく海の方へ運んで行った。が、尾生の魂は、寂しい天心（注９）の月の光に、思い憧《こが》れたせいかも知れない。ひそかに死骸を抜け出すと、ほのかに明るんだ空の向うへ、まるで水の匂《におい》や藻《も》の匂が音もなく川から立ち昇るように、うらうらと高く昇ってしまった。……

それから幾千年かを隔てた後《のち》、この魂は無数（注10）の流転《るてん》を閲《けみ》して、また生を人間《じんかん》に託さなければならなくなった。それがこう云う私に宿っている魂なのである。だから私は現代に生れはしたが、何一つ意味のある仕事が出来ない。昼も夜も漫然と夢みがちな生活を送りながら、ただ、何か来《きた》るべき不可思議なものばかりを待っている。ちょうどあの尾生が薄暮《はくぼ》の橋の下で、永久に来ない恋人をいつまでも待ち暮したように。

（注）　1　故事成語の「尾生の信」――中国の春秋時代、魯の国の尾生という男が、一人の女性と橋の下で会う約束を交わしたが、なかなか現れない相手を待つうちに大雨で川が増水し、それでも橋げたにしがみついて女性を待ち続け、ついには水死してしまったという故事から、〈約束を固く守ること〉あるいは〈融通が利かないこと〉のたとえ。

2　橋欄――橋の欄干《らんかん》。

3　雲母――六角板状の結晶をなし、真珠のような光沢をもつ珪酸塩鉱物。花崗岩中に含まれる。「雲母のような雲」とはおそらく「うろこ雲」のことで、雨の前兆とされる。

4 行人――道を行く人。

5 漫々と――水の広々として果てないさま。

6 頃刻――少しの間。

7 酷薄な――はなはだ無慈悲な。

8 蒼茫たる――あおく広々としたさま。

9 天心――天空の中心。

10 無数の流転を閲して――数限りもない変化を経て。

【文章Ⅱ】

省線(注)のその小さい駅に、私は毎日、人をお迎えにまいります。誰とも、わからぬ人を迎えに。

市場で買い物をして、その帰りには、かならず駅に立ち寄って駅の冷たいベンチに腰をおろし、買い物籠《かご》を膝《ひざ》に乗せ、ぼんやり改札口を見ているのです。上り下りの電車がホームに到着する毎に、たくさんの人が電車の戸口から吐き出され、どやどや改札口にやって来て、一様に怒っているような顔をして、パスを出したり、切符を手渡したり、それから、そそくさと脇目も振らず歩いて、私の坐《すわ》っているベンチの前を通り駅前の広場に出て、そうして思い思いの方向に散って行く。私は、ぼんやり坐っています。誰か、ひとり、笑って私に声を掛ける。おお、こわい。ああ、困る。胸が、どきどきする。考えただけでも、背中に冷水をかけられたように、ぞっとして、息がつまる。けれども私は、やっぱり誰かを待っているのです。いったい私は、毎日ここに坐って、誰を待っているのでしょう。どんな人を？　いいえ、私の待っているものは、人間でないかも知れない。私は、人間をきらいです。いいえ、こわいのです。人と顔を合せて、お変りありませんか、寒くなりました、などと言いたくもない挨拶《あいさつ》を、いい加減に言っていると、なんだか、自分ほどの嘘《うそ》つきが世界中にいないような苦しい気持になって、死にたくなります。そうしてまた、相手の人も、むやみに私を警戒して、当らずさわらずのお世辞やら、もったいぶった嘘の感想などを述べて、私はそれを聞いて、相手の人のけちな用心深さが悲しく、いよいよ世の中がいやでいやでたまらなくなります。世の中の人というものは、お互い、こわばった挨拶をして、用心して、そうしてお互いに疲れて、一生を送るものなのでしょうか。私は、人に逢《あ》うのが、いやなのです。だから私は、よほどの事でもない限り、私のほうからお友達の所へ遊びに行く事などは致しませんでした。家にいて、母と二人きりで黙って縫物をしていると、一ばん楽《らく》な気持《きもち》でした。けれども、いよいよ大戦争がはじまって、周囲がひどく緊張してまいりましてからは、私だけが家で毎日ぼんやりしているのが大変わるい事のような気がして来て、何だか不安で、ちっとも落ちつかなくなりました。身を粉《こ》にして働いて、直接に、お役に立ちたい気持なのです。B私は、私の今までの生活に、自信を失ってしまったのです。

家に黙って坐って居られない思いで、けれども、外に出てみたところで、私には行くところが、どこにもありません。買い物をして、その帰りには、駅に立ち寄って、ぼんやり駅の冷たいベンチに腰かけているのです。どなたか、ひょいと現れたら！　という期待と、ああ、現われたら困る、どうしようという恐怖と、でも現われた時には仕方が無い、その人に私のいのちを差し上げよう、私の運がその時きまってしまうのだというような、あきらめに似た覚悟と、その他さまざまのけしからぬ空想などが、異様にからみ合って、胸が一ぱいになり窒息する程くるしくなります。

生きているのか、死んでいるのか、わからぬような、白昼の夢をみているような、なんだか頼りない気持になって、眼前の、人の往来の有様も、望遠鏡を逆に覗《のぞ》いたみたいに、小さく遠く思われて、世界がシンとなってしまうのです。ああ、私は一体、何を待っているのでしょう。ひょっとしたら、私は大変みだらな女なのかも知れない。大戦争がはじまって、何だか不安で、身を粉にして働いて、お役に立ちたいというのは嘘で、本当は、そんな立派そうな口実を設けて、自分の軽はずみな空想を実現しようと、何かしら、よい機会をねらっているのかも知れない。ここに、こうして坐って、ぼんやりした顔をしているけれども、胸の中では、不埒《ふらち》な計画がちろちろ燃えているような気もする。

一体、私は、誰を待っているのだろう。はっきりした形のものは何も無い。ただ、もやもやしている。けれども、私は待っている。大戦争がはじまってからは、毎日、毎日、お買い物の帰りには駅に立ち寄り、この冷たいベンチに腰をかけて、待っている。誰か、ひとり、笑って私に声を掛ける。おお、こわい。ああ、困る。私の待っているのは、あなたでない。それでは一体、私は誰を待っているのだろう。旦那さま。ちがう。恋人。ちがいます。お友達。いやだ。お金。まさか。亡霊。おお、いやだ。

もっとなごやかな、ぱっと明るい、素晴らしいもの。なんだか、わからない。たとえば、春のようなもの。いや、ちがう。青葉。五月。麦畑を流れる清水。やっぱり、ちがう。ああ、けれども私は待っているのです。胸を躍らせて待っているのだ。眼の前を、ぞろぞろ人が通って行く。あれでもない、これでもない。私は買い物籠をかかえて、こまかく震えながら一心に一心に待っているのだ。私を忘れないで下さいませ。毎日、毎日、駅へお迎えに行っては、むなしく家へ帰って来る二十《はたち》の娘を笑わずに、どうか覚えて置いて下さいませ。その小さい駅の名は、わざとお教え申しません。お教えせずとも、あなたは、いつか私を見掛ける。

（注）　省線――鉄道省（旧国鉄）の管轄下にあった鉄道線。省線電車。

問1 傍線部(ア)～(ウ)の本文中における意味として最も適当なものを、次の各群の①～⑤のうちから、それぞれ一つずつ選べ。解答番号は 12 ～ 14 。

(ア) おもむろに 12
① いきなり
② ゆっくりと
③ なんとなく
④ 前触れもなく
⑤ 思いついたように

(イ) 眉をひそめながら 13
① 不憫に思い、顔を曇らせながら
② 冷静を装い、目線を下げながら
③ 不審に思い、顔をしかめながら
④ 理解を示し、表情を緩めながら
⑤ 辛さを嘆き、顔をゆがめながら

(ウ) 立ちすくんだ 14
① 立ち上がった
② 立てなかった
③ 立ったり座ったりして
④ 立ったまま待っていた
⑤ 立ったまま動けなくなった

問２ 傍線部**Ａ**「尾生はそっと口笛を鳴しながら、気軽く橋の下の洲を見渡した」とあるが、ここでの尾生の心情を説明したものとして最も適当なものを、次の①～⑤のうちから一つ選べ。解答番号は 15 。

① 女が来るか来ないかということよりも、周囲の景色に気を取られている。
② 女が来ないことをそれほど深刻には捉えずに、落ち着いた気持ちで待っている。
③ 女が来ないかもしれないという疑いが強まり、落ち着かない気持ちになっている。
④ 女がなかなか約束の場所に現れないことに焦りを感じつつも、無理に平静を装っている。
⑤ 女がなかなか約束の場所に現れないことに強い苛立ちと落胆を感じている。

問3 【文章Ⅰ】の表現の特徴についての説明として**適当でないもの**を、次の①～⑤のうちから一つ選べ。解答番号は 16 。

① 「たぶり」という擬音語や「雲母のような」という直喩などの修辞法を用いて、尾生の置かれている状況を具体的に描いている。

② 時刻を直接的に表す表現は用いられていないが、光の明暗や空の色などの情景描写によって、時の経過を間接的に表現している。

③ 「尾生の鼻を掠めて、鱸らしい魚が一匹、ひらりと白い腹を飜した」という表現には、川の水位の上昇を読者に間接的に示す効果がある。

④ 「尾生は～」という文と、「が、女は未だに来ない」という文の照応が何度も反復されることで、来ぬ人を待つ尾生の心情の推移が印象的に示されている。

⑤ 空白行を挟んだ後半部で、作者自身と解釈することのできる「私」を登場させることで、恋愛にかまけて満足のいく仕事ができない作者自身の現況が暗示されている。

問４　傍線部**Ｂ**「私は、私の今までの生活に、自信を失ってしまったのです」とあるが、なぜか。その理由の説明として最も適当なものを、次の①～⑤のうちから一つ選べ。解答番号は［17］。

① 人間が嫌いだと口では言いながら、毎日のように駅のベンチに腰をおろして、自分の結婚相手となる人を品定めしている自分に嫌気が差したから。

② 戦争がはじまってみると、家でのんびりと母と暮らしていたこれまでの生活がいかにも生産性のないものに思えてきて、自分自身の未来に期待できなくなったから。

③ 大きな戦争がはじまり、今は人々が一致団結しなければならない時局だというのに、人間が嫌いだ、人に逢うのがいやだなどと言って極力人を避けてきた自分の生活を情けなく思ったから。

④ 戦争がはじまり世の中の緊張が高まるにつれて、戦争前には何とも思わなかった、社会の役に立つようなことをほとんどしていない自分の生活に意義を見出せなくなったから。

⑤ 市場での買い物の帰りに、駅のベンチに腰をおろして、駅から出てくる人の波をただぼんやりと眺めているだけの自分の生活に意味を感じられなくなったから。

問5 次に示すのは、**【文章Ⅱ】**を読んだ後に、六人の生徒が話し合っている場面である。それぞれの発言の中で、本文の表現と内容の説明として**適当でないもの**を、次の①～⑥のうちから**二つ**選べ。解答番号は 18 ・ 19 。

教師 ―― この作品は、ある新聞のために太平洋戦争中に執筆されましたが、時局に合わないという理由で掲載が拒否されたという背景を持っています。様々な解釈を与えることができる作品ですが、みなさんはどのようにこの作品を読みましたか。自由に発言してみてください。

① 生徒A ―― まず印象的だったのは、自分自身に問いを投げかけ、その問いに自分で答えるという自問自答のスタイルです。それによって次第に「私」が正しい答えに近づいていく過程を興味深く読みました。

② 生徒B ―― 「誰を待っているのだろう」という表現だけでなく、「何を待っているのでしょう」という表現も見られることから、「私」の待っているものが、「私」自身にもはっきりわからない漠然としたものだということが言えると思います。

③ 生徒C ―― 「私」が駅のベンチに腰かけて待つことをはじめたのは、大戦争がはじまって自分の生活に自信を失ってからなので、「私」が待っていたのは「私」に存在意義を与えてくれる何かであるという解釈も成り立つと思います。

④ 生徒D ―― 駅の冷たいベンチに座って、駅から吐き出されてくる人々をぼんやり眺めている「私」の姿からは、社会に順応して生きているように見える多くの人々と自分との間に隔たりを感じる「私」の疎外感が読み取

れると思いました。

⑤　生徒Ｅ――「望遠鏡を逆に覗いたみたいに」という比喩表現によって、目の前を行き過ぎる人々よりも、自分自身の内面に意識を向ける「私」の孤独なありようがよく描かれていると思いました。

⑥　生徒Ｆ――小説の末尾の「あなたは、いつか私を見掛ける」という表現には、戦争にまい進する社会に疎外感を覚える「私」のような人間はあらゆるところにいるはずだという作者のメッセージが込められているように思います。

問6 【文章Ⅰ】と【文章Ⅱ】の共通点あるいは相違点を述べたものとして**適当でないもの**を、次の①〜⑥のうちから**二つ**選べ。解答番号は 20 ・ 21 。

① どちらの文章にも、「待つ」と言う行為の受動的とも能動的ともいえるあり方によってもたらされる、作中人物の期待と不安とが描かれている。

② どちらの文章も、「ありふれた」とは形容できない特殊な人物、特殊な状況を描きつつ、広く共感を呼びうる普遍性を具《そな》えている。

③ 【文章Ⅰ】の尾生が待っているのも、【文章Ⅱ】の「私」が待っているのも、どちらも永久に来るはずのないものであるという点では共通している。

④ 【文章Ⅰ】では、次第に変化していく尾生の心情が時間の経過に沿って表現されているが、【文章Ⅱ】では、語り手の「私」の現在の心情が過去の心情と比較される形で表現されている。

⑤ 【文章Ⅰ】では、敬語は一切用いられず、文体が常体で統一されているが、【文章Ⅱ】では、「〜です」などの敬体と「〜のだ」などの常体が混在し、文章に独特のリズムが生まれている。

⑥ 【文章Ⅰ】で尾生が待っているのは一人の特定の人間だが、【文章Ⅱ】で「私」が待っているのは複数の不特定の人間である。

✂(キリトリ線)

東進　共通テスト実戦問題集　国語　　解答用紙

マーク例

良い例	悪い例
●	⊙ ◓ O ⊗

受験番号を記入し，その下のマーク欄にマークしなさい。

受験番号欄				
千位	百位	十位	一位	英字
−	⓪	⓪	⓪	Ⓐ
①	①	①	①	Ⓑ
②	②	②	②	Ⓒ
③	③	③	③	Ⓗ
④	④	④	④	Ⓚ
⑤	⑤	⑤	⑤	Ⓜ
⑥	⑥	⑥	⑥	Ⓡ
⑦	⑦	⑦	⑦	Ⓤ
⑧	⑧	⑧	⑧	Ⓧ
⑨	⑨	⑨	⑨	Ⓨ
−	−	−	−	Ⓩ

氏名・フリガナ，試験場コードを記入しなさい。

フリガナ						
氏名						
試験場コード	十万位	万位	千位	百位	十位	一位

注意事項
1　訂正は，消しゴムできれいに消し，消しくずを残してはいけません。
2　所定欄以外にはマークしたり，記入したりしてはいけません。
3　汚したり，折りまげたりしてはいけません。

解答番号	解答欄 1 2 3 4 5 6 7 8 9	解答番号	解答欄 1 2 3 4 5 6 7 8 9	解答番号	解答欄 1 2 3 4 5 6 7 8 9	解答番号	解答欄 1 2 3 4 5 6 7 8 9
1	①②③④⑤⑥⑦⑧⑨	11	①②③④⑤⑥⑦⑧⑨	21	①②③④⑤⑥⑦⑧⑨	31	①②③④⑤⑥⑦⑧⑨
2	①②③④⑤⑥⑦⑧⑨	12	①②③④⑤⑥⑦⑧⑨	22	①②③④⑤⑥⑦⑧⑨	32	①②③④⑤⑥⑦⑧⑨
3	①②③④⑤⑥⑦⑧⑨	13	①②③④⑤⑥⑦⑧⑨	23	①②③④⑤⑥⑦⑧⑨	33	①②③④⑤⑥⑦⑧⑨
4	①②③④⑤⑥⑦⑧⑨	14	①②③④⑤⑥⑦⑧⑨	24	①②③④⑤⑥⑦⑧⑨	34	①②③④⑤⑥⑦⑧⑨
5	①②③④⑤⑥⑦⑧⑨	15	①②③④⑤⑥⑦⑧⑨	25	①②③④⑤⑥⑦⑧⑨	35	①②③④⑤⑥⑦⑧⑨
6	①②③④⑤⑥⑦⑧⑨	16	①②③④⑤⑥⑦⑧⑨	26	①②③④⑤⑥⑦⑧⑨	36	①②③④⑤⑥⑦⑧⑨
7	①②③④⑤⑥⑦⑧⑨	17	①②③④⑤⑥⑦⑧⑨	27	①②③④⑤⑥⑦⑧⑨	37	①②③④⑤⑥⑦⑧⑨
8	①②③④⑤⑥⑦⑧⑨	18	①②③④⑤⑥⑦⑧⑨	28	①②③④⑤⑥⑦⑧⑨	38	①②③④⑤⑥⑦⑧⑨
9	①②③④⑤⑥⑦⑧⑨	19	①②③④⑤⑥⑦⑧⑨	29	①②③④⑤⑥⑦⑧⑨	39	①②③④⑤⑥⑦⑧⑨
10	①②③④⑤⑥⑦⑧⑨	20	①②③④⑤⑥⑦⑧⑨	30	①②③④⑤⑥⑦⑧⑨	40	①②③④⑤⑥⑦⑧⑨

※大学入学共通テスト「国語」の解答番号数は全部でおよそ38ですが，本書「現代文」では解答番号 1 ～ 21 を使用ください（複数回使用する場合は複写してご利用ください）。

JAPANESE

◆勉強に向かうモチベーション

我々が何かを行う動機付け（モチベーション）には二種類ある。内発的動機付けと外発的動機付けだ。内発的動機付けとは、当人の内側から生まれるモチベーション、つまり、やりたいからやる、あるいは好きだから、楽しいからやる、というものだ。それに対して、外発的動機付けとは、それを行う理由が外にある状態、たとえば、やらなければ怒られるからやる、あるいはやると報酬が得られるからやるというものだ。

多くの受験生にとって、受験勉強とは志望校合格を勝ち取るためにするものであり、その意味でそれは外発的動機付けに支えられたものであろう。しかし、もし、そこに勉強自体の面白さを見出すことができるなら、つまり内発的動機付けにも支えられた受験勉強というものがあり得るならば、それは非常に強い勉強のモチベーションとなり、勉強を続けることが苦ではなくなるはずだ。そして自ら能動的に楽しんで行うものは上達も早い。

「なるほどなぁ……」「なんでだろう？」「たしかにそうだなぁ」……ぜひ、自分の頭と心を動かして、楽しみながら本書に取り組んで欲しい。

ある文章と出会い、それを理解するということは、単に知識を得るということにとどまらず、その文章との出会いによって自分が変化するということでもある。本書が、共通テスト現代文を解くために必要な知識やノウハウを授けるものにとどまらず、読者が自ら考え、自分の思考を創造し、自分の精神世界を深めていく、そのきっかけともなれば幸いである。

二〇二一年　九月

輿水淳一

この画像をスマートフォン等で読み取ると、ワンポイント解説動画が視聴できます。（以下同）

▶解説動画

本書の特長

❶ 実戦力が身につく問題集

本書は、共通テスト二回（二〇二一年度第一日程・第二日程）および共通テストと同じ形式・レベルのオリジナル問題三回の計五回分の実戦問題を用意した。

共通テストは時間の制約の厳しい試験だ。限られた時間内で初見の文章を理解し、確実に正解に辿り着かなくてはならない。そのためには、何度も問題演習を繰り返し、様々なジャンルの文章に触れると同時に、一貫した解き方を身につける必要がある。その訓練に最適な問題集が本書だ。実際の共通テストの過去問と、それぞれにタイプの異なるオリジナル問題の演習を通じて、どんな問題にも対応できる力を身につけよう。

『東進　共通テスト実戦問題集』シリーズ「国語」ラインアップ

■**現代文**……**五回分収録（共通テスト二回、オリジナル問題三回）**
□古文……五回分収録（オリジナル問題五回）
□漢文……五回分収録（オリジナル問題五回）

❷ 東進実力講師によるワンポイント解説動画

「はじめに」と各回の解答解説冒頭（扉《とびら》）に、ワンポイント解説動画のＱＲコードを掲載。スマートフォンなどで読み取れば、解説動画が視聴できる仕組みになっている。

解説動画	解説内容
はじめに	共通テスト現代文とは／正解に至るプロセス
第１回	現代文の復習の仕方
第２回	文学的文章のポイント
第３回	文章を読むということ
第４回	制限時間内に解き終わらない人へ
第５回	本番までの道のり

❸ 詳しくわかりやすい解説

本書では、入試問題を解くための知識やノウハウが修得できるよう、様々な工夫を凝らしている。

【解説の構成】

❶配点表…正解と配点の一覧表。各回の扉に掲載。マークシートの答案を見ながら、自己採点欄に採点結果を記入しよう（7ページ参照）。

❷出　典…問題文や【資料】の出典と、著者や作者の情報を記載。題材への理解とともに、著者や作者への理解を深めよう。

❸読　解…問題文の要約。要点や段落構成の把握のため、しっかり読み込もう。普段から自分で要約する練習をしておくとよい。

▼出典／読解

第1回：2021年度 第1日程（第2問 読解）

第2問

出典

◆**加能作次郎《かのうさくじろう》「羽織と時計」**

加能作次郎（一八八五〜一九四一）は、石川県出身の小説家、評論家、翻訳家。早稲田大学在学中に「厄年」を発表して文壇に登場、一九一八年に発表した「世の中へ」で文壇における地位を確立する。田山花袋に師事し、自然主義の流れを汲む私小説作家として独自の境地を拓いた。

◆**【資料】宮島新三郎《みやじましんざぶろう》「師走文壇の一瞥」**

宮島新三郎（一八九二〜一九三四）は、埼玉県出身の文芸評論家、英文学者。早稲田大学英文科卒。一九二七年、早稲田大学教授となる。英米の新しい文学を日本に紹介し、D・H・ローレンス、トーマス・ハーディなどの作品を翻訳した。自著に『短編小説新研究』『大正文学十四講』などがある。

読解

本文は過去と現在を行きつ戻りつしながら語られているが、おおよそ五つのパートに分けることができる。なお、リード文には読解上欠かせない情報が含まれているので、必ず丁寧に読もう。

◆**リード文**

タイトルは「羽織と時計」（発表された一九一八年は、大正七年。国内では米騒動が勃発し、海外では第一次世界大戦が終戦を迎えた）。「私」と同じ出版社で働くW君は妻子と従妹と暮らしていたが、その生活は苦しかった。W君が病で休職中、「私」は何度か彼を訪れ、同僚から集めた見舞金を届けた（**「私」→W君への恩恵**）。

◆**1行目〜16行目（過去Ⅰ〜現在）**

病気が次第に快方に向いてきたW君は、再び出勤できるようになった。その最初の日、W君は「私」に世話になったお礼に羽織を差し上げたいと言ってきた。私は辞

❹解　説…設問文の把握、解答の根拠の提示、各選択肢の正否を記載。復習の際は、間違えた問題だけでなく正解した問題も解説を熟読し、自分の解答を導くプロセスや根拠が正しかったかどうか、必ず確認しよう。

❺語彙リスト…第1問の問1や第2問の問1に登場した語彙と、問題文に登場した重要語彙をピックアップ。語彙力は読解力にも直結するため、しっかりと意味をおさえておこう。

▼語彙リスト

第1回：2021年度 第1日程　語彙リスト

語彙リスト

□**民俗**《みんぞく》	民間に伝承されてきた風俗・習慣。
□**良俗**《りょうぞく》	公序良俗＝社会の秩序と良い風俗や習慣。
□**喚起**《かんき》	よび起こすこと。
□**召喚**《しょうかん》	官庁が人をよび出すこと。
□**援用**《えんよう》	自説を補強するために他の文献や事例を引用すること。
□**順延**《じゅんえん》	予定の期日を順繰りに延ばしていくこと。
□**円熟**《えんじゅく》	知識・技能によく通じ、内容が豊かになること。
□**威嚇**《いかく》	力を示して（＝威）、相手をおどす（＝嚇）こと。
□**拡充**《かくじゅう》	規模を拡げて内容を充実させること。
□**隔絶**《かくぜつ》	離して関係を絶つこと。
□**地殻**《ちかく》	地球の表層部。地球を卵に見立てた時の殻の部分。

□**投影**《とうえい》	ある物事が他の物事に反映して現れ出ること。
□**投合**《とうごう》	意気投合＝互いに気持ちが一致すること。
□**倒置**《とうち》	倒置法＝普通と逆にすること、語順を。
□**フィクション**	虚構。作りごと。
□**正起**《せいき》	（ある現象が）起きること。
□**リアリティ**	現実性。真実味。
□**布置**《ふち》	配置。また、（星の配置が星座を作るように）いくつかの物事の関係性の全体のこと。
□**所与**《しょよ》	（自分で作り出すのではなく）他から与えられること。
□**弁別**《べんべつ》	見分けること。区別すること。識別。
□**啓蒙**《けいもう》	人々に正しい知識を与え、合理的な考え方をするように教え導くこと。
□**懐疑**《かいぎ》	うたがい。うたがいを持つこと。
□**邪推**《じゃすい》	他人の心意を悪く推量すること。

本書の使い方

別冊 問題編

本書は、別冊に問題、本冊に解答解説が掲載されている。まずは、別冊の問題を解くところから始めよう。

1 注意事項を読む

問題編各回の扉に、問題を解くにあたっての注意事項を掲載。本番同様、問題を解く前にしっかりと読もう。

▼問題編 扉

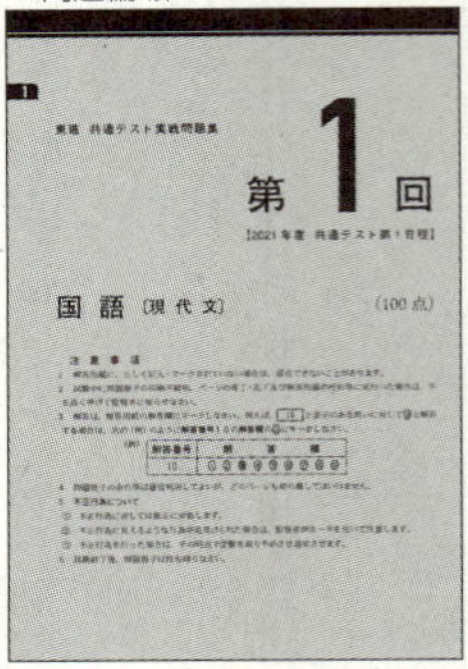
1
東進 共通テスト実戦問題集
第1回
【2021年度 共通テスト第1日程】
国語［現代文］ （100点）
注意事項

2 問題を解く

❶時間配分

はじめは時間よりも正答率を重視し、慣れてきたら自分の決めた制限時間内に解く練習をしよう（現・古・漢利用の場合、大問二つで四十五分以内が目安）。

❷問題構成の把握

どのように問題が構成されているのか、出題形式を確認しながら解き進めよう。漫然と解くのではなく、受験時に自分はどのように感じるのかなど心の動きを冷静に観察しながら臨んでほしい。

❸マークシートの活用

解答は本番と同じように、付属のマークシートに記入するようにしよう。複数回実施するときはコピーして使おう。

▼問題文（全5回収録）

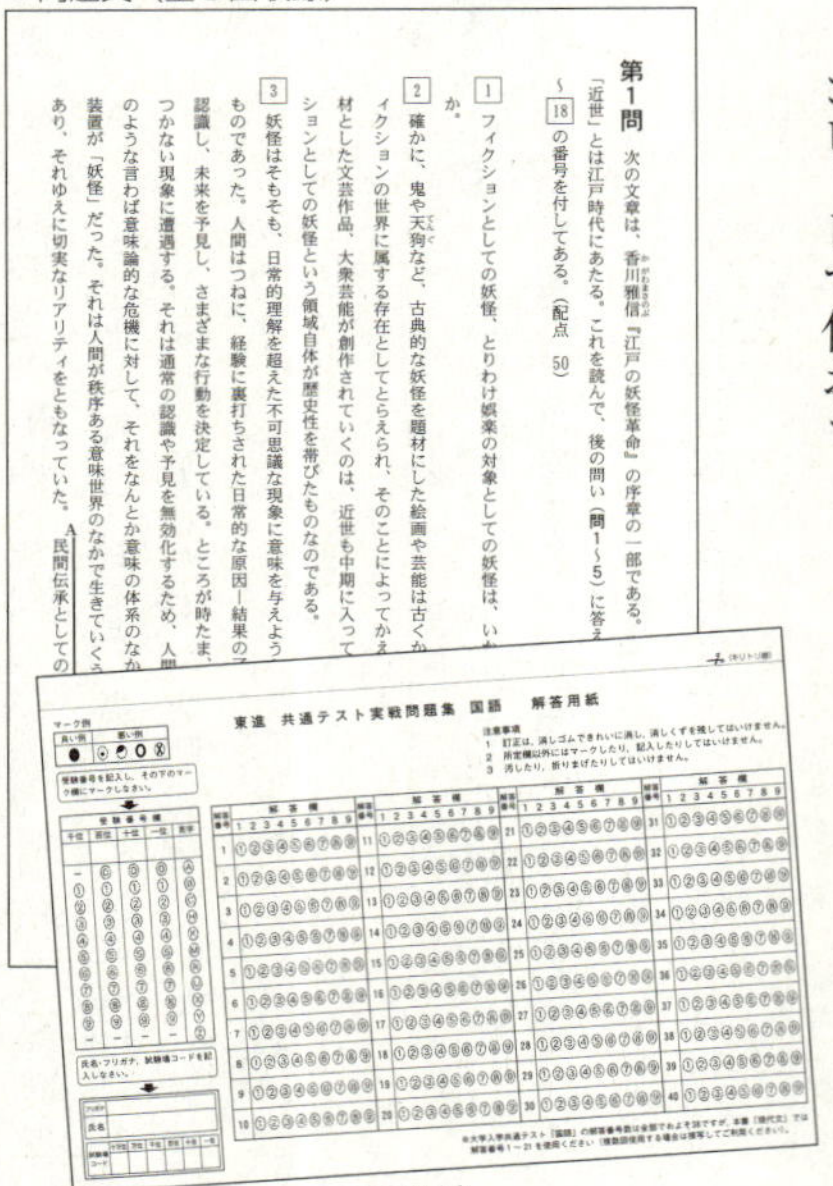
第1問 次の文章は、香川雅信《かがわまさのぶ》『江戸の妖怪革命』の序章の一部である。「近世」とは江戸時代にあたる。これを読んで、後の問い（問1〜5）に答え…〜18の番号を付してある。（配点 50）

1 フィクションとしての妖怪、とりわけ娯楽の対象としての妖怪は、い…か。

2 確かに、鬼や天狗《てんぐ》など、古典的な妖怪を題材にした絵画や芸能は古くか…イクションの世界に属する存在としてとらえられ、そのことによってかえ…材とした文芸作品、大衆芸能が創作されていくのは、近世も中期に入って…ションとしての妖怪という領域自体が歴史性を帯びたものなのである。

3 妖怪はそもそも、日常的理解を超えた不可思議な現象に意味を与えよう…ものであった。人間はつねに、経験に裏打ちされた日常的な原因—結果の…認識し、未来を予見し、さまざまな行動を決定している。ところが時たま、…つかない現象に遭遇する。それは通常の認識や予見を無効化するため、人間…のような言わば意味論的な危機に対して、それをなんとか意味の体系のなか…装置が「妖怪」だった。それは人間が秩序ある意味世界のなかで生きていくう…あり、それゆえに切実なリアリティをともなっていた。A 民間伝承としての…

東進 共通テスト実戦問題集 国語 解答用紙

▲マークシート（別冊巻末）

本冊

解答解説編

1 採点をする

解答解説編各回の扉には、正解と配点の一覧表が掲載されている。問題を解き終わったら、正解と配点を見て採点しよう。

2 解説を読む

❶ワンポイント解説動画の視聴

「はじめに」と各回の扉に解説動画のＱＲコードがついている。ＱＲコードを読み取ると、著者によるワンポイント解説の動画を見ることができる。文章では伝わりにくい内容の理解を動画で深めよう。

▼はじめに

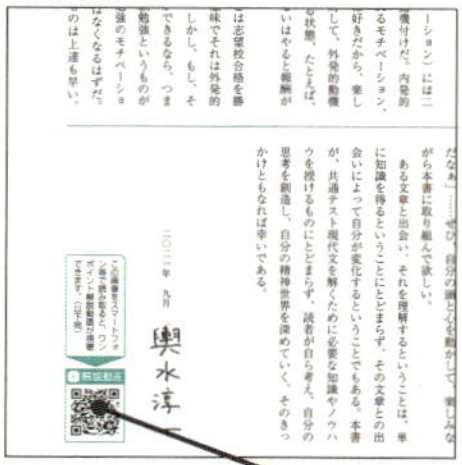

QR コード

▼解答解説編 扉

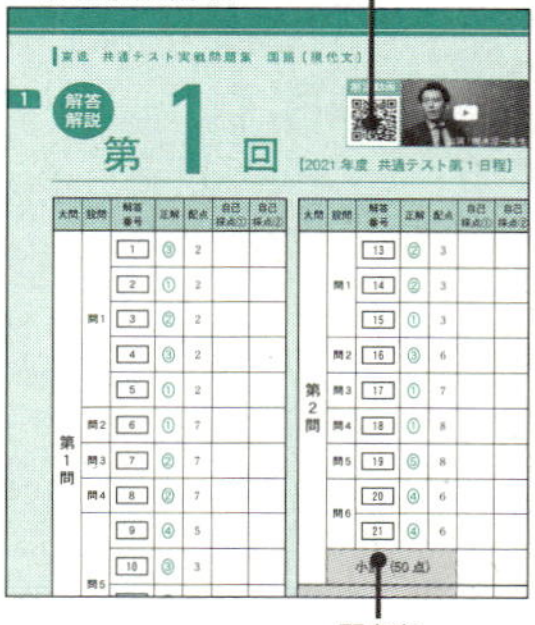

配点表

❷解説の熟読

わからなかったり知識が曖昧《あいまい》だったりした問題は、たとえまぐれで正解したとしても必ず解説を熟読し、解説中の知識や解き方の技能を身につけよう。また、「出題者は何を問うために設問を作ったのか」という視点で問題を見直そう。

▼解説

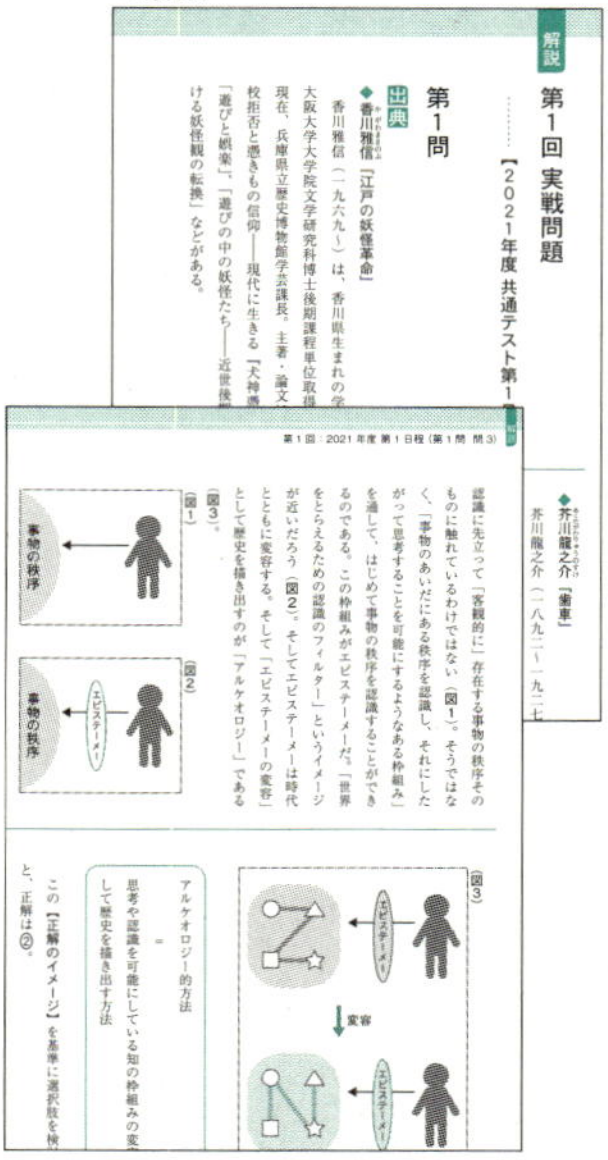

3 復習する

解説で理解した内容を頭の中に再現しながら解き直そう。

目次

はじめに …… 2
本書の特長 …… 4
本書の使い方 …… 6
特集①～共通テストについて～ …… 9
特集②～共通テスト「現代文」の傾向と対策～ …… 12

第1回 実戦問題【2021年度 共通テスト第1日程】
解答一覧 …… 15
解説本文 …… 16
語彙リスト …… 42

第2回 実戦問題【2021年度 共通テスト第2日程】
解答一覧 …… 43
解説本文 …… 44
語彙リスト …… 68

第3回 実戦問題【オリジナル問題①】
解答一覧 …… 69
解説本文 …… 70
語彙リスト …… 94

第4回 実戦問題【オリジナル問題②】
解答一覧 …… 95
解説本文 …… 96
語彙リスト …… 118

第5回 実戦問題【オリジナル問題③】
解答一覧 …… 119
解説本文 …… 120
語彙リスト …… 143

巻末付録 文学的文章におけるさまざまな修辞法 …… 144

特集①〜共通テストについて〜

1 大学入試の種類

大学入試は「**一般選抜**」と「**特別選抜**」に大別される。一般選抜は高卒（見込）・高等学校卒業程度認定試験合格者（旧大学入学資格検定合格者）ならば受験できるが、特別選抜は大学の定めた条件を満たさなければ受験できない。

❶一般選抜

一般選抜は一月に実施される「**共通テスト**」と、主に二月から三月にかけて実施される大学独自の「**個別学力検査**」（以下、**個別試験**）のことを指す。国語、地理歴史（以下、地歴）、公民、数学、理科、外国語といった学力試験による選抜が中心となる。

国公立大では、一次試験で共通テスト、二次試験で個別試験を課し、これらを総合して合否が判定される。

一方、私立大では、大きく分けて①**個別試験のみ**、②**共通テストのみ**、③**個別試験と共通テスト**、の三通りの型があり、②③を「**共通テスト利用方式**」と呼ぶ。

❷特別選抜

特別選抜は「**学校推薦型選抜**」と「**総合型選抜**」に分かれる。

学校推薦型選抜とは、出身校の校長の推薦により、主に調査書で合否を判定する入試制度である。大学が指定した学校から出願できる「**指定校制推薦**」と、出願条件を満たせば誰でも出願できる「**公募制推薦**」の大きく二つに分けられる。

総合型選抜は旧「ＡＯ入試」のことで、大学が求める人物像（アドミッション・ポリシー）と受験生を照らし合わせて合否を判定する入試制度である。

かつては原則として学力試験が免除されていたが、近年は学力要素の適正な把握が求められ、国公立大では共通テストを課すことが増えてきている。

❷ 共通テストの基礎知識

二〇二一年度入試（二〇二一年一月実施）より「大学入試センター試験」（以下、センター試験）に代わって始まった共通テストは、「独立行政法人 大学入試センター」が運営する**全国一斉の学力試験**である。

❶センター試験からの変更点

大きな変更点としては、①英語でリーディングとリスニングの**配点比率が一対一**になったこと（各大学での合否判定における点数の比重は、大学によって異なるので注意）、②今までの「知識・技能」中心の出題だけではなく「**思考力・判断力・表現力**」を評価する出題が追加されたこと、の二つが挙げられる。

少子化や国際競争が進む中、二〇一三年に教育改革の提言がなされ、大学入試改革を含む教育改革が本格化した。そこでは、これからの時代に必要な力として、①知識・技能の確実な修得、②（①をもとにした）思考力、判断力、表現力、③主体性を持って多様な人々と協働して学ぶ態度、の「**学力の三要素**」が必要とされ、センター試験に代わって共通テストでそれらを評価するための問題が出題されることとなった。

❷出題形式

共通テストは、旧センター試験と同様の**マークシート方式**である。選択肢から正解を選び、マークシートの解答番号を鉛筆で塗りつぶしていくが、マークが薄かったり、枠内からはみ出ていたりする場合には機械で読み取れないことがある。また、マークシートを提出せず持ち帰ってしまった場合は0点になる。このように、正解しても得点にならない場合があるので注意が必要だ。

なお、共通テストの実際の成績がわかるのは大学入試が終わったあとになる。そのため、**自分の得点は自己採点でしか把握できない**。国公立大入試など、共通テストの自己採点結果をもとに出願校を決定する場合があるので、必ず問題冊子に自分の解答を記入しておこう。

❸出題教科・科目の出題方法（二〇二二年度入試）

教科	出題科目	出題方法等	科目選択の方法等	試験時間（配点）
国語	『国語』	「国語総合」の内容を出題範囲とし、近代以降の文章、古典（古文、漢文）を出題する。		80分（200点）
地理歴史 公民	「世界史A」「世界史B」「日本史A」「日本史B」「地理A」「地理B」 「現代社会」「倫理」「政治・経済」『倫理、政治・経済』	『倫理、政治・経済』は、「倫理」と「政治・経済」を総合した出題範囲とする。	左記出題科目の10科目のうちから最大2科目を選択し、解答する。 ただし、同一名称を含む科目の組合せで2科目を選択することはできない。なお、受験する科目数は出願時に申し出ること。	〈1科目選択〉 60分（100点） 〈2科目選択〉 130分（うち解答時間120分）（200点）
数学①	「数学Ⅰ」 『数学Ⅰ・数学A』	『数学Ⅰ・数学A』は、「数学Ⅰ」と「数学A」を総合した出題範囲とする。ただし、次に記す「数学A」の3項目の内容のうち、2項目以上を学習した者に対応した出題とし、問題を選択解答させる。〔場合の数と確率、整数の性質、図形の性質〕	左記出題科目の2科目のうちから1科目を選択し、解答する。	70分（100点）
数学②	「数学Ⅱ」 『数学Ⅱ・数学B』 『簿記・会計』 『情報関係基礎』	『数学Ⅱ・数学B』は、「数学Ⅱ」と「数学B」を総合した出題範囲とする。ただし、次に記す「数学B」の3項目の内容のうち、2項目以上を学習した者に対応した出題とし、問題を選択解答させる。〔数列、ベクトル、確率分布と統計的な推測〕 『簿記・会計』は、「簿記」及び「財務会計Ⅰ」を総合した出題範囲とし、「財務会計Ⅰ」については、株式会社の会計の基礎的事項を含め、【財務会計の基礎】を出題範囲とする。 『情報関係基礎』は、専門教育を主とする農業、工業、商業、水産、家庭、看護、情報及び福祉の8教科に設定されている情報に関する基礎的科目を出題範囲とする。	左記出題科目の4科目のうちから1科目を選択し、解答する。 ただし、科目選択に当たり、『簿記・会計』及び『情報関係基礎』の問題冊子の配布を希望する場合は、出願時に申し出ること。	60分（100点）
理科①	「物理基礎」 「化学基礎」 「生物基礎」 「地学基礎」		左記出題科目の8科目のうちから下記のいずれかの選択方法により科目を選択し、解答する。 A：理科①から2科目 B：理科②から1科目 C：理科①から2科目及び理科②から1科目 D：理科②から2科目 なお、受験する科目の選択方法は出願時に申し出ること。	【理科①】 〈2科目選択〉 60分（100点） 【理科②】 〈1科目選択〉 60分（100点） 〈2科目選択〉 130分（うち解答時間120分）（200点）
理科②	「物理」 「化学」 「生物」 「地学」			
外国語	『英語』『ドイツ語』 『フランス語』 『中国語』『韓国語』	『英語』は、「コミュニケーション英語Ⅰ」に加えて「コミュニケーション英語Ⅱ」及び「英語表現Ⅰ」を出題範囲とし、【リーディング】と【リスニング】を出題する。 なお、【リスニング】には、聞き取る英語の音声を2回流す問題と、1回流す問題がある。	左記出題科目の5科目のうちから1科目を選択し、解答する。 ただし、科目選択に当たり、『ドイツ語』、『フランス語』、『中国語』、及び『韓国語』の問題冊子の配布を希望する場合は、出願時に申し出ること。	『英語』 【リーディング】 80分（100点） 【リスニング】 60分（うち解答時間30分）（100点） 『ドイツ語』『フランス語』『中国語』『韓国語』 【筆記】 80分（200点）

【備考】
1 「　」で記載されている科目は、高等学校学習指導要領上設定されている科目を表し、『　』はそれ以外の科目を表す。
2 地理歴史及び公民の「科目選択の方法等」欄中の「同一名称を含む科目の組合せ」とは、「世界史A」と「世界史B」、「日本史A」と「日本史B」、「地理A」と「地理B」、「倫理」と『倫理、政治・経済』及び「政治・経済」と『倫理，政治・経済』の組合せをいう。
3 地理歴史及び公民並びに理科②の試験時間において2科目を選択する場合は、解答順に第1解答科目及び第2解答科目に区分し各60分間で解答を行うが、第1解答科目及び第2解答科目の間に答案回収等を行うために必要な時間を加えた時間を試験時間とする。
4 理科①については、1科目のみの受験は認めない。
5 外国語において『英語』を選択する受験者は、原則として、リーディングとリスニングの双方を解答する。
6 リスニングは、音声問題を用い30分間で解答を行うが、解答開始前に受験者に配付したICプレーヤーの作動確認・音量調節を受験者本人が行うために必要な時間を加えた時間を試験時間とする。

特集②～共通テスト「現代文」の傾向と対策～

❶ 共通テスト「現代文」とは

二〇二一年一月、初めての共通テストが実施された。国語に関しては、記述式問題の導入延期が決定された後、新たな試験の内容についての情報がほとんどないままに実施されたテストとあって、その形式、内容が注目されたが、ふたを開けてみれば、大枠は従来のセンター試験を踏襲したものであった。第1問はいわゆる「評論文」で、試行調査で見られた「実用文」の出題はなかった。また、第2問も従来のセンター試験と同じ「小説」からの出題であり、試行調査で見られた「韻文（詩）」の出題はなかった。しかし一方で、第1問の問5、第2問の問6では、センター試験では見られなかった「**異なる種類や分野の文章などを組み合わせた複数の題材による問題**」が出題されるなど、新しい出題形式も一部見られた。

ところで共通テストとは、どのような考え方に基づいて作成されているテストなのだろうか。共通テストの作成を担っている「独立行政法人　大学入試センター」の、問題作成方針をここで一度確認しておこう。以下に抜粋を示す（二〇二一年九月時点のもの）。

【令和４年度大学入学者選抜に係る大学入学共通テスト問題作成方針】

> **第一　問題作成の基本的な考え方**
>
> 大学入学共通テストは、大学への入学志願者を対象に、高等学校の段階における基礎的な学習の達成の程度を判定し、大学教育を受けるために必要な能力について把握することを目的としている。

これは全教科共通の基本方針だが、要するに共通テストの目的は、二つのことを判定することにある。

> ① 高校段階における基礎的な学力の達成度
>
> ② 大学教育を受けるために必要な能力の有無

❷ 共通テスト「現代文」の出題傾向

次に科目別の問題作成方針を見てみよう。

出題教科・科目の問題作成の方針（国語）

言語を手掛かりとしながら、文章から得られた情報を多面的・多角的な視点から解釈したり、目的や場面等に応じて文章を書いたりする力などを求める。近代以降の文章（論理的な文章、文学的な文章、実用的な文章）、古典（古文、漢文）といった題材を対象とし、言語活動の過程を重視する。問題の作成に当たっては、大問ごとに一つの題材で問題を作成するだけでなく、異なる種類や分野の文章などを組み合わせた、複数の題材による問題を含めて検討する。

従来のセンター試験現代文と共通テスト現代文の違いを整理すると、次のようになる。

題材	文章のジャンル	文章の数
センター試験	近代以降の文章（評論文、小説文）	大問ごとに一つの題材で問題を作成
共通テスト	近代以降の文章（論理的な文章、文学的な文章、実用的な文章）	大問ごとに一つの題材で問題を作成するだけでなく、異なる種類や分野の文章などを組み合わせた、複数の題材による問題を含めて検討する

このように見ると、共通テストの問題は、今後さまざまな問題が出題される可能性の余地を残していることがわかる。

具体的には、次の14ページに列挙するように、様々なジャンルの題材・設問形式が出題される可能性があると考えられる。

・新聞記事・社説、会議等の記録、実務的な文章（取扱説明書、報告書、提案書等）、契約書や法令の条文、公文書などといった「実用的な文章」が出題される可能性

・詩、随筆、短歌、俳句、戯曲（演劇の台本形式で書かれた文学作品）、詩歌の鑑賞文、文芸批評などといった「文学的な文章」が出題される可能性

・文字情報によるテキスト（連続テキスト）だけでなく、図表・グラフ・地図・写真といった視覚的なテキスト（非連続テキスト）が用いられる可能性

・複数のテキストを組み合わせた問題が出題される可能性（たとえば、本文を踏まえたうえで**【資料】**の理解を問う問題や、**【文章Ⅰ】**と**【文章Ⅱ】**の共通点と相違点を問う問題など）

❸ 共通テスト「現代文」の対策

出題される文章のジャンルが広がったとしても、与えられたテキストの内容を理解した上で問題を解くというプロセスは変わらないし、試験として出題される以上、解釈が割れるような箇所が設問で問われることもない。また、複数の文章を組み合わせた問題が出題されたとしても、一つひとつの文章を理解していくという基本は変わらないし、一つひとつの文章が理解できれば、複数の文章の関係も自《おの》ずと理解されよう。**新傾向への対策は必要だが、過度に不安を抱く必要はない。**「与えられた文章を正確に理解し、適切な**【正解のイメージ】**を持つことのできる力」を地道に、着実に身につけていこう。

本書の構成は、第1回・第2回が実際の共通テストの問題、第3回〜第5回が予想問題というものである。第1回・第2回で共通テストの基本的な解き方を身につけ、そこで学んだ解き方を第3回以降のオリジナル問題で実践してみてほしい。

解答解説

第1回

解説動画

出演：輿水淳一先生

【2021 年度　共通テスト第１日程】

大問	設問	解答番号	正解	配点	自己採点①	自己採点②
第1問	問1	1	③	2		
		2	①	2		
		3	②	2		
		4	③	2		
		5	①	2		
	問2	6	①	7		
	問3	7	②	7		
	問4	8	②	7		
	問5	9	④	5		
		10	③	3		
		11	④	3		
		12	②	8		
	小計（50 点）					

大問	設問	解答番号	正解	配点	自己採点①	自己採点②
第2問	問1	13	②	3		
		14	②	3		
		15	①	3		
	問2	16	③	6		
	問3	17	①	7		
	問4	18	①	8		
	問5	19	⑤	8		
	問6	20	④	6		
		21	④	6		
	小計（50 点）					
合計（100 点満点）						

第1回 実戦問題

【2021年度 共通テスト第1日程】

第1問

出典

◆香川雅信《かがわまさのぶ》『江戸の妖怪革命』

香川雅信（一九六九〜）は、香川県生まれの学芸員。大阪大学大学院文学研究科博士後期課程単位取得退学。現在、兵庫県立歴史博物館学芸課長。主著・論文に「登校拒否と憑きもの信仰――現代に生きる『犬神憑き』」、「遊びと娯楽」、「遊びの中の妖怪たち――近世後期における妖怪観の転換」などがある。

◆芥川龍之介《あくたがわりゅうのすけ》『歯車』

芥川龍之介（一八九二〜一九二七）は、東京生まれの小説家。東京帝国大学在学中、同人誌『新思潮』上に処女小説『老年』を発表、作家活動を開始する。『鼻』が漱石に激賞されるなど、短篇の名手として多彩な作品を発表し続ける一方、度重なる病や親族の借金の肩代りを余儀なくされるなどの不運に見舞われて心身を衰弱させ、数え年三十六歳の夏、服毒自殺。博識をもって知られた「書斎の人」で、古今東西の書物に通じ、中国物、歴史物、キリシタン物、現代物など、多彩な作風で文学の一時代を作った。

読解

本文は大きく三つの意味段落に分けることができる。

◆Ⅰ 問題設定（1〜5）

フィクションとしての妖怪、とりわけ娯楽の対象としての妖怪は、いかなる歴史的背景のもとで生まれてきたのか（1）。フィクションとしての妖怪が誕生したのは近世中期であり、その領域自体、もともと存在していたものではなく、歴史性を帯びたもの（時代の変化とともに生まれてきたもの）である（2）。妖怪はそもそも、日常的理解を超えた不可思議な現象に意味を与えようとする民俗的心意から生まれた、リアリティをともなった存在だった（3）。フィクションとしての妖怪という領域が成立するには、妖怪に対する認識が根本的に変容することが不可欠だ（4）。妖怪に対する認識はどのように変容し、それをもたらした歴史的背景はどのようなものだったのか（5）。

Ⅱ 方法論（6～9）

妖怪に対する認識の変容を記述し分析するうえで、フーコーの「アルケオロジー」の手法を援用したい（6）。フーコーの言うアルケオロジーとは、歴史を、「思考や認識を可能にしている知の枠組み＝エピステーメーの変容」として描き出す試みのことだ（7）。エピステーメーの変貌は、「物」「言葉」「記号」「人間」の関係性（布置）の再編成として描き出される（8）。このアルケオロジー的方法によって、日本の妖怪観の変容を、大きな文化史的変動のなかで考えることができる（9）。

Ⅲ 日本の妖怪観の変容（10～18）

あらゆる自然物が意味を帯びた「記号」として存在していた中世においては、妖怪は神霊からの「言葉」を伝える「記号」であった（11）。しかし近世において、「物」にまとわりついていた「言葉」や「記号」としての性質は剝ぎ取られ、「物」ははじめて「物」そのものとして人間の目の前にあらわれるようになった（12）。その結果、人間にとって「読み取る」対象でしかなかった「記号」は、近世において人間の支配下に置かれ、人間が約束事のなかで作り出せる「記号」、すなわち「表象」となった（13）。それに伴って妖怪は意味の世界から切り離され、人間の手で自在にコントロールされる「表象」というフィクショナルな人工物、キャラクターへと作り変えられた（14）。しかし近代になると、こうした近世の妖怪観はふたたび編成しなおされ、以前とは異なる形でリアリティのなかに回帰する（15）。近代は、人間を、コントロール不可能な「内面」を抱えた存在として認識する（16）。こうした認識とともに生み出されたのが、不気味であると同時に未知なる可能性を秘めた存在としての「私」という思想であり、妖怪は、まさにそのような「私」の投影としてあらわれるようになった（17）。

解説

問１　漢字問題

(ア) 民俗　①所属　②海賊　③良俗　④継続

(イ) 喚起　①召喚　②返還　③栄冠　④交換

(ウ) 援用　①沿線　②救援　③順延　④円熟

(エ) 隔てる　①威嚇　②拡充　③隔絶　④地殻

(オ) 投影　①投合　②倒置　③系統　④奮闘

正解

1 ＝ ③　2 ＝ ①　3 ＝ ②　4 ＝ ③　5 ＝ ①

▼今回、最も正答率が低かったと思われるのは(ウ)である。この問題を落としてしまった人は、おそらく「援用」という言葉が思い浮かばなかったのだろう。そして、(ウ)を間違えた人は、それを正解した人に比べて、現代文全体の得点も低かったと思われる。語彙力は読解力に直結する。漢字を覚える際は、必ず意味とセットで覚えよう。また、同音異義語（「民俗／民族」・「喚起／換気／歓喜」など）は、漢字一字一字の意味に注目して違いを明確にしておこう。

問2 内容説明問題

> 問 傍線部A「民間伝承としての妖怪」とは、どのような存在か。

傍線部を含む一文は、

> A民間伝承としての妖怪とは、そうした存在だったのである。

となっている。「そうした存在だったのである」と指示語で受けているので、傍線部までに述べられていた「民間伝承としての妖怪」の説明を改めて確認し、その内容を理解しよう。仮に正しく根拠の場所を特定できたとしても、その意味を理解できないと間違えてしまうことは往々にしてある。根拠となる箇所を以下に列挙する。

- 妖怪はそもそも、日常的理解を超えた不可思議な現象に意味を与えようとする民俗的な心意から生まれたものであった（3段落の一文目）
- 意味論的な危機に対して、それをなんとか意味の体系のなかに回収するために生み出された文化的装置が「妖怪」だった（3段落の五文目）

・（妖怪は）人間が秩序ある意味世界のなかで生きていくうえでの必要性から生み出されたものであり、それゆえに切実なリアリティをともなっていた（[3]段落の六文目）

たとえば、村一番の泳ぎ上手が、溺れるはずのない川で溺れたとき、その不可思議な（意味のわからない）現象を意味づけるために、人々は、人を川に引きずりこむ「河童」という妖怪を生み出した。そのような具体例を思い浮かべることができればよい。

わかりやすい言葉でまとめると……

（民間伝承としての妖怪とは）意味がわからない現象を意味づけるために人間が生み出した存在

これを【正解のイメージ】として、このイメージに合う選択肢を探すと、正解は①。はじめから消去法で解こうとすると、時間がかかるうえにひっかけの選択肢をつかまされやすい。なるべく自分の頭の中に【正解のイメージ】を作り、それを判断基準として選択肢を選ぶようにしよう。

②は、「フィクションの領域においてとらえなおす存在」が誤り。[2]段落で述べられていたようにフィクションとしての妖怪という領域はもともと存在していたものではなく、近世中期に作られたものである。傍線部Aの「民間伝承としての妖怪」とは、そのようなフィクションの領域が生まれる以前の存在であり、現実世界を意味づける存在である。

③の選択肢の修飾部をカッコでくくってみると、「（目の前の出来事から予測される）未来への不安を（意味の体系のなかで）認識させる存在」となるが、民間伝承としての妖怪は、「未来への不安を認識させる存在」ではないので誤り。また、本文における「不安」は、「通常の認識や予見（予測）」が無効化されるために生まれるのであって、「目の前の出来事から予測される未来への不安」というのはおかしい。

④も③と同様に修飾部を取り払うとはっきりするが、妖怪は「…リアリティを…人間に気づかせる存在」ではない。

⑤は妖怪を「…意味論的な危機を…生み出す存在」としている点が誤り。妖怪は「意味論的な危機を乗り越えるために生み出された存在」である。

正解　6 ＝①

▼**問２**はさほど難しい問題ではない。今回この問題を間違えてしまった人は、ぜひ次のような読み方を身につけてほしい。

> ・文章の骨格（主語・目的語・述語）を把握する
> 　↓意味の切れ目に「／《スラッシュ》」を入れる
> ・修飾部と被修飾部を区別する
> 　↓修飾部は（　）でくくる

たとえば、⑤の選択肢であれば「（通常の因果関係の理解では説明のできない）意味論的な危機を（人間の心に）生み出す存在」のようになる。

問３　内容説明問題

> **問**　傍線部B「アルケオロジー的方法」とは、どのような方法か。

「アルケオロジー的方法」についての説明は、主に 7 段落にある（「〜とは」という定義づけの表現にはいつも注意を払おう）。ここでのアルケオロジーとは、通常訳される「考古学」という意味ではなく、フーコーの言うアルケオロジーのことである。すなわち、「エピステーメーの変容として歴史を描き出す試み」だ。「エピステーメー」という言葉の説明を理解できるかどうかがカギだ。

7 段落の二文目にあるように、われわれは決して認識に先立って「客観的に」存在する事物の秩序そのものに触れているわけではない（**図１**）。そうではなく、「事物のあいだにある秩序を認識し、それにしたがって思考することを可能にするような枠組み」を通して、はじめて事物の秩序を認識することができるのである。この枠組みがエピステーメーだ。「世界をとらえるための認識のフィルター」というイメージが近いだろう（**図２**）。そしてエピステーメーは時代とともに変容する。そして「エピステーメーの変容」として歴史を描き出すのが「アルケオロジー」である（**図３**）。

（図１）

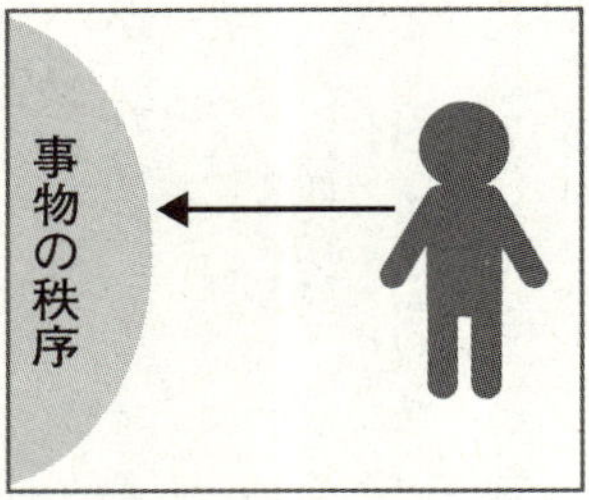

（図２）

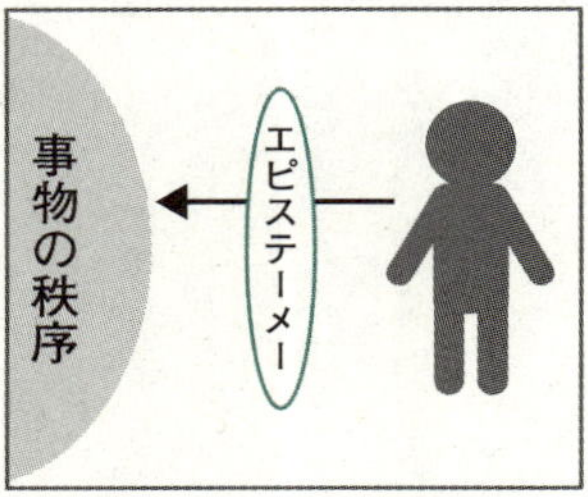

（図３）

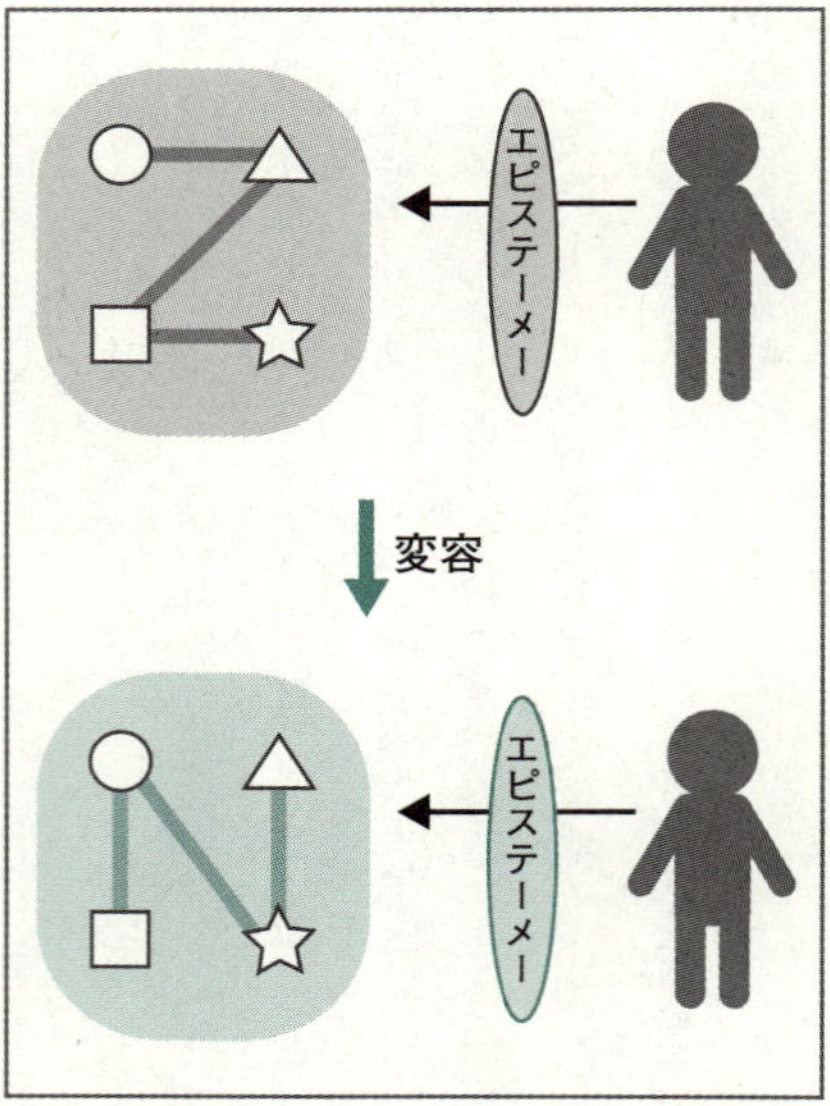

アルケオロジー的方法
＝
思考や認識を可能にしている知の枠組みの変容として歴史を描き出す方法

この【**正解のイメージ**】を基準に選択肢を検討すると、正解は②。

①はまず「考古学の方法に倣い」が誤り。ここでは通常の考古学という意味でアルケオロジーという言葉を用いていない。また、「その時代の事物の客観的な秩序を復元して描き出す方法」も誤り。アルケオロジーとは、過去のある一時期の秩序を描くのではなく、「エピステーメーの変容として歴史を描き出す方法」である。

③は「さまざまな文化事象を～要素ごとに分類して整理し直す」が誤り。8段落の説明によれば、エピステーメーとは〈「物」「言葉」「記号」そして「人間」の関係性〉である。したがってその眼目は、たとえば「物」は「物」、「言葉」は「言葉」というふうに要素ごとにバラバラに分類することではなく、「物」と「言葉」とのあいだの関係をとらえることである。

④は「ある時代の文化的特徴を～記述する方法」が誤り。①と同様、「エピステーメーの変容として歴史を描き出す方法」という説明になっていない。また、前半の「～さまざまな文化事象を同じ認識の平面上でとらえることで」も誤り。本文9段落の三文目にある通り、それは「アルケオロジーによって可能になること（帰結）」であり、「アルケオロジーそれ自体の説明」ではない。

⑤の前半、「一見関係のないさまざまな歴史的事象を～の関係性に即して接合し」は、傍線部の直前の記述に基づいているが、④の説明でも述べた通り、その部分は「アルケオロジーによって可能になること（帰結）」であり、「アルケオロジーそれ自体の説明」ではない。

正解 7 ＝②

▼③・④・⑤を選んで間違えてしまった人は、傍線部に近い（だから記憶に新しい）8・9段落だけを根拠に解いていなかっただろうか。自分の漠然とした記憶だけに頼って選択肢を選ぶのではなく、選択肢の検討に入る前にきちんと本文に戻り、根拠を見つけ、その内容を理解して**【正解のイメージ】**を持つという

手順を踏むようにしよう。

問４　内容説明問題

> 問　傍線部C「妖怪の『表象』化」とは、どういうことか。

まず確認しておきたいのは、傍線部直前の「こうした」という指示語だ。この指示語によって、着目すべき箇所は傍線部の後ろではなく、前であることがわかる。また、「〜化」というのは、すべて、「何かから何かへの変化」を表す言葉だ。たとえば「相対化」は「絶対から相対への変化」を表す。したがって「妖怪の『表象』化」とは、「妖怪の変化」を表す言葉だ。何から何への変化か？ それを傍線部の前から探そう。何か［11］〜［14］段落で、中世から近世にかけての変化について述べられている。その変化をまとめると、

> 【中世】
> 妖怪＝神霊からの「言葉」を伝える「記号」＝人間はそれを受動的に「読み取る」ことしかできない
>
> ⬅
>
> 【近世】
> 妖怪＝人間が能動的に作り出す人工的な「記号」＝「表象」＝視覚的側面が重視される「記号」＝「キャラクター」＝フィクショナルな存在

つまり、「妖怪の『表象』化」とは、

> 妖怪が、神霊からの「言葉」を伝える「記号」としての存在から、人間が作り出すことのできる人工的な「記号」としての「キャラクター（フィクショナルな存在）」へと変化したこと

である。

この内容に合致する選択肢を探すと、正解は②となる。

①は「人間が人間を戒めるための道具になった」が誤り。そうではなく、「人間の娯楽の題材」になったのである。

③は「妖怪が、〜人間世界に実在するかのように感じられるようになった」が誤り。むしろフィクショナルな〈虚構的、架空の〉存在になったのである。

④は「妖怪が、〜人間の力が世界のあらゆる局面や物に及ぶきっかけになった」が誤り。傍線部Cを含む一文をよく読んでほしい。「妖怪の『表象』化」は、「人間の力が世界のあらゆる局面や物に及ぶ」ようになったこととの帰結（結果）であって、きっかけ（原因）ではない。

⑤の前半は問題ないが、後半の「人間の性質を戯画的に形象した娯楽の題材になった」が誤り。「戯画」とは〈戯れに描いた絵。誇張したり風刺を交えたりした滑稽な絵〉のこと。傍線部Cの二文前にある「フィクショナル」とは〈虚構の、架空の〉という意味であり、「戯画的」という意味ではない。また、17段落末尾に「妖怪は、まさにこのような『私』を投影した存在としてあらわれるようになる」とあるが、これは「近代」の話であり、「近世」の話をしている傍線部Cの説明としては不適。

正解　8 ＝ ②

問5 (i) 空欄補充問題（段落構成を問う問題）

生徒の「学習の過程」に即して空欄補充を行うという新傾向の問題。ただし、従来のセンター試験でも「段落構成を問う問題」は出題されており、形式が違うだけで問われていることの内実は変わらない。

I（2〜3）について

2〜3段落で述べられていたことはフィクショ

ンとしての妖怪という領域はもともと存在していたものではない（2）。そもそも妖怪とは～な存在であった（3）ということである。

選択肢①・②の「妖怪はいかなる歴史的背景のもとで娯楽の対象になったのかという問い」は、1段落の内容であり、2～3段落の内容ではない。

選択肢③「娯楽の対象となった妖怪の説明」は2～3段落ではなされていない。

したがって正解は④。選択肢④「妖怪に対する認識の歴史性」とは、「妖怪に対する認識は不変のものではなく、時代の変化とともに移り変わってきた」という意味である。

II（4～5）について

4段落に「妖怪に対する認識が根本的に変容」、5段落に「妖怪に対する認識がどのように変容したのか」「それは、いかなる歴史的背景から生じたのか」とあるので、④「いかなる歴史的背景のもとで、どのように妖怪認識が変容したのかという問い」という見出しは適切。

正解 9 ＝④

▼段落構成を問う問題は今後も出題される可能性がある。どのような設問形式で問われても対応できるように、普段から次のことを練習しておこう。

- 段落の内容を一文にまとめる（読解参照）
- 本文をいくつかの意味段落に分ける
- それぞれの意味段落に「見出し」をつける

問５ (ii) 空欄補充問題（対比の理解を問う問題）

「近世と近代の違い」を把握する。「中世と近世の違い」ではないことに気をつけよう。

時代	妖怪のリアリティ
近世以前	あり（不可思議な現象を意味づけるもの）
↓ 近世	なし（フィクショナル）
↓ 近代	あり（不可思議な内面を持つ「私」を投影したもの）

Ⅲ について

「近世には、人間によって作り出された、**Ⅲ** が現れた」とあるが、**【ノート1】**を参照すると、12～14段落が近世の妖怪についての説明だとわかる。**問4**でも言及した通り、近世の妖怪とは「人工的な記号」＝「視覚的側面が重要な役割を果たす記号」＝「表象」＝「フィクショナルな『キャラクター』としての存在」である。したがって③が正解。②の「神霊からの言葉を伝える記号としての妖怪」とは中世の妖怪観である。

Ⅳ について

「近代へ入ると **Ⅳ** が認識されるようになった」とあるが、**【ノート1】**を参照すると、15～17段落が近代の妖怪についての説明だとわかる。選択肢はどれも「～人間」となっているので、近代における人間観を15～17段落で確認する。

> 16 人間は ～「内面」というコントロール不可能な部分を抱えた存在として認識されるようになったのだ。かつて「表象」としてフィクショナルな領域に囲い込まれていた妖怪たちは、今度は「人間」そのものの内部に棲《す》みつくようになったのである。
>
> 17 「私」は私にとって「不気味なもの」となり、いっぽうで未知なる可能性を秘めた神秘的な存在となった。妖怪は、まさにこのような「私」を投影した存在としてあらわれるようになるのである。

ここから、近代の人間観とは「自分でもよくわからないものを抱え込んだ存在」というものであることがわかる。正解は④。

正解 10 ＝③ 11 ＝④

問５ (iii) 空欄補充問題（本文と引用文との関連を問う問題）

【ノート３】で引用されている芥川龍之介「歯車」の一節をあらためて確認しよう。

> 第二の僕、――独逸《どいつ》人の所謂《いわゆる》Doppelgaengerは仕合《しあわ》せにも僕自身に見えたことはなかった。しかし〈亜米利加《あめりか》の映画俳優になったK君の夫人は第二の僕を帝劇の廊下に見かけていた。（僕は突然K君の夫人に「先達《せんだって》はつい御挨拶もしませんで」と言われ、当惑したことを覚えている。）それからもう故人になったある隻脚《かたあし》の翻訳家もやはり銀座のある煙草《たばこ》屋に第二の僕を見かけていた。〉死はあるいは僕よりも第二の僕に来るのかも知れなかった。

「しかし」以降の具体的な例示を取り払い、ここで言われていることの骨子を抜き出すと、

> 仕合わせなことに第二の僕（ドッペルゲンガー）は僕自身に見えたことはなかった。しかし、〈僕以外の人は第二の僕を見掛けていた。〉死はもしかしたら僕よりも第二の僕に来るのかも知れなかった

となる。

選択肢はすべて「歯車の僕は」で始まっており、前半では「歯車」について、後半では近代の「私」について説明している。

各選択肢の前半部を、いま確認した「歯車」の一節と照らし合わせると、②は「僕は自分でドッペルゲンガーを見たわけではないのでひとまずは安心しながらも、もう一人の自分に死が訪れるのではないかと考えていた」とあり、この②だけが、右に見た「骨子」と正確に対応している。また、②の後半の「自分自身を統御できない不安定な存在」という説明も、Ⅳで確認した近代の人間観と合致している。

正解は②。

①は「別の僕の行動によって自分が周囲から承認されている」が誤り。また後半の近代の「私」についての説明も誤り。

③は「会いたいと思っていた人の前に」が誤り。また「僕は自分でドッペルゲンガーを見たわけではないが、別の僕が自分に代わって思いをかなえてくれたことに驚いた」となっており、逆接の「が」の後ろの内容が引用文と異なっている。

④も「僕は自分でドッペルゲンガーを見たわけではないと自分を落ち着かせながらも、自分が分身に乗っ取られるかもしれないという不安を感じた」となっており、逆接「ながらも」の後ろの内容が引用文と異なっている。

⑤も同様で、「〜が、他人にうわさされることに困惑していた」となっており、逆接「が」の後ろの内容が引用文と異なっている。

正解 12 ＝②

第２問

出典

◆**加能作次郎**《かのうさくじろう》**「羽織と時計」**

加能作次郎（一八八五～一九四一）は、石川県出身の小説家、評論家、翻訳家。早稲田大学在学中に「厄年」を発表して文壇に登場、一九一八年に発表した「世の中へ」で文壇における地位を確立する。田山花袋に師事し、自然主義の流れを汲む私小説作家として独自の境地を拓いた。

◆**【資料】宮島新三郎**《みやじましんざぶろう》**「師走文壇の一瞥」**

宮島新三郎（一八九二～一九三四）は、埼玉県出身の文芸評論家、英文学者。早稲田大学英文科卒。一九二七年、早稲田大学教授となる。英米の新しい文学を日本に紹介し、D・H・ローレンス、トーマス・ハーディなどの作品を翻訳した。自著に『短編小説新研究』『大正文学十四講』などがある。

読解

本文は過去と現在を行きつ戻りつしながら語られているが、おおよそ五つのパートに分けることができる。なお、リード文には読解上欠かせない情報が含まれているので、必ず丁寧に読もう。

◆**リード文**

タイトルは「羽織と時計」（発表された一九一八年は、大正七年。国内では米騒動が勃発し、海外では第一次世界大戦が終戦を迎えた）。「私」と同じ出版社で働くＷ君は妻子と従妹と暮らしていたが、その生活は苦しかった。Ｗ君が病で休職中、「私」は何度か彼を訪れ、同僚から集めた見舞金を届けた（**「私」→Ｗ君への恩恵**）。

◆**1行目～16行目（過去Ⅰ～現在）**

病気が次第に快方に向いてきたＷ君は、再び出勤できるようになった。その最初の日、Ｗ君は「私」に世話になったお礼に羽織を差し上げたいと言ってきた。私は辞退する術もなく、その厚意を受け取る（**W君↓「私」へ の恩恵**）。貧乏な「私」にとっては、今でもその羽二重の紋付の羽織が、私の持物の中で最も貴重なものの一つである。

◆17行目〜29行目（現在）

その羽織をW君から貰ったのだということを、「私」は妻に言いはぐれてしまい、未だにそれを妻に打ち明けていなかった。それで「私」は羽織を妻に褒められるとなんだか擽ぐられるような思いがするのだった。

◆30行目〜48行目（過去Ⅱ〜現在）

その後、「私」が転職することになったとき、W君は自ら奔走して社の仲間たちからお金を集め、記念品を贈ることにしてくれた。時計を持っていなかった「私」は、自ら希望して懐中時計を買って貰った（**W君↓「私」への恩恵**）。W君は「私」のために奔走したことで周囲から心無い非難を受けたそうだが、そこまでして「私」のためにしてくれたW君の厚い情誼を思うと、私は涙ぐましいほど感謝の念に打たれるのだった。それと同時に、**その一種の恩恵に対して常に或る重い圧迫を感ぜざるを得なかった**。

◆50行目〜79行目（過去Ⅲ〜現在）

転職をして以降、「私」は一度もW君と会わなかった。W君はその後、病気が再発し、遂に社を辞し、自分は寝たきりのまま、従妹に任せてはじめた小さなパン菓子屋でやっとのこと生活を成り立たせているということを「私」は人づてに聞いた。「私」は、一度見舞旁々訪問しなければと思いながら、自然と足が遠のいてしまった。

しかし本当を言えば、「羽織と時計」、この二つがW君と「私」とを遠ざけたようなものであった。**この二つの物品を持っていることで、常に「私」はW君から恩恵的債務を負っているように感ぜられたからである**（債務＝返済義務があること。ここでは「私」が一方的に過分の恩恵を受け、相当するものを返せていないという負い目を意味する）。この債務に対する自意識が「私」にW君の家を訪れることをためらわせた。しかも不思議なことに私が恐れたのはW君よりも、彼の妻君の眼だった。「私」は妻君に責められるのではないかとしきりに想像し、とてもW君の家に行く気になれないでいた。

◆80行目〜87行目（現在）

今年の新緑の頃、妻子とともに郊外へ散歩に行った時に、私は少し遠回りしてW君の家の前を通り、妻に命じて、わざとその店に餡パンを買いに行かせたが、実はそれは、陰ながらその様子を窺い、うまく行けば偶然を装って妻君か従妹に会おうと期待していたためであった。しかし出て来たのは全く見知らぬ下女のような女だった。それ以来、「私」はまだ一度もその店の前を通っていない。

解説

問1 語句の意味を問う問題

(ア)の「術もなかった」の「術」は、たとえば「もはや、なす術なし」というときの「術」と同じで、〈方法／手段／手立て〉の意味。正解は②「手立てもなかった」。①の「理由もなかった」は文脈的にはおかしくないが、辞書的な意味からは外れるので不適。

(イ)の「言いはぐれて」の「はぐれる」は漢字で書くと「逸れる」で、〈時機を逸する／〜しそこなう／〜しそびれる〉の意味。「食いっぱぐれる」の「はぐれる」である。「言いはぐれて」は「言いそびれて／言う時期を逸して」の意味になるので、②「言う機会を逃して」が正解。④の「言う気になれなくて」は文脈的にはおかしくはないが、辞書的な意味からは外れるので不適。

(ウ)の「足が遠くなる」は「足が遠のく」と同じく、〈今までよく行っていた所に行かなくなる〉の意味。

正解は①「訪れることがなくなった」。⑤「思い出さなくなった」は、直後の「偶々思い出しても〜」という文脈とつながりはするが、辞書的な意味からは外れるので不適。

正解 13 ＝② 14 ＝② 15 ＝①

▼「本文中における意味」を問う問題ではあるが、**「辞書的な意味との合致」**が大前提である。「文脈的には合致するが、辞書的な意味からは外れる選択肢」を選ばないようにしよう。しかし辞書的な意味を基準に選ぶためには、日頃から語彙を増やそうとする姿勢が不可欠である。「知らない言葉に出会ったら、その言葉の意味を調べ、使いこなせる様にする」という地道な継続を大切にしたい。

問２ 心情説明問題

> **問** 傍線部Ａ「擽ぐられるような思」とあるが、それはどのような気持ちか。

傍線部の心情をもたらした因果関係を把握する。17行目〜傍線部に至る流れを確認すると、

> ❶「私」は羽織をＷ君から貰ったということを妻に打ち明けていない（嘘を吐いているような多少の罪悪感）
> ❷その羽織を妻にほめられる（ほめられて嬉しい）
> ↓
> 擽ぐられるような思

という因果関係が見出される。そうすると、この「擽ぐられるような思」というのは、

罪悪感（－）と嬉しさ（＋）の入り混じった、きまりの悪い気持ち

と理解されよう。

①は、傍線部の「擽ぐられるような思」をもたらした原因（❶、❷）を踏まえていないので全体として誤り。

②も❶、❷を踏まえていないので誤り。

③は「妻に羽織をほめられたうれしさ」（＝❷）、「本当のことを告げていない後ろめたさ」（＝❶）を踏まえており、「落ち着かない気持ち」も「きまりの悪い気持ち」と合致する。正解。

④は❶を踏まえていない点と、「物足りなく思う気持ち」が誤り。

⑤は❶、❷を踏まえていないので全体として誤り。

正解　16　＝③

▼登場人物の心情を把握するうえで欠かせないのは、因果関係の把握だ。「彼は涙を流した」という表現だけではその心情をつかみ取ることはできない。「ずっと連絡の取れなかった妻子の無事を確認し、彼は涙を流した」であれば、それは安堵の涙であろうし、「たわむれに背負った母の体重のあまりの軽さに、彼は涙を流した」であれば、それは悲しみの涙であろう。結果としての心情だけでなく、それをもたらした原因を把握することが肝要だ。

問３　心情説明問題

問

傍線部Ｂ「何だかやましいような気恥しいような、訳のわからぬ一種の重苦しい感情」とあるが、それはどういうことか。

42～48行目の内容を図示すると……

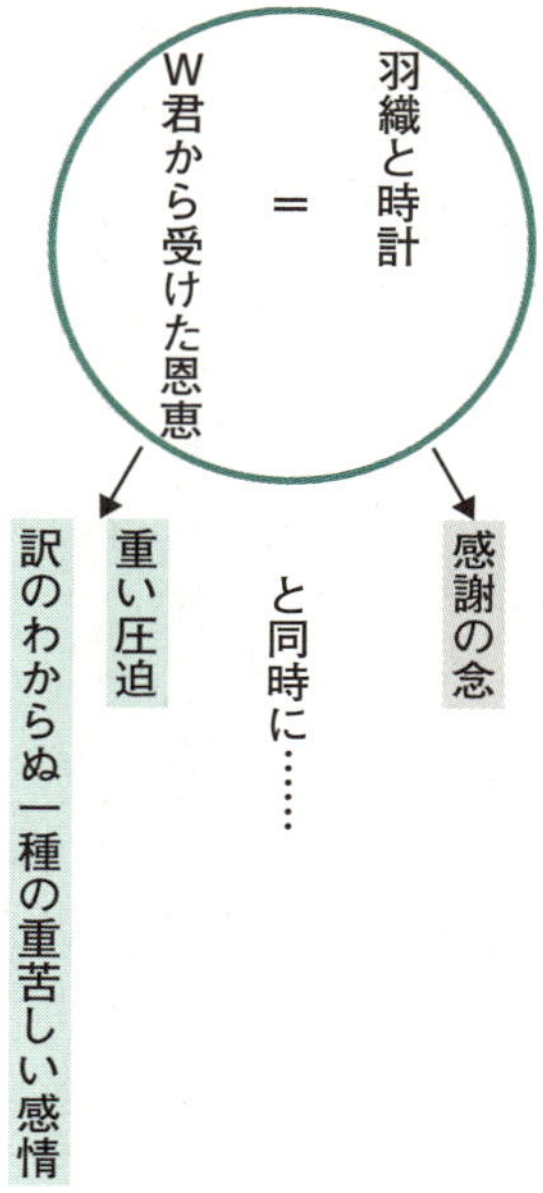

因果関係としては、「私」はW君から羽織と時計を贈ってもらったことで（因）、「感謝の念」と同時に「重い圧迫」「訳のわからぬ一種の重苦しい感情」を抱く（果）ということになる。では、ここでの「重苦しさ」とはどのような感情か。

読解で**太字にした部分**に着目してほしい。リード文にあったように、「私」は病気で休職中のW君に同僚から集めた見舞金を届けた。これは**【「私」からW君への恩恵】**である。しかし、それに対するお礼としてW君は、「羽織と時計」という、「私の身についたものの中で最も高価なもの」を「私」に贈る。この**【W君から「私」への恩恵】**は、**【「私」からW君への恩恵】**よりも大きい。たとえていえば、千円のプレゼントを贈って、一万円相当のお返しをもらうようなものだ。この「恩恵の差額」が、「重苦しい感情」をもたらしたのである（**図**）。

（図）

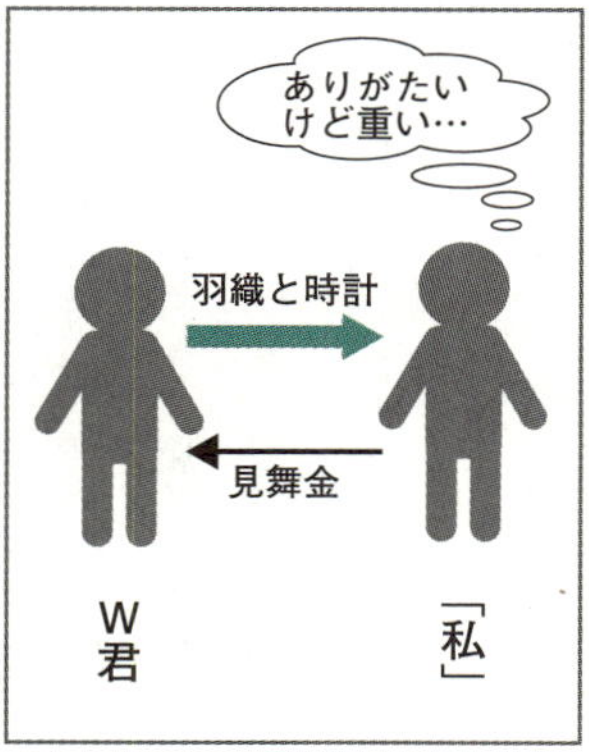

このような内容を踏まえた①が正解。「W君の熱意を過剰なものに感じて」が右の「恩恵の差額」に対応する。また「とまどっている」は傍線部の「訳のわからぬ」に対応している。

②は「自ら希望した時計にも実はさしたる必要を感じていなかった」が誤り。また「W君がその贈り物をするために評判を落としたこと」（因）→「申し訳なくももったいなくも感じている」（果）という因果関係もおかしい。

③は「W君が羽織を贈ってくれたことに味をしめ（＝一度うまくいったことを忘れられず、もう一度同じような利得を期待すること）、続いて時計までも希望し」が誤り。また、「W君へ向けられた批判をそのまま自分にも向けられたものと受け取っている」も誤り。傍線部の「重苦しい感情」の説明になっていない。

④は「自分へ向けられた哀れみを感じ取っている」の部分が「重苦しい感情」の説明として誤り。

⑤は「同時にその厚意には見返りを期待する底意《そこい》（＝したごころ）をも察知している」が誤り。「私」はW君に対してそのような計算高さを感じてはいない。

正解 17 ＝①

▼問３は正答率の低い問題であったと思われる。しかし、リード文から傍線部までの内容全体を具体的に（あるいは共感しながら）理解することができていれば、無理なく正解を導くことができる問題であった。「自分が相手にした以上のことを相手にしてもらった時に抱くある種の〈重さ〉」というのは、多くの人が経験する感情だろう。無理に共感する必要はもちろんないが、できることならば、自然な共感能力を働かせつつ、最も適切な根拠を考えていきたい。

問４ 理由説明問題

> 問
> 傍線部C「私はW君よりも、彼の妻君の眼を恐れた」とあるが、「私」が「妻君の眼」を気にするのはなぜか。

「私」が妻君の眼を恐れる理由は、傍線部直後～67

行目で説明されている。そこでは「羽織と時計」について何度も言及される。

つまり「私」は、「羽織と時計」に由来する負い目ゆえに、W君の家に行けばきっと「私」を薄情な人間だと責める妻君の眼にさらされるのではないかと想像しているのである。

【正解のイメージ】はたとえば次のようになる。

> W君から多大な恩恵を受けたにもかかわらずW君を見舞に訪れることもしていないために、W君の妻君から薄情で恩知らずな人間と責められるのではないかと想像しているから

これを踏まえて選択肢の検討に入ると、正解は①である。①の前半の内容を、あいまいな記憶に依拠して×としてしまわないようにしよう。50～52行目と照らし合わせれば×とはいえないことがわかるはずだ。

②は「転職後にさほど家計も潤わずW君を経済的に助けられない」が誤り。「私」が申し訳なく思っているのは、「見舞に行けていないこと」であり、「経済的に助けられないこと」ではない。

③は「……を感じたまま見舞に出かけると、妻君に偽善的な態度を指摘されるのではないか」が誤り。妻君に指摘される（と思っている）内容が違う。

④は間違えやすい選択肢だが、まず「自分を～頼りにもしているだろうW君」という部分はそれを支える根拠がない。また「見舞に行きたいという気持ちが募る一方で」も不正確な表現。54行目に「一度見舞旁々訪わねばならぬと思いながら」とある。60行目に「恩恵的債務」という言葉も見えるように、「私」にとってW君を見舞うことは、「～したい」という欲望ではなく、「～せねばならない」というほとんど義務的なものとして認識されている。

⑤は「『私』を立派な人間と評価してくれたこと」が誤り。また、「W君の窮状を救いたいという思いが募る一方で」も誤り。④のところでも述べたように、

「私」は「～したい」と思っているわけではない。

正解 18 ＝ ①

▼各選択肢の構造が同一の場合、その構造自体が、根拠を教えてくれていることが多い。今回でいえば、すべての選択肢に「～と思う（が募る）」一方で、～と感じている（悩んでいる）」という構造がある。すべての選択肢に共通する構造があるということは、本文に該当する構造があるということだ。そこで本文の該当箇所（二つの矛盾する思いを述べている箇所）を探すと、54行目に「一度見舞旁々訪わねばならぬと思いながら、自然と遠ざかって了った」とある。この部分に着目することで、選択肢を選ぶ基準が増える。選択肢に入る前の【正解のイメージ】と、選択肢から得られるヒント。どちらも大事にしたい。

問５ 内容説明問題

問

傍線部Ｄ「私は少し遠廻りして、Ｗ君の家の前を通り、原っぱで子供に食べさせるのだからと妻に命じて、態と其の店に餡パンを買わせた」とあるが、この「私」の行動の説明として最も適当なものを一つ選べ。

傍線部の「私」の行動は、傍線部のすぐ後で「陰ながら家の様子を窺い、うまく行けば、全く偶然の様に、妻君なり従妹なりに遇おうという微かな期待をもって居た為め」と説明されている。

事情を知らない妻に命じてＷ君の店に餡パンを買いに行かせる（行動）

＝

密かにＷ君の家の様子を窺い、できればＷ君の妻君や従妹に偶然を装って会いたい（心情）

以上のように傍線部の行動を理解すると、最も適切な説明をしているのは⑤である。正解は⑤。

①は「自分たち家族の暮らし向きが好転したさまを見せることがためらわれて、かつてのような質素な生活を演出しようと作為的な振る舞いに及んでいる」が誤り。ためらう理由も違うし、傍線部の行動の説明も見当違い。

②は「妻にまで虚勢を張るはめになっている」が誤り。ここで「私」の意識はW君の家の様子に向いているのであって、妻に意識を向けているわけではない。

③「家族を犠牲にしてまで自分を厚遇してくれたW君」が誤り。また傍線部の行動を、「せめて店で買い物をすることによって、かつての厚意に少しでも応えることができればと考えている」と説明している点も誤り。

④は「W君の家族との間柄がこじれてしまったことが気がかりでならず」が誤り。**問**４で確認したように、W君の妻君が「私」を責め立てるというのは、あくまで「私」の想像であり、実際に「家族との間柄がこじれてしまった」わけではない。また、「その誤解を解こうとして稚拙な振る舞いに及ぶ」とあるが、傍線部の行動は「その誤解を解」くための行動ではない。

正解 19 ＝⑤

問６ 作品の批評に関する問題

> **問**
> (i) **【資料】**の二重傍線部に「羽織と時計とに執し過ぎたことは、この作品をユーモラスなものにする助けとはなったが、作品の効果を増す力にはなって居ない。」とあるが、それはどのようなことか。評者の意見の説明として最も適当なものを一つ選べ。

【資料】の評者によると、加能作次郎の長所は「生活の種々相を様々な方面から多角的に描破して、其処から或るものを浮き上らせ」る点にあり、「ライフの一点だけを覘《ねら》って作をする」のはこの作家の持ち味ではない。しかし「羽織と時計」は、羽織と時計にまつわる思い出を中心としたいわゆる「小話」じみた作品になっており、生活の種々相をありのままに描くという作者の本領が発揮されていない。

二重傍線部は、そのような「羽織と時計」に対する批判である。したがって正解は④。

①は「多くの挿話からW君の姿を浮かび上がらせようとして」が誤り。多角的に描くことはプラスの内容であり、批判になっていない。

②は「実際の出来事を忠実に再現しよう」が誤り。これもプラスの内容であり、批判にならない。忠実な再現を目指していなかったのが「羽織と時計」である。

③は間違えやすいひっかけの選択肢。「強い印象を残した思い出の品への愛着」とあるが、正しくは「愛着」ではなく「執着」である。言い換えれば「羽織と時計を大事にし過ぎたため」ではなく、「羽織と時計にこだわりすぎたため」に「小話」じみた作品になってしまった、と評しているのである。また「W君の一面だけを取り上げ美化している」も誤り。「W君の良い面だけ」を取りあげた作品だから批判しているのではなく、「ライフの一点だけ」を狙って作ったような作品だから批判しているのである。さらに言えば「美化」しているのならば「ユーモラスな」印象（二重傍線部）は与えないだろう。

正解 20 ＝④

問

(ⅱ)　**【資料】**の評者が着目する「羽織と時計」は、表題に用いられるほかに、「羽織と時計――」という表現として本文中にも用いられている（46行目、58行目）。この繰り返しに注目し、評者とは異なる見解を提示した内容として最も適当なものを一つ選べ。

「評者とは異なる見解」とあるので、「羽織と時計」を作の中心に据えたことの効果を肯定的に述べている選択肢を選ぶ。

本文の58行目に「羽織と時計――併し本当を言えば、この二つが、Ｗ君と私とを遠ざけたようなものであった」とある。Ｗ君の厚意がかえって、「私」に「重い圧迫」（44〜45行目）を与え、見舞いに行きづらくなってしまったのである。「羽織と時計」を作の中心に据えることで、生活をありのままに描き出す作品（リアリズム）からは離れたが、相手の利他的な行為を素直に喜ぶことができなくなってしまった「私」の心情の機微を効果的に描出することができた、その点を指摘している④が正解。**問３**の解説で示した図も改めて確認しておいてほしい。

①は「Ｗ君を信頼できなくなっていく『私』の動揺」が誤り。

②は「複雑な人間関係に耐えられず生活の破綻を招いてしまったＷ君」が誤り。

③は「『羽織と時計――』という表現が、……Ｗ君の思いの純粋さを想起させる」が誤り。「羽織と時計――」の繰り返しは、「私」の思いを表現したものであり、Ｗ君の思いの純粋さを表現したものではない。

正解 21 ＝ ④

語彙リスト

□ 民俗《みんぞく》	民間に伝承されてきた風俗・習慣。
□ 良俗《りょうぞく》	公序良俗＝社会の秩序と良い風俗や習慣。
□ 喚起《かんき》	よび起こすこと。
□ 召喚《しょうかん》	官庁が人をよび出すこと。
□ 援用《えんよう》	自説を補強するために他の文献や事例を引用すること。
□ 順延《じゅんえん》	予定の期日を順繰りに延ばしていくこと。
□ 円熟《えんじゅく》	知識・技能によく通じ、内容が豊かになること。
□ 威嚇《いかく》	力を示して（＝威）、相手をおどす（＝嚇）こと。
□ 拡充《かくじゅう》	規模を拡げて内容を充実させること。
□ 隔絶《かくぜつ》	離して関係を絶つこと。
□ 地殻《ちかく》	地球の表層部。地球を卵に見立てた時の殻の部分。

□ 投影《とうえい》	ある物事が他の物事に反映して現れ出ること。
□ 投合《とうごう》	意気投合＝互いに気持ちが一致すること。
□ 倒置《とうち》	倒置法＝普通と逆にすること、語順を。
□ フィクション	虚構。作りごと。
□ 正起《せいき》	（ある現象が）起きること。
□ リアリティ	現実性。真実味。
□ 布置《ふち》	配置。また、（星の配置が星座を作るように）いくつかの物事の関係性の全体のこと。
□ 所与《しょよ》	（自分で作り出すのではなく）他から与えられること。
□ 弁別《べんべつ》	見分けること。区別すること。識別。
□ 啓蒙《けいもう》	人々に正しい知識を与え、合理的な考え方をするように教え導くこと。
□ 懐疑《かいぎ》	うたがい。うたがいを持つこと。
□ 邪推《じゃすい》	他人の心意を悪く推量すること。

解説動画

解答解説　第2回

【2021年度　共通テスト第2日程】

問題番号	設問	解答番号	正解	配点	自己採点①	自己採点②
第1問	問1	1	②	2		
		2	①	2		
		3	③	2		
		4	④	2		
		5	②	2		
	問2	6	②	8		
	問3	7	②	8		
	問4	8	⑤	8		
	問5	9	③	6		
	問6	10-11	①-⑤	10（各5）		
	小計（50点）					

問題番号	設問	解答番号	正解	配点	自己採点①	自己採点②
第2問	問1	12	④	3		
		13	④	3		
		14	①	3		
	問2	15	②	7		
	問3	16	⑤	8		
	問4	17	⑤	8		
	問5	18	⑤	8		
	問6	19	②	5		
		20	④	5		
	小計（50点）					
合計（100点満点）						

（注）－（ハイフン）でつながれた正解は，順序を問わない。

第2回 実戦問題

【2021年度 共通テスト第2日程】

第1問

出典

◆多木浩二《たきこうじ》『「もの」の詩学』

多木浩二（一九二八～二〇一一）は神戸市生まれの美術評論家。東京大学文学部美学美術史学科卒業。東京造形大学教授、千葉大学教授、神戸芸術工科大学客員教授を歴任。主な著書に、『生きられた家』『眼の隠喩』『「もの」の詩学』『欲望の修辞学』『天皇の肖像』『シジフォスの笑い』『戦争論』『ベンヤミン「複製技術時代の芸術作品」精読』『写真論集成』などがあり、大学入試現代文においても頻繁に出題されている。

読解

◆Ⅰ 椅子と身体との生理学的な関係（1～5）

椅子の「座」と「背」について生理学的にはふたつの問題があった。ひとつは椅子の硬さに起因する身体接触面の圧迫感、もうひとつは上体を支える筋肉の緊張がもたらす苦痛である（1）。十七世紀の椅子の背が後ろに傾き始めたのは、上体を支える筋肉の緊張を緩和するためであった（2～3）。もうひとつの生理的配慮も、背の後傾と同時期に生じているが、椅子からうける圧迫をやわらげる努力は古くからあり、古代からクッションが使われてきた（4）。十六世紀から十七世紀にかけて椅子とクッションが一体化しはじめ、それまで硬かった椅子のイメージが軟らかくなったことで、椅子の概念が変わり、椅子の近代化が進んだ（5）。

◆Ⅱ 「もの」と身体との社会的な関係（6～8）

しかし、さらに視野をひろげて階層社会をみれば、「もの」はほんらい社会的な関係にとりまかれ、身分に結びつく政治学をひそかにもっていた。そして私たちはあらためて「身体」という概念が文化の産物であり、ここまで「生理的配慮」とよんできたものも、社会的な関係と切り離せない文化的価値だったことに気がつく（6）。実際に椅子に掛けるのは「裸の身体」ではなく「着物をまとった身体」なのであり、着物＝衣装も本質的には社会的な関係のなかに形成される政治的な記号なのである（7）。「身体」の仕組みはそれ自体、すでにひとつの、しかし複雑な政治過程（支配階級の変更に伴う文化の継承と、それによる身体の再構成）を含んでいる（8）。

解説

問1　漢字問題

(ア) 抱かせ
① 包含　② 抱負　③ 砲台　④ 飽和

(イ) 繊維
① 維持　② 安易　③ 驚異　④ 依拠

(ウ) 誇示
① 回顧　② 凝固　③ 誇張　④ 孤高

(エ) 見劣り
① 陳列　② 猛烈　③ 破裂　④ 卑劣

(オ) 系譜
① 符合　② 譜面　③ 不慮　④ 扶養

正解

1 ＝ ②
2 ＝ ①
3 ＝ ③
4 ＝ ④
5 ＝ ②

▼(ア)で問われている漢字はすべて「旁《つくり》」（主に漢字の右側の部分）が同じである。旁が同じ漢字は音読みが同じものが多い（漢字の旁は読み方を表す記号という意味で「音符」や「声符」とも言われる）。「偏《へん》」（主に漢字の左側の部分）と、訓読みに着目することで意味の違いを明確に把握しておこう。同じ旁を持つ同音の漢字のグループは無数にあるが、中でも出題頻度の高いグループを以下に挙げておく。

【義（ギ）】……義・儀・議・犠
【冓（コウ）】……購・構・溝・講
【禺（グウ）】……隅・遇・偶・寓
【尞（リョウ）】……寮・僚・療・瞭
【召（ショウ）】……召・沼・招・昭・紹・照

問２　内容説明問題

問　傍線部Ａ「もうひとつの生理的配慮も、背の後傾とどちらが早いともいえない時期に生じている。」とあるが、それはどういうことか。

読解 で見たように、[1] 段落では椅子が身体にひきおこす苦痛として次の二つのことが挙げられていた。

❶ 椅子の硬さに起因する身体接触面の圧迫感
❷ 上体を支える筋肉の緊張がもたらす苦痛

[2]～[3] 段落では❷への生理的配慮として椅子の背の後傾について述べられていた。したがって傍線部Ａの「もうひとつの生理的配慮」とは、❶への配慮であることがわかる。椅子の背が後ろに傾きはじめたのは十七世紀であると [2] 段落の冒頭にあるので、「もうひとつの生理的配慮」もそれと大体同じ時期に現れた

ということになる。では「もうひとつの生理的配慮」とはどのようなものか。傍線部の二文後に「椅子からうける圧迫をやわらげる努力は古くから行われてきた」とあり、それに続けて古代、中世におけるクッションの使用について述べられている。しかし、注意すべきことは、傍線部Aの「もうひとつの生理的配慮」は十七世紀頃に現れたのだから、「もうひとつの生理的配慮」とはクッションの使用のことではないということだ。5段落まで読み進めていくと、「こうして別々に作られ、使うときに一緒にされていた椅子とクッションが十六世紀から十七世紀にかけてひとつになりはじめた」とあり、ここまできてやっと「椅子とクッションの一体化」が「もうひとつの生理的配慮」だとわかる。

椅子の背の後傾と同じ十七世紀頃に、椅子とクッションを一体化させて身体接触面の圧迫感を和らげる配慮が生じたということ

これを【正解のイメージ】として選択肢の検討に入る。各選択肢の前半部分は、どれも❷への配慮の説明として適切である。したがって各選択肢の後半部分が❶への配慮の説明として適切かどうか、つまり「椅子とクッションの一体化」という内容になっているかどうかを見ていく。

①は「椅子にキャスターを付けて可動式とし、身体障害者や病人の移動を容易にするための配慮」となっており不適。

②は「椅子と一体化したクッションを用いて背や座面から受ける圧迫をやわらげる配慮」となっており、適切。これが正解。

③は「後傾した椅子の背にクッションを取り付けることによって体重による圧迫を軽減する配慮」となっており不適。椅子とクッションは一つに合体していったのであって、クッションを「取り付け」ていたのは最初期だけである（5段落の三文目）。また、③には「椅子の背」の説明に終始しており、「椅子の座」に

ついて説明していない。

④は「エジプトやギリシャにおいてクッションを用いることで椅子の硬さを低減させる配慮も現れた」となっており不適。「もうひとつの生理的配慮」とは十七世紀頃に現れた配慮のことであり、4段落で説明されている古代のエジプトやギリシャにおける配慮のことではない。

⑤の「それ自体が可動式の家具のようにさえなったクッションを用いて椅子の硬さを緩和する配慮」とは4段落で述べられている中世における配慮のことであり、傍線部の「もうひとつの生理的配慮」の説明として不適。

正解 6 ＝②

▼今回、④や⑤を選んでしまった人は、もしかしたらこの問題を「内容一致問題」のように、「本文に書いてあるかどうか」という消去法で解いてしまったのかもしれないが、傍線部問題は内容一致問題ではない。

いくら本文に書いてあることでも、設問で聞かれていることの答えになっていなければその選択肢は間違いだ。「選択肢を見る前に自分で【正解のイメージ】を作ること」を徹底しよう。はじめは面倒だろうが、慣れれば、消去法だけに頼るよりも、早く、正確に解けるようになる。

問３ 内容説明問題

> **問**
> 傍線部B「実際に椅子に掛けるのは『裸の身体』ではなく『着物をまとった身体』なのである」とあるが、それはどういうことか。

まず、傍線部だけでなく、傍線部を含む一文全体を改めて確認しよう。

生理的快適さに触れたとき、椅子に影響する身体を「血の流れる袋」とか「筋肉と骨からなる身体機械」とか、解剖学的肉体にもとづくイメージであるかのように語ったが、B実際に椅子に掛けるのは「裸の身体」ではなく「着物をまとった身体」なのである。

つまり、椅子のあり方に影響を与えるのは、「裸の身体」（解剖学的肉体）ではなく、「着物をまとった身体」だということだ。「裸の身体」であれば、椅子はただ、その生身の身体に対応する生理的配慮のみを追求すればよいが、実際には人は「着物をまとった身体」で椅子に掛けるのだから、椅子は生理的配慮のみならず、衣装にも配慮したものでなければならない。着物＝衣装については、7段落の最終文で「衣装も本質的には宮廷社会という構図のなかに形成されるし、宮廷社会への帰属という、政治的な記号なのである」と説明されている。そうすると次のような**【正解のイメージ】**ができる。

もし椅子に掛けるのが「裸の身体」であれば、椅子は「裸の身体」にのみ対応したものになるが、実際には椅子に掛けるのは「着物をまとった身体」であり、着物＝衣装とはその社会のなかで意味を持つ記号でもあるのだから、椅子はそのような衣装にも対応したものになる

①は「宮廷社会の家具の意匠が国境と身分を越えて行き渡った」が誤り。6段落の「それ（新しい意匠）は国境を越えて他の国の宮廷……には伝わっても、同じ国の下層へひろまることはなかった」という記述と矛盾する。

②の「生理的な快適さの追求という説明だけでは理解できない文化的な記号としての側面」の部分は**【正解のイメージ】**の「そのような衣装にも対応したもの」という部分と合致する。これが正解。

③は「座るのは自然的肉体であっても」が誤り。椅子に腰掛けるのは「自然的肉体」ではなく、「着物をま

とった身体」である。また、「椅子が……解剖学的な記号として登場した」も誤り。

④は文の骨格を取り出すと「宮廷社会の椅子には……生理的な快適さへの関心を……仮面のように覆い隠そうとする……役割があった」となっており、内容として【正解のイメージ】と大きく異なる。不適。

⑤は「貴婦人の衣装やパフォーマンスを引き立たせるために」が誤り。本文には「衣装は……社会的な記号としてパフォーマンス（表現）の一部である」とある。また、「生理的な快適さを手放してでも、…華美な椅子が重視された」も誤り。そのような内容は本文からは読み取れず、したがって当然傍線部の説明にもなっていない。

正解 7 ＝②

問４　内容説明問題

問　傍線部C「『身体』の仕組みはそれ自体、すでにひとつの、しかし複雑な政治過程を含んでいるのである。」とあるが、それはどういうことか。

傍線部の一文は 8 段落のまとめとなっている。したがって根拠として参照すべき範囲は主に 8 段落である。ポイントをまとめてみよう。

・新しい支配階級となったブルジョワジーは、かつての支配階級、宮廷社会が使用していた「もの」の文化を吸収した

＝ 言い換えるなら

・そっくりそのままではないが、ブルジョワジーは支配階級の所作のうちに形成された「身体」をひきつぎ、働く「身体」に結びつけ、ブルジョワジー固有の「身体技法」をうみだしていた

C「身体」の仕組みはそれ自体、すでにひとつの、しかし複雑な政治過程を含んでいる
＝ つまり

ブルジョワジーは、先行する支配階級であった宮廷社会（貴族）の「もの」（たとえば椅子）を引き継ぐことで「もの」に付随する「身体」（の所作など）を引き継ぎ、それを自分たちの働く「身体」に結び付けて固有の「身体技法」をうみだしていた。つまりブルジョワジーの身体は、もともと持っていた働く「身体」と、かつての支配階級だった貴族の「身体」の二つをあわせ持つことになったということだ（**図**）。

（図）

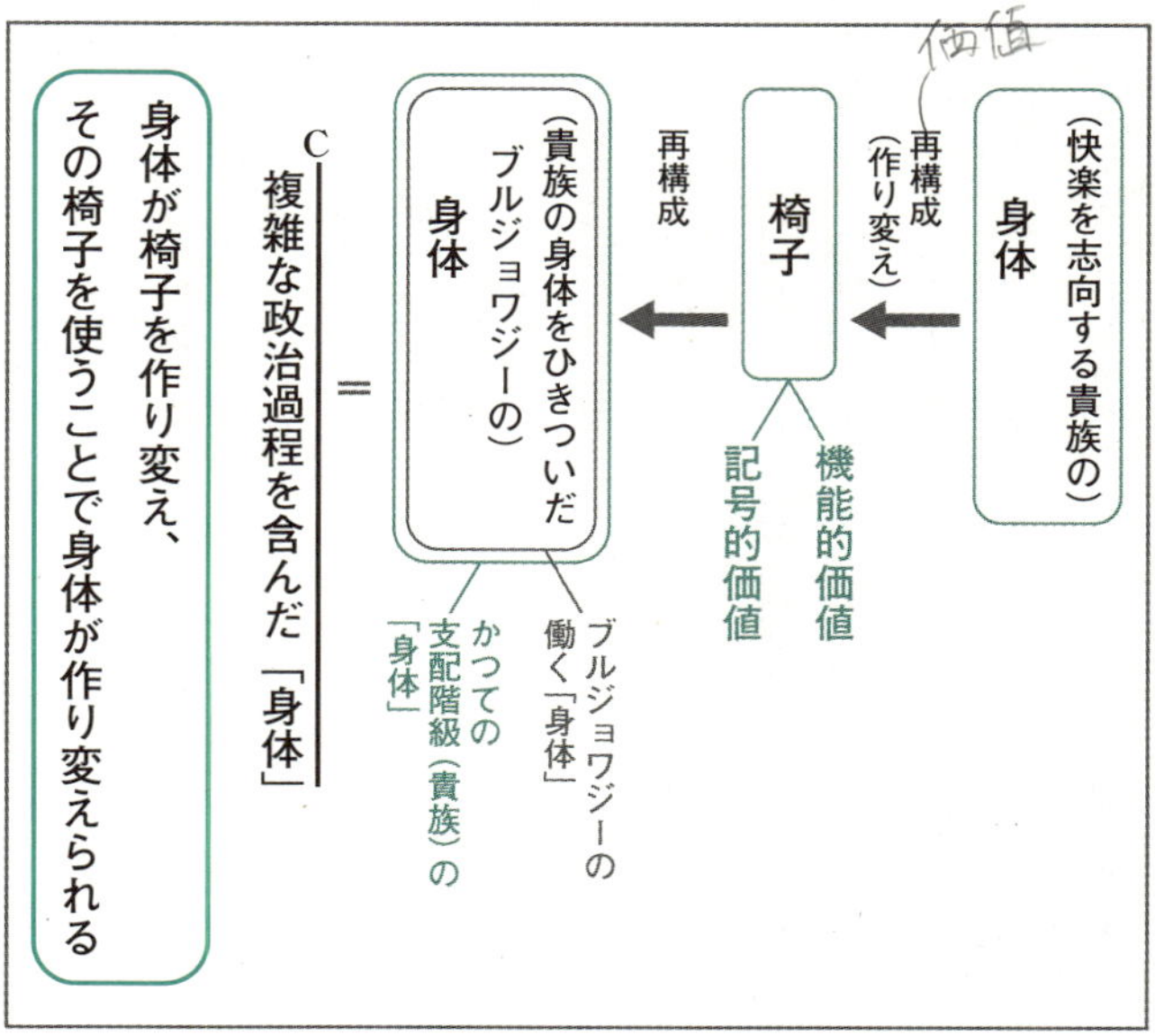

このような内容をうけて、傍線部で「『身体』の仕組みは…複雑な政治過程を含んでいる」とまとめているのである。

選択肢の検討に入ろう。

①は、かつて簡素な「もの」を用いていたブルジョワジーが、支配階級の座についてからは実用性を離れた貴族的な装飾や快楽を求めるようになった、というような内容になっており、全体的に誤り。

②は「『身体』と『もの』の文化は…単純に固有性が見いだせるものではない」の部分が特に誤り。傍線部の直前に「ブルジョワジー固有の『身体技法』をうみだしていた」とある。

③は全体として文化の変遷（移り変わり）の話になってしまっており、不適。傍線部の主語は「文化」ではなく「『身体』の仕組み」である。

④は「働く『身体』には…『もの』の形態を多様化させる…力がある」が誤り。「身体」が「もの」の形態を変化させる（身体→もの）ではなく、「もの」に付随する文化が「身体技法」を変化させる（もの→身体）のである。

⑤は正しく傍線部Cの内容を説明している。正解。

正解 8 ＝⑤

問５　本文の構成と内容に関する問題

傍線部問題ではないので、各選択肢と本文の該当箇所を照らし合わせて正否の判断をしていく。

①は「1段落では、本文での議論が最終的に生理学的問題として解決できるという見通しを示し」の部分が誤り。1段落で述べられているのは、椅子が身体にもたらす二種類の生理的苦痛についてであり、その解決の見通しについては語られていない。また、本文の議論は最終的に社会的、政治的な次元に広げられており、生理学的問題に終始するわけではない。

②はまず「5段落は、椅子の座や背を軟らかくする技術」が誤り。5段落で述べられているのは、椅子とクッションをひとつに結びつける技術である。また、「6段落以降でもこの変化が社会にもたらした

意義についての議論を継続している」も誤り。6段落以降では「もの」の機能的な理解にとどまらず、さらに視野を広げて、「もの」を、それを取り巻く社会的な関係からとらえている。

③は適当な説明である。正解。

④は「5段落までの『もの』の議論と6段落からの『身体』の議論」という把握が誤り。5段落まででは「椅子と身体との生理学的関係」についての議論、6段落からは「『もの』と身体との社会的関係」についての議論である。

正解 9 ＝③

問６ 内容不一致問題（生徒による意見発表形式）

本文で論じられていた「もの」と「身体」との社会的関係に即した具体例を挙げる六人の生徒の意見のうち、本文の趣旨に**合致しない意見**を**二つ**選ぶ。

「もの」と「身体」との社会的関係について述べられていた箇所を再度確認しておこう。

> ❶「もの」はほんらい社会的な関係——ここでは宮廷社会——にとりまかれ、身分に結びつく政治学をひそかにもっていたのである。むしろ「もの」を機能的にだけ理解することはすでに一種の抽象である（6段落の二〜三文目）
>
> ❷「身体」という概念が、…文化の産物であり、ここまで「生理的配慮」とよんできたものも、宮廷社会のなかで生じた新しい感情やそれに伴う新しい振舞方と切り離せない文化的価値だったこと（6段落の後ろから二文目）
>
> ❸衣装も本質的には宮廷社会という構図のなかに形成されるし、宮廷社会への帰属という、政治的な記号なのである（7段落の最終文）

たとえば学校の制服には、衣服としての機能だけでなく、どこの学校に所属しているかを示す記号としての側面もある。また、たとえば日本で「セーラー服」といえば一般的に女子学生が想起されるが、欧米では水兵が想起されるように、記号としての「もの」は、その「もの」を取り巻く社会によって意味づけが変わる。

では選択肢を検討していこう。

①は、家という「もの」の機能的な説明に終始しており、その社会的関係についての具体例とは言えない。本文の趣旨（❶）に合致しないので、正解。

②は、ユニホームという「もの」の記号的側面について述べており、本文の趣旨（❶・❸）に合致する具体例といえる。

③は、箸という「もの」にまつわる「身体」的決まり事が文化によって規定されているという内容であり、本文の趣旨（❷）に合致する具体例といえる。

④は、明治の上流階級の洋装を取り上げて、「身体」がまとう衣装の変化を、「身体」にまつわる文化的な価値の変化ととらえており、本文の趣旨（❶・❸）に合致する具体例といえる。

⑤は、スマートフォンのような新しい「もの」が社会の仕組みを変えていく（「もの」→社会）という内容であり、「もの」は社会に規定されている（社会→「もの」）という本文の趣旨（❶）に反する。これが二つ目の正解。

⑥は、帽子のもつ記号としての側面について述べており、本文の趣旨（❶・❸）に合致する具体例といえる。

正解 10・11＝①・⑤（順不同）

第2問

出典

◆津村《つむら》記久子《きくこ》『サキの忘れ物』

津村記久子（一九七八～）は、大阪府出身の小説家。大谷大学文学部国際文化学科卒業。二〇〇五年「マンイーター」（単行本化に際し『君は永遠にそいつらより若い』に改題）で太宰治賞、二〇〇八年『ミュージック・ブレス・ユー!!』で野間文芸新人賞、二〇〇九年『ポトスライムの舟』で芥川賞、二〇一三年『給水塔と亀』で川端康成文学賞、二〇一九年『ディス・イズ・ザ・デイ』でサッカー本大賞をそれぞれ受賞。そのほかにも著作多数。

読解

◆リード文

タイトルは「サキの忘れ物」。十八歳の千春は高校を中退し、病院に併設されている喫茶店で働いている。ある日、常連客の「女の人」が店に文庫本を忘れる。それは「サキ」という外国人男性作家の短編集だった。

◆「女の人」と千春の会話（1～45行目）

いつもと同じ時間に店にきた女の人に、千春は彼女が忘れていったサキの文庫本を渡す。喜ぶ女の人を見て、千春は話しかけたい欲求を感じた。注文の品をテーブルに運ぶと、女の人は、いい匂い、と言った。初めてのことだった。それに対して千春も緊張しながら女の人に言葉をかけるが、千春にとってもそれは初めてのことだった。二人はしばらく会話を交わす。

◆書店でサキの文庫本を買う千春（46～62行目）

仕事が終わり、千春はサキの本のことが気になって、家とは反対方向にある書店に寄って同じ本を探す。本を買った帰り道、千春は、これがおもしろくてもつまらなくてもかまわない、それよりも、おもしろいかつまらないかをなんとか自分でわかるようになりたいと思った。

◆サキの本と「女の人」からもらったブンタン（66～90行目）

次の日、店にきた女の人は、ブンタンという名の大きな丸い果物を、遠慮がちに、千春たち店のスタッフに一つずつくれた。

昨日、帰宅した千春は、買ったばかりのサキの短編集の中から自分に理解できそうな話をなんとか探し、牛の話を読んだのだった。ありえないような設定だったが、それを自分の生きる世界に重ねて想像するのは愉快だった。本は、千春が予想していたようなおもしろさやつまらなさを感じさせるものではない、ということを千春は発見した。

ブンタンをもらったその日も、千春は家に帰ってからどれか読めそうな話を読むつもりだった。部屋の勉強机の上に大きなブンタンを置くと、すっとする、良い香りがした。

解説

問１　語句の意味を問う問題

(ア)の「居心地の悪さ」とは、〈ある場所や状況にいることを落ちつかなく感じること〉。正解は④の「落ち着かない感じがした」。①の「所在ない」とは、〈することがなくて退屈なさま。手持ちぶさた〉という意味。②の「あじけない」は、「つまらない」と同義。漢字では「味気ない」と書く。③の「やるせない」とは、〈悲しみや寂しさなどを晴らすことができないさま〉。漢字では「遣る瀬無い」と書く。辞書的な意味でも、文脈的にも、合致するのは④のみ。

(イ)の「危惧」とは〈成り行きを心配し、おそれること〉。正解は④の「心配になった」。①の「疑いを持った」は文脈的にはおかしくないが、辞書的な意味からは外れるので不適。③の「気後れ」とは、〈相手の勢いや雰囲気に圧倒されて心がひるむこと〉。⑤の「恐れをな」すとは、〈ひどい目にあうのではないかと怖がること〉。

(ウ)の「むしのいい」とは〈身勝手で自分にばかり都合の良いさま〉という意味。「むし」は漢字では「虫」で、「虫のいい話」「虫が好かない」などと使う（この「虫」はただの虫ではなく、人の内面の感情や心理のこと）。正解は①。

正解 12 ＝④　13 ＝④　14 ＝①

問2　心情説明問題

> **問** 傍線部A「何も言い返せないでいる」とあるが、このときの千春の状況や心情の説明として最も適当なものを一つ選べ。

傍線部の状況と心情を把握するために、傍線部に至る流れを改めて確認しておこう。

> ❶「それは幸せですねえ」
> ❷女の人にそう言われると、千春は自分が少しびっくりするのを感じた
> ❸他の人に「幸せ」なんて言われたのは、生まれて初めてのような気がしたのだった。小さい頃にはあったかもしれないけれども、とにかく記憶の及ぶ範囲では一度もなかった
> ❹何も言い返せないでいると…

これを因果関係に従って整理すると、次のようになる。

> ❸他の人に「幸せ」などと言われた記憶がなかったために、
> ↓
> ❶女の人の「幸せですねえ」という言葉に

❷ びっくりして、
↑
❹ 言葉がうまく出てこない状況

これを【正解のイメージ】として選択肢の検討に入る。

①はまず「周囲の誰からも自分が幸せだとは思われていないと感じていただけに」が誤り。千春は普段からそのようなことを感じていたわけではない。また、「あまり目を覚ましてくれない友達の見舞いを続ける彼女の境遇を察し、言葉を失ってしまった」も誤り。「何も言い返せない」理由は、彼女の置かれている不幸な境遇を想像したからではない。

②は「人から自分が幸せに見えることがあるとは思っていなかっただけに（❸）、女の人が自然な様子で千春の境遇を幸せだと言ったことに（❶）意表をつかれて（❷）、その後の会話を続ける言葉が思い浮かばなかった（❹）」とすべての要素を正しい因果関係でつないでいるのでこれが正解。「意表をつかれ」るとは、〈予想もしていないことに驚く〉という意味。

③は「幸せだったことは記憶の及ぶ限り一度もなかったために話題が思い浮かばず」が誤り。一度もないのは「幸せだったこと」ではなく、「他の人に『幸せ』と言われたこと」である。

④は「その皮肉に言葉が出なくなった」が誤り。千春は女の人の「それは幸せですねえ」を皮肉だとは思っていない。

⑤は「その場にふさわしい話し方がわからず」が誤り。千春は話し方がわからないから「何も言い返せないでいる」のではない。

正解　15 ＝②

問3　心情説明問題

問　傍線部B「とにかく、この軽い小さい本のことだけでも、自分でわかるようになりたいと思った」とあるが、このときの千春の心情はどのようなものか。

ポイントは二つ。

❶「この軽い小さい本のことだけでも」という表現に込められた「せめてこれだけでも」という気持ち
❷ここでいう「わかる」とは何か

❶について。千春は「何の意欲も持てない」からという理由で高校を中退している。その千春が、ここでは「この軽い小さい本のことだけでも、自分でわかるようになりたい」と思っている。つまりここは「千春が自分から何かに意欲を向けようとする小さな一歩を踏み出したところ」だということを読み取りたい。

❷については傍線部のすぐ前にその説明がある。

千春は、これがおもしろくてもつまらなくてもかまわない、とずっと思っていた。それ以上に、おもしろいかつまらないかをなんとか自分でわかるようになりたいと思った。

「わかる」という言葉には「わける」、つまり区別をつけるという意味があるが、ここではまさにその意味で「わかる」が使われている。以上をまとめると次のような【正解のイメージ】ができる。

せめてこの本がおもしろいのかどうかの区別だけでも、なんとか自分でつけられるようになりたいと思った

「本に書かれている内容を理解できるようになりたい」という意味ではないので気をつけたい。

このように理解して選択肢の検討に入る。

①は「内容を知りたいと思った」が誤り。傍線部の「わかるようになりたい」とは「内容を知りたい」という意味ではない。

②は「その本をきっかけにして女の人とさらに親しくなりたいと思った」が誤り。このときの千春が意識を向けているのは「本」であって、「女の人」ではない。「**【意識の矢印】**がどこに向けられているか」は、選択肢を判断するうえでの重要な基準になる。

③は「内容を知りそれなりに理解できるようになりたいと思った」が誤り。傍線部の「わかるようになりたい」とは「内容を理解したい」という意味ではない。

④は「自分で読んでそのおもしろさだけでもわかりたいと思った」が誤り。おもしろさをわかりたいと思ったのではなく、おもしろいのかつまらないのかの区別を自分でつけられるようになりたいと思ったのである。

⑤は正解。「何かが変わるというかすかな期待をもって」とは本文に直接書かれていないが、傍線部の「この軽い小さい本のことだけでも」という部分に現れている「せめて～だけでも自分で判断できるようになりたい」という気持ちを汲めば（❶の要素）、×にはできないだろう。

正解 16 ＝⑤

▼小説などの「文学的な文章」の場合、「本文に書いていないから」という理由で選択肢を×にしてはいけない。なぜなら、「文学的な文章」では「本文に書いてあることから、書いていないことを読み取ること」がある程度要求されるからだ。したがって「文学的な文章」の場合、選択肢を選ぶ基準は、**「書かれているか否か」**ではなく**「可能な解釈か否か」**である。

問４　内容説明問題

問　傍線部Ｃ「本は、千春が予想していたようなおもしろさやつまらなさを感じさせるものではない、ということを千春は発見した。」とあるが、千春は読書についてどのように思ったか。

千春の読書についての思いが述べられている箇所を本文で確認しよう。

❶ 牛専門の画家というのがそもそもいるのかという感じだったし、牛が人の家の庭にいて、さらに家の中に入ってくるというのもありえないと思ったが
❷ 千春は、自分の家の庭に牛がいて、それが玄関から家の中に入ってくると思うと、ちょっと愉快な気持ちになった
❸ その話を読んでいて、千春は、声を出して笑ったわけでも、つまらないと本を投げ出したわけでもなかった。ただ、様子を想像していたいと思い、続けて読んでいたいと思った

整理すると、

❶ 話の設定には無理があると思ったが
❷ 自分の状況に重ね合わせて想像するのはおもしろかった
❸ ❶・❷から、声を出して笑うようなおもしろさとは違う、ただ書かれていることを想像したい、続けて読んでいたいと思わせるような本の魅力に気づいた

つまり、この場面はこれまで何かに意欲的に関わることのなかった千春が、本に書かれたことから想像をふくらませ、新たな本の魅力に気づいた場面である。

このように理解して選択肢の検討に入る。

①は「追い払おうとした牛を受け入れ自分の画業に生かした画家の姿勢には勇気づけられた」が誤り。❷の内容と異なる。

②は❶、❷、❸のどの要素も説明されていないので誤り。

③も❶、❷、❸のどの要素も説明されていないので誤り。

④はまず前半が誤り。前半の内容をシンプルに捉えると、「内容はおもしろくなかったが、本には愛着を感じられた」となるが、本文は「❶設定には無理があると思ったが、❷想像するのはおもしろかった」である。また、後半の「本を読んだ感動は〜」も誤り。千春がサキの本で発見したのは、「想像していたおもしろさ」とは違うおもしろさがあるということだ。

⑤は❶、❷、❸のすべての要素を踏まえている。さらに⑤は、「書かれているものをただ受けとめるだけではなく、自ら想像をふくらませてそれ（本）と関わること」とあるように、これまで何かに意欲的に関わることのなかった千春の変化についても言及されている。これが正解。

正解 17 ＝⑤

問５　象徴表現と心情・行動との関係の理解を問う問題

問
傍線部Ｄ「すっとする、良い香りがした。」とあるが、「ブンタン」の描写と千春の気持ちや行動との関係についての説明として最も適当なものを一つ選べ。

小説家は、一つひとつの表現を選び、作品を構築する。選ばれた表現の一つひとつには、小説家の意図が込められている。その意図を常に読み取れるわけではないが、少なくとも、そこに何らかの意図が込められているのではないかと疑うことはできるだろう。

本文では「ブンタン」が印象的に描写されている。

おそらく、これはたとえば「バナナ」ではダメで、「スイカ」でもダメで、「ブンタン」でなければならないのだろう。ではこの「ブンタン」はどういうことを表しているのか、そして「ブンタン」は千春の気持ちや行動とどのような関わりがあるのか。安易な決めつけをしないように気をつけながら本文に戻ろう。

ブンタンをもらったその日も、家に帰ってからどれか読めそうな話を読むつもりだった。ブンタンはお母さんに渡そうと思っていたが、千春は家の中のいろんなところに牛がいるところを想像していて、お母さんに渡すのは忘れて部屋に持って帰ってしまった。

また持って行くよりは、お茶を淹れて本を読みたいという気持ちが勝って、もう勉強なんてしないのに部屋に置いてある勉強机の上に、千春は大きなブンタンを置いた。D すっとする、良い香りがした。

傍線部までの三文すべてに「ブンタン」が含まれている。もちろん「ブンタン」は「女の人」にもらったものである。そしてその三文すべてで、本に意識を向けている千春の内面が描かれている（点線部）。その本は「女の人」が読んでいたのと同じサキの本である。傍線部の「すっとする、良い香り」は、おそらく柑橘系の爽やかな香りだろう。千春は、この後、机に置いた「ブンタン」の良い香りに包まれて、お茶を飲みながら本を読む。「女の人」が初めて千春に掛けた言葉は「いい匂い」だった（20行目）。

このように見てくると、どうやら「ブンタン」は、

> 「女の人」と千春とをつなぎ、本と千春とをつなぐもの

らしいとわかるだろう。そもそも女の人はこの「ブンタン」を、「友だちの病室で、隣のベッドの患者さんの親戚の人」からもらっている。そこから、「本当な

らぜんぜん関わりがないような人同士」をつなぐものの象徴として「ブンタン」がある、という読み取りも可能である。以上の内容を踏まえて選択肢を見ていこう。

①は「『ブンタン』は、人見知りで口下手だったために自分を過小評価していた千春が一人前の社会人として認められたことを示している」という説明が誤り。本文からそのような解釈は読み取れない。

②は「その香りの印象は、他の人の生活に関心を持ち始めた千春の変化を示している」という説明が誤り。本文から読み取れる変化は、「何にも意欲を持てなかった千春」→「読書に意欲を持ち始めた千春」というものである。

③はまず「千春が本を読むときに自分のそばに置きたいと思った『ブンタン』」という説明が誤り。「ブンタン」は「本を読むときに自分のそばに置きたいと思っ」て部屋に持ってきたのではなく、「お母さんに渡すのは忘れて部屋に持って帰ってしまった」のである。また、後半の「自分にしか関心のなかった千春がその場しのぎの態度を改めて周囲との関係を作っていこうとする前向きな変化」も読み取れない。

④は「長く使っていなかった勉強机に向かった千春」が誤り。千春は「ブンタン」を勉強机の上に置いただけであって、「勉強机に向かった」わけではない。後半の内容は間違っていない。

⑤は妥当な解釈だといえるだろう。これが正解。

正解 18 ＝⑤

▼ちなみに、「ブンタン」は漢字で「文旦」と書く。「文旦」の「旦」は、「水平線から太陽が昇るようす。夜明け」を表す漢字であり、本（＝文）の魅力を知り始めた千春の傍らに置かれるものとして「文旦」は非常に似つかわしい。

【文学作品に向き合うスタンス】

・文学作品に無駄な表現はない

＝（言い換えれば）

・すべての表現には意味がある

問６ 登場人物の描かれ方に関する問題（空欄補充問題）

本文の内容を踏まえたうえで「⑴女の人はどのように描かれているか」「⑵千春にとって女の人はどういう存在として描かれているか」についてグループで話し合いをしている場面である。

Ｉ について

空欄Ｉの直前に「そうすると」とあるので、空欄Ｉまでの文脈を見る必要がある。その部分を引用する。

Ｃさん――友達のお見舞いに来ているという自分の事情をざっくばらんに話してもいるよ。

Ｄさん――でも、70行目で喫茶店のスタッフに果物をあげるときに、職場で配るために持って帰るのも重いとわざわざ付け加えているのも、この人らしいね。そうそう、66行目では「もしよろしければ」という言い方もしているよ。

Ａさん――そうすると、この人は Ｉ ように描かれていることになるね。

ここから、空欄Ｉには、女の人の気さくな一面と、相手に細やかに気を遣う一面という二つの側面が入ることがわかる。

各選択肢を見てみよう。

①は「相手を気遣うようでありながら」が誤り。実際に気遣っている。また「自分の心の内は包み隠す」も該当箇所が見当たらない。

②は「相手と気さくに打ち解ける一方で、繊細な気遣いも見せる人である」となっており、二つの側面を正しく説明している。正解。

③は「内心がすぐに顔に出てしまう人」が誤り。

④は「どこかに緊張感を漂わせている人」が誤り。

⑤は「自分の思いもさらけ出す人」が誤り。女の人は「自分の事情をざっくばらんに話して」はいるが、「自分の思い」をさらけ出しているわけではない。

Ⅱ について

空欄Ⅱは「⑵千春にとって女の人はどういう存在として描かれているか」のまとめとなる部分にある。

Bさん――そうか、女の人は Ⅱ きっかけを千春に与えてくれたんだ。

ここから、「女の人は千春に 何の きっかけを与えてくれたのか」を考えればよいことがわかる。生徒たちの意見の中から、その根拠となるものを探すと、

Bさん――次に⑵の「千春にとって……」についてだけど、5行目にある「ここに忘れててよかった」、という女の人の言葉をなんだか変な表現だと思ったところから、千春の心に変化が起こっているね。

Cさん――女の人から「幸せ」だと言われたり、「事情があるかもしれない」と配慮されたりすることで、千春の心は揺り動かされているのかな。

Aさん――「わかるようになりたい」という60行目の言葉も印象的だね。

といったものが見つかる。これらから、生徒たちは「女の人の言葉によって千春の心が動いている」と考えていることがわかる。

ここに本文の内容も含めて考えると、千春は女の人から影響を受けて、心を揺り動かされるだけでなく、実際に書店に行きサキの本を買い、その帰り道で、Aさんの発言にあるように「おもしろいかつまらないかをなんとか自分でわかるようになりたいと思った」（60行目）り、帰宅してさっそく本を読んだりしている。以上から、

女の人は、千春に、自ら進んで世界と関わるきっかけを与えてくれた

とまとめることができるだろう。

そうすると、正解は④。「自ら働きかけることのなかったこれまでの自分について考え始める」という表現はやや控え目な表現だが、これを「お客さんに話しかけることのなかった自分、自ら進んで本を読んだことのなかった自分を変えたい、と思い始めている」と解釈することは可能だろう。

---

①は「周囲の誰に対しても打ち明けられないまま目をそらしてきた悩み」が誤り。そのような悩みは、本文中に見出せないし、女の人によって、「悩みに改めて向き合う」きっかけを与えられたわけでもないだろう。

②は「高校を中退してしまったことを後悔」が誤り。44行目に「千春自身にとっては、何の意欲も持てないことをやめたに過ぎなかった」とある。

③は、仕事の話に終始している点が誤り。

⑤は「自分に欠けていた他人への配慮について意識する」という点が誤り。空欄Ⅱの直後のAさんの『わかるようになりたい』という60行目の言葉も印象的だね」という発言は、他人の気持ちをわかるようになりたい、という意味ではない。

正解 19 ＝② 20 ＝④

語彙リスト

□ 包含《ほうがん》	内部に包み含んでいること。
□ 飽和《ほうわ》	最大限度まで満たされていること。
□ 依拠《いきょ》	拠りどころとすること。
□ 誇示《こじ》	誇らしげに見せびらかすこと。
□ 回顧《かいこ》	過去の出来事をあれこれ思い返すこと。（「懐古」＝昔を懐かしむこと。）
□ 凝固《ぎょうこ》	凝り固まること。
□ 孤高《ここう》	ひとり超然として高い理想と志を保つこと。
□ 系譜《けいふ》	先祖から子孫に至る一族代々のつながり。また、同じような要素・性質を受け継いでいる事物のつながり。
□ 符合《ふごう》	一致すること。（「符号」＝記号、しるし。）
□ 不慮《ふりょ》	思いがけないこと。
□ 扶養《ふよう》	扶《たす》け養うこと。生活の世話をすること。
□ 不断に《ふだんに》	絶え間なく。

□ 意匠《いしょう》	1、造形作品を作る際の創意・工夫。2、デザイン。
□ 抽象《ちゅうしょう》	事物からある性質だけを抜き出して把握すること。
□ 伝播《でんぱ》	伝わり広まること。広く伝わること。
□ 帰属《きぞく》	物や人が、あるものに属すること。
□ 所在《しょざい》ない	することがなくて退屈なさま。手持ちぶさた。
□ 味気《あじけ》ない	おもしろみや魅力がなくつまらない。
□ 遣る瀬無い《やるせない》	悲しみや寂しさなどを晴らすことができないさま。
□ 危惧《きぐ》	成り行きを心配し、おそれること。
□ 気後れ《きおくれ》	相手の憩いや雰囲気に圧倒されて心がひるむこと。
□ 虫《むし》のいい	身勝手で自分にばかり都合の良いさま。

解答解説

第3回【オリジナル問題①】

解説動画

大問	設問	解答番号	正解	配点	自己採点①	自己採点②
第1問	問1	1	②	2		
		2	②	2		
		3	①	2		
		4	②	2		
		5	④	2		
	問2	6	⑤	8		
	問3	7	④	8		
	問4	8	①	8		
	問5	9	②	5		
		10	④	5		
		11	①	6		
	小計（50点）					

大問	設問	解答番号	正解	配点	自己採点①	自己採点②
第2問	問1	12	②	3		
		13	④	3		
		14	④	3		
	問2	15	③	7		
	問3	16	⑤	8		
	問4	17	①	8		
	問5	18	③	8		
	問6	19-20	④-⑥	10（各5）		
	小計（50点）					
合計（100点満点）						

（注）－（ハイフン）でつながれた正解は，順序を問わない。

第3回 実戦問題

【オリジナル問題①】

第1問

出典

◆森達也《もりたつや》「群れない個が地球を救う」(『世界思想四五号 二〇一八春』所収 世界思想社 二〇一八年)

森達也(一九五六〜)は、広島生まれの映画監督、作家。明治大学特任教授。一九九八年、世間から強い非難を浴びていたオウム真理教の教団内部を取材し、信者の日常を写したドキュメンタリー映画「A」を公開。ベルリン国際映画祭などに正式招待される。作家としても『放送禁止歌』『いのちの食べかた』『死刑』『U 相模原に現れた世界の憂鬱な断面』など、多数の著作がある。

◆エーリッヒ・フロム『自由からの逃走』(日高六郎訳 東京創元社 一九五一年)

エーリッヒ・フロム(一九〇〇〜一九八〇)は、ドイツ生まれの社会心理学、精神分析、哲学の研究者。ナチスが政権を掌握したのちに祖国を離れ、アメリカ合衆国に移住する。本問で用いた『自由からの逃走』(一九四一年)は、ファシズムの心理学的起源を明らかにしたフロムの主著。他に『悪について』『愛するということ』などがある。

読解

◆新しいメディアとファシズム(1〜10)

映画とラジオという、識字能力を必要とせず、誰もが理解できるメディアが二十世紀の初頭に登場したことで、大衆に向けた大規模なプロパガンダが可能となり、そのことがファシズムの誕生につながった。

◆群れる人々とメディア（11～24）

・不安や恐怖を煽るメディア（11～13）

メディアは不安や恐怖を煽ることで、視聴率を上げ、出版部数を伸ばそうとする。あからさまなプロパガンダは、映画やラジオに人々が慣れていなかった昔の話ではなく、二十世紀末のルワンダ大虐殺や二一世紀のクリミア紛争など、現在でも行われている。

・群れる本能の獲得（14～17）

身体的に脆弱な生きものである人は、天敵から身を守るために、群れで生きることを選択した。道具や武器を作り出し、天敵に脅える必要がなくなった今でも、群れる本能は遺伝子レベルで残っている。

・集団化は「自由からの逃走」（18～20）

危険を感じたとき、群れに帰属する個は、全体と一体化することで安心を得ようとする。自ら望む同調圧力だ。エーリッヒ・フロムはこの状態を「自由からの逃走」と名づけ、ドイツ国民が自ら自由を投げ打ち、ナチスに全権を委任する過程を考察した。

・集団化が進む現在の世界（21～24）

このような自ら集団化を求める働きと、それに伴って生じる他の集団との分離の促進は、現在、世界中に広がっている。この系譜において日本は※先駆的な位置を示している。

※ここでの「先駆的」は、本来の肯定的な意味ではなく、否定的なニュアンス（つまり「残念ながら他国よりも進んでしまっている」という皮肉を込めたニュアンス）で用いられている。

◆メディア・リテラシーの必要性（25～27）

メディアは今後も進化を続ける。ただし、メディアの進化の方向は、受け手である社会のあり方に規定されている。社会が変わればメディアも変わる。そして社会が変わるためには、情報を正しく有効に活用する一人ひとりのリテラシーを向上させなければならない。この世界はメディアをもう手放せない。

解説

問１ 漢字問題

(ア)帰属
①俗物 ②属性 ③親族 ④勤続

(イ)留意
①流行 ②留保 ③素粒子 ④隆盛

(ウ)促進
①促成 ②即断 ③測定 ④息災

(エ)系譜
①傾倒 ②系列 ③啓蒙 ④軽重

(オ)淘汰
①他山 ②手綱 ③多岐 ④沙汰

正解
1 ＝②
2 ＝②
3 ＝①
4 ＝②
5 ＝④

問２ 内容説明問題

問 傍線部Ａ「そしてその帰結として、ファシズム（全体主義）が誕生した」とは、どういうことか。

傍線部に指示語が含まれている場合は、必ずその指示内容を確認しよう。「その帰結」＝「（映画とラジオという）マスメディアが誕生したことの帰結（結果）」である。

a 映画とラジオというマスメディアの誕生
↓（その結果）
b ファシズムの誕生

なぜaの結果としてbが生まれたのか。このaとbの間の飛躍を埋めれば傍線部Aの説明になるはずだ。

まずaの「マスメディア」という言葉について確認しておこう。「メディア」とは、〈媒体。何かと何かをつなぐ仲立ち。情報を伝える手段〈単数形 medium の複数形が media〉である。そのメディアの中で、特に、大衆（mass）に情報を伝えるメディアのことをマスメディア（mass media）という。

映画とラジオがマスメディアたりえたのは、識字能力を持つ一部の階層にしか情報を伝えられなかった従来の活字文化と異なり、識字能力がなくても誰もが理解できるメディアだったからだ。

誰もが理解できるマスメディアが誕生したことで、大衆に対する大規模なプロパガンダ（政治的な主義・主張の宣伝）を行うことができるようになった（10段落）。それによって、〈群れの中にいる個体が好き勝手に歩き回るのを止めて集団の動きに同調するように〉自らの自由を投げ打ち、国家の意思に従属する人々が増え、ファシズムが誕生した。

まとめると、

a　映画とラジオというマスメディアの誕生
＝
教育を受けていなくても、識字能力がなくても、誰でも理解可能なメディアの誕生
↓
大衆に向けた大規模なプロパガンダが可能になった
↓
b　ファシズムの誕生

ということになる。この【**正解のイメージ**】に適合する選択肢を探す。正解は⑤。

①は「基礎的な教育さえ受けていれば」が誤り。7段落に「教育など受けていなくても」とある。

②は、マスメディアが行ったことに関する記述が間違っている。映画とラジオという二つのメディアが何度も強調して大衆に刷り込んだのは、「ファシズムという政治形態」についての説明ではなく「特定の主義や思想や危機意識」である。

③は因果関係がひっくり返っている。「映画とラジオの普及」によって初めて「権力の側に都合の良い主義や思想や危機意識を大衆に対して繰り返し強調する」ことができるようになったのである。

④は「大量に印刷することのできなかった活版印刷はマスメディアにはなりえなかった」が誤り。本文には「いくら大量に印刷されたとしても、この時代の印刷物は、マスメディアには決してなれなかった」とある（6段落）。

正解 6 ＝⑤

【参考】イタリアのファッショ党から生まれた言葉であるファシズムやドイツのナチス党から生まれた言葉であるナチズムをひっくるめて「全体主義」という。全体主義とは〈個人は国家を構成する一部分に過ぎず、個人の自由や権利より国家全体の利益を優先すべきであるとする思想。また、そうした思想を持った政治体制〉のことである。

問３　理由説明問題

問　傍線部Ｂ「人は、この刺激に最も弱い」とあるが、なぜか。

傍線部の指示語をまずは確認しよう。傍線部の直前に「メディアは不安や恐怖を刺激する」とあるので、「この刺激」とは、「不安や恐怖を煽るような刺激」のことだとわかる。したがって、ここで聞かれていることは、

人は、なぜ「不安や恐怖を煽るような刺激」に弱いのか

ということである。

【正解のイメージ】を、まずはシンプルに「人は〜だから」という形で作ってみよう。たとえば「勉強することは大切だ」という命題の理由は「勉強することは

〜だから」になるはずだし、「サッカーは一種の格闘技である」という命題の理由は「サッカーは〜だから」になるはずだ。同様に「人は不安や恐怖を煽るような刺激に最も弱い」という命題の理由は「人は〜だから」になるだろう。つまり、「人一般に共通する性質」が理由になっていなければならない。傍線部の前には、「人一般に共通する性質」についての説明はない。したがって、根拠は傍線部の後ろにあるはずだ。

14〜17段落にその説明がある。

人は脆弱な生きもの
↓
群れて生きることを選択
↓
群れて生きる動物の共通項は常に天敵に脅えていること
↓
強くなった今でも人は群れる本能を遺伝子レベルで残している（自分を脅かすものへの危機意識を常に抱いている）
↓
だから人は不安や恐怖を煽るような刺激に最も弱い

以上のつながりを確認したうえで選択肢を見ると、正解は④。

①と②は「人一般に共通する性質」の説明がないので誤り。

③は、道具や武器を持っていなかった大昔の話であって、地球上で最強の動物になった今でも、人が不安や恐怖を煽るような刺激に弱いことの理由にはならない。

⑤は「周囲の人間と同じ行動をとることで安心することができるから」が誤り。これは18段落に述べられていることであるが、天敵に襲われた個体が、全体と一緒に必死に走ることの理由であって、傍線部の理由にはならない。

正解 7 ＝④

問４ 内容説明問題

問 傍線部Ｃ「我々がメディア・リテラシーを身に付けなければいけない理由はここにある」とあるが、どういうことか。

まず、傍線部の指示語を確認する。「ここ」とは、直前の内容、すなわち「市場が変われば、テレビはあっさりとその進化の方向を変える」を指す。より一般化すれば「社会（市場）が変われば、メディアも変わる」ということ。たとえば、極端な話だが、もしすべてのテレビ視聴者が、サッカー番組ばかり見るようになり、それ以外の番組に見向きもしなくなれば、すべての番組はサッカー番組になるだろう（公共放送を除いて）。これはテレビだけでなく、ラジオや、あるいはユーチューブのような新しいメディアでも同じである。これを本文では「市場原理」と言っている。

そしてこの「社会が変わればメディアも変わる」ということが、「我々がメディア・リテラシーを身に付けなければいけない理由」である。メディア・リテラシーについては、冒頭のリード文に「メディアが発信する情報に対して批判的に接すること」と説明がある（リード文に付加的な情報が含まれている場合は必ずしっかり目を通そう。そのような情報は設問を解くうえで重要なものである場合が多い）。メディアの流す情報を鵜呑みにするのではなく、その情報の良し悪しを判断するリテラシーがあれば、悪しき情報を流すメディアは淘汰されていくだろう。

では、悪しき情報とは何か。これは本文全体の内容に関わることだが、それは、不安や恐怖を刺激し、それらの刺激に弱い人間を集団化へと向かわせるような情報だ。そのような情報を流すマスメディアがファシズムを生み、大虐殺や紛争の引き金となってきた。そうした集団化を加速するメディアは変えなければならないと筆者は考えるのである。27段落にも、「もしそれ（メディアの浄化）が不首尾に終わるのなら、近い将来において人類は、～メディアによって滅ぶだろう」とある。

以上を整理すると次のようになる。

❶集団化を促すようなメディアは変えなければならない
←
❷社会が変われば、メディアも変わる
←（だから）
❸社会を変えるために、一人ひとりが、メディアが発信する情報を批判的に受け止める力（メディア・リテラシー）を身に付けなくてはいけない

これを【正解のイメージ】として選択肢を見ると、正解は①である。

②は傍線部の「ここ」の内容、すなわち❷の内容に触れていない。また❸の「メディア・リテラシー」の説明も誤り。

③は❸の内容が誤り。「メディア・リテラシー」を身に付ける目的は「市場を活性化させるため」ではなく、社会を変えるためである。

④は「メディア・リテラシー」を「メディアを必要としないようなリテラシー」としている点が誤り。

⑤は「正しく有用な情報を発信する力」が誤り。本文の「メディア・リテラシー」とは、情報を発信する力ではなく、批判的に受け止める力のことである。

正解　8 ＝①

問５　(i)空欄補充問題（段落構成を問う問題）

意味段落に分け、内容に見合った小見出しを考える問題である。

11～13段落は、「メディアによる露骨なプロパガンダなど、人々がメディアを理解していなかった昔の話だろう」と思う読者を想定し、それに対して具体例を挙げながら筆者が反論しているところだ。では、どのような具体例か？　それは、**「今でもメディアによるプロパガンダは行われている」**ということを伝えるための具体例だ。メディアによるプロパガンダは、13段落にあるように、「不安や恐怖を刺激する」かたちで展開される。ルワンダの大虐殺の例もクリミア紛争の例も、「不安や恐怖を刺激する」メディアについて述べるものだった。したがって［ I ］には②の「不安や恐怖を煽るメディア」しか入らない。①と④は昔の話。③は具体例の論旨がずれている。

14～17段落は、**人間という動物が群れる本能を獲得し、今でもその本能を遺伝子レベルで持ち続けていること**を述べた部分である。したがって［ II ］に入れるべき語句は②「人間の群れる本能」。①の「天敵に対する危機意識」は、「群れる本能」を獲得した要因に過ぎない。③の「群れる動物の共通項」では、「人間」に焦点が当たらない。④の「自ら望む同調圧力」は「群れる本能」を獲得した結果生まれたものであり、この部分を統括する小見出しとしては不適。【ノート１】の11～24段落全体の見出しである「群れる人々とメディア」という語句もヒントになるだろう。

正解 9 ＝②

問５ (ii) **空欄補充問題（対比の理解を問う問題）**

引用文の内容を理解し、空欄に適切な語句を入れる問題である。引用文の内容を、接続詞を補いながら整理すると次のようになる。

> 幾百万のひとびとにとって、ヒットラーの政府は「ドイツ」と同一のものとなった

←（したがって）
ナチ党にたいする反対＝ドイツにたいする反対＝孤立
↔（しかし）
より大きな集団と合一していないという感情（孤立）ほど、一般の人間にとって堪えがたいものはないであろう
＝（つまり）
一般の人間は自分という個を、より大きな集合（ドイツ）と一体化させたいと思う
←（だから）
ナチズムの諸原理にどんなに反対していようとも、多くの人は Ⅲ より Ⅳ（後者）を選ぶ

そうすると Ⅲ には「集団に一体化しない状態」＝「孤独な状態」が入り、Ⅳ にはその逆の「集団に一体化した状態」＝「孤独ではない状態」が入ることがわかる。

選択肢を色分けすると、

① Ⅲ ナチ党と一体化すること
　 Ⅳ ドイツ人の共同体と一体化すること

② Ⅲ ナチ党に反対すること
　 Ⅳ ドイツにたいして反対すること

③ Ⅲ ドイツに属しているという感情をもつこと
　 Ⅳ ナチ党に反対すること

④ Ⅲ 孤独であること
　 Ⅳ ドイツに属しているという感情をもつこと

となるので、正解は④ということになる。

正解 10 ＝④

問５ (iii) 空欄補充問題（本文と引用文との関連を問う問題）

ナチズムのような脅威に対抗するために何が必要か、本文の内容と引用文の内容を踏まえて考える問題である。

まず、本文から探すと、タイトルにもあるように「群れない個」つまり「集団化を阻止すること」が挙げられる。そしてそのためには、**問４**で見た通り、「メディア・リテラシー」を身に付ける必要がある。

では引用文ではどうか。**【ノート３】**の二〜三文目に、ナチスドイツの行うプロパガンダに、プロパガンダで対抗することは根本的な解決にならない、とある。ではどうすればよいか。少し長いが、引用する。

> 倫理的原理は国家の存在以上のものであり、個人はこれらの原理を固く守ることによって、過去、現在、未来を通じてこの信念をわけあうひとびとの共同体に属するという真理が、すべての国々において勝利をえたとき、はじめて解決できる

この部分を簡潔にまとめると次のようになる。

> ❶国家の存在よりも上位にある倫理的原理（善悪の判断原理）を優先しそれを遵守すること
> ❷その信念を一貫して共有する人々の共同体に属すること
> ❸この真理が世界中に広まること

これら（❶〜❸）によってナチズムの行う政治的プロパガンダに対抗することができるということだ（この本が、世界中の人が自国の利益ばかり考えていた第二次世界大戦のさなか〔一九四一年〕に書かれたということは驚くべきことである）。

以上の内容を踏まえると、正解は①である。①は、本文および引用文の表現とはやや異なる表現だったので、選ぶことを躊躇した人もいるかもしれないが、**大**

切なのは「表現の一致」ではなく「意味内容の一致」である。字面の対応だけで事足れりとすることのないようにしたい。

①の「自己の属する集団における支配的な思想」とは、集団内の多くの者が抱いている思想、それに反対することがためらわれるような思想のことだ。同調圧力によって個人に押し付けられる思想といってもいいだろう。それを「相対化」するとは、そのような思想が唯一の正しい思想だと思い込んでいる盲目的な状態（絶対視している状態）を抜け出すこと。つまり、情報を批判的に捉えることであり、本文で述べられていた「メディア・リテラシーの必要性」と合致する。選択肢後半の「より普遍的な倫理的原則に従おうとすること」は前述の❶に対応している。

②は「国家そのもののあり方を浄化し〜」の部分が誤り。大切なことは、国家を超えた倫理的原理を遵守することだ。

③は「政治的プロパガンダを展開すること」が誤り。それでは根本的な解決にならない。

④は「為政者の求めていることを自ら汲み取れるようにすること」が誤り。それは 23 段落で批判されている「忖度」であり、そのようなことのために「メディア・リテラシー」が必要なのではない。

⑤は前半部は良いものの、後半の「一貫した自己の信念に基づいて行動すること」が誤り。大切なのは自己の信念に基づくことではなく、普遍的な倫理的原理に基づくことである。

⑥は「自己にとって望ましくないと思われるメディアを排除する」が誤り。もしその「自己」が独裁者であれば、独裁者にとって不都合なメディアが排除されることになる。それでは言論弾圧になってしまう。本文における「浄化」とはそのようなことではなく、「不安や恐怖を刺激して集団化を促すようなメディアに批判的に接することで結果的に、メディアの側が変わっていくこと」である。

正解 11 ＝①

第2問

出典

◆辻仁成《つじひとなり》『海峡の光』（新潮文庫　二〇〇〇年）

【資料】「第百十六回芥川賞選評」（『芥川賞全集 第十七巻』文藝春秋　二〇〇二年）

辻仁成（一九五九～）は、東京生まれの作家、ミュージシャン、映画監督、演出家。北海道函館西高等学校卒業、成城大学中退。一九八五年にロックバンド「ECHOES（エコーズ）」のボーカルとしてデビュー。一九八九年『ピアニシモ』ですばる文学賞を受賞し作家デビュー。一九九七年『海峡の光』で芥川賞、一九九九年『白仏』の仏語翻訳版でフランス五大文学賞の一つであるフェミナ賞（外国小説賞）を日本人として初めて受賞。他に『ミラクル』『冷静と情熱のあいだBlu』など著書多数。

読解

◆リード文

リード文には本文を理解するうえで欠かせない内容が記されている。今回把握すべきポイントは四点。

①主人公の「私」（斉藤）は刑務所の「看守」

②そこに小学校の同級生の花井が「受刑者」として入所する

③小学生時代の花井はクラスメートからの人望を集めていた

④その花井に「私」は陰湿な苛めを受けていた

この四点を踏まえて本文を読んでいく。

◆現在の「私」と花井（1～19行目）

夏も近づいたある日、舎房勤務に当っていた「私」の足は、花井が収容されている第三寮へと自然に向いた。そこに向かいながら「私」は、近ごろ自分の中で存在感を増している花井について思いを巡らす。家族と過ごす日常に幽霊のようにすうっと現れる花井。その薄笑いを浮かべた涼しい顔が、ふっと心に割り込んでくる。まるで花井が「私」の日常を、獄舎の中から遠隔操作しているように。どこからか舞い込んだモンシロチョウがどこにも行けずに生命力を消尽していき、次第に死へと向かいつつあるのを見ているうちに「私」の心は落ち着いていく。

◆小学生時代の「私」と花井（21〜70行目）

【花井が転校することを知り安堵する「私」】

花井が転校することを知ったのは、夏休みが始まる一週間前のことだった。「私」を更生させるため、という花井の言葉によって、悪童たちの「私」への苛めは加減を知らない激しいものになっていたが、花井さえいなくなれば、悪童たちの罪のない苛めなど苦でもないと「私」は安堵する。

【花井への復讐を決意する「私」】

花井の出発の日が迫ってくると、「私」は彼に復讐をしなければと焦るようになった。「私」はクラス中が見ている前で彼を叩きのめし、その誇りと権威を失墜させ、「私」の再生を高らかに全校へ宣言しなければならないと考えていた。

【復讐の失敗】

復讐を決行しようとしていた終業式当日、花井は、クラスメート全員の前で突如「私」への和解を申し出る。それは「私」を気遣う言葉としてお別れ会の席、挨拶の冒頭で述べられたものだった。偽物の正義をまき散らし、クラスメートを感動させたその言葉によって「私」は敵意のやり場を失い、茫然自失の状態に陥る。最後のチャンスを奪われた「私」は、その夜激しい焦慮と憤怒とに駆られる。

【最後の反撃】

翌日、「私」は自らの意思とは異なる磁力に引き寄せられるように、出発する花井を見送るために函館桟橋へと出向く。両親に温かく囲まれ、真新しいスーツに身を包んだ花井は、「私」とは見るからに違う雰囲気を漂わせていた。微笑みながら皆と握手を交わした花井は

「私」に近づき、皆に聞こえるように声を高め「君は君らしさを見つけて強くならなければ駄目だ」と言った。「私」は彼の手を引き寄せ、溢れんばかりの感情を一つの言葉に集約させ、偽善者、と小声で浴びせたのだった。「私」「私」の声は花井にしか届かなかったが、それは意外にも彼をうろたえさせた。徐々に岸壁から離れはじめた船のデッキの上から見送りの人々を見下ろしていた花井の顔つきからは心なしか先程の余裕が消え失せていた。ぎこちない微笑みは、「私」には空笑いとしか見えなかった。

解説

問１　語句の意味を問う問題

(ア)の「巧言」は〈口先だけで巧《たく》みに言い回すこと。また、その言葉〉の意。「言葉は巧みだが誠実さに欠ける」という否定的なニュアンスを持った言葉である。したがって正解は②。③・④・⑤は文脈的には合致するが、「巧言」の辞書的な意味と異なるので不適。

(イ)の「地団太を踏む」は慣用句で、〈激しく地を踏んで悔しがったり怒ったりする〉の意。したがって正解は④。

(ウ)の「挙措を失い」は〈どうすればよいかわからなくなって取り乱し〉の意。正解は④。「挙措」は〈身のこなし、立ち居振る舞い〉のこと。

正解

12 ＝ ②

13 ＝ ④

14 ＝ ④

問２　心情説明問題

問
傍線部Ａ「日が経つほどに花井はますます私の中で立ち上がり、それは今や四六時中気になって仕方のない存在へと膨らんだ」とあるが、この表現からわかる、花井に対する「私」の気持ちはどのようなものか。

「ここでの『私』の気持ち」は、傍線部にあるように、「日に日に存在感を増す花井のことが気になって仕方がない」というものだ。では、「私」はどのような存在として花井のことを気にしているのか。傍線部を含む段落にそのことを理解する手がかりがある。

❶「小学校の同級生が入所した。頭が上がらなかった。なのに今じゃ俺が懲罰を与えることだってできるって。あなた自慢気だったじゃない」という妻のセリフ（8〜9行目）

❷「花井の薄笑いを浮かべた涼しい顔が、ふっと心に割り込んでくる。まるであの男が私の日常を、獄舎の中から遠隔操作しているようだった」（12〜13行目）

❶では、かつて「私」を苛めていた花井との支配―被支配関係が逆転したことが妻の言葉によって示唆されているが、❷では、まるで「遠隔操作」されて<u>い</u>る<u>か</u>のように「花井の薄笑いを浮かべた涼しい顔が、ふっと心に割り込んでくる」と吐露している。つまり「私」は、ある意味で花井を支配する側に立った今も、どこか花井に支配されているような気持ちを抱いている。そこには、かつて花井から陰湿な苛めを受けていた記憶が影を落としているだろう。

過去の苛めの記憶から、ある意味で花井を支配する側に立った今も、花井に支配されているような感覚が抜けず、花井のことが気になって仕方がないこれを【正解のイメージ】として選択肢の検討に入る。

①は、「今なら親しくなれるのではないかと期待している」が誤り。

②は、「その後の人生に何が起きたのか不審に思っている」が誤り。「私」の花井への気持ちは、「あの人気者の花井に何があったのだろう？」というような花井のその後の人生への関心ではなく、花井に「遠隔操作」されているような、どこか支配されているような気持ちである。

③は正解。「頭を支配されている」という表現は強すぎるように思うかもしれないが、傍線部には「四六時中気になって仕方のない存在」という表現もあるので妥当な解釈といえよう。

④は「いまだに脅えを払拭できないでいる」が誤り。今の「私」と花井との関係を踏まえられていない。また、傍線部の直前に「私の足先は、花井修が収容されている第三寮へと自然に向いた」とあるように、「私」は花井のことが気になって仕方がないのであり、その感情は「脅え」とは異なる。

⑤は「どのような仕返しをしてやろうかと考えを巡らせている」が誤り。「私」は仕返しの仕方で頭をいっぱいにさせているわけではない。

正解 15 ＝③

問３　理由説明問題

問　傍線部Ｂ「花井の転校を知った時、私はまず大きく安堵した」とあるが、それはなぜか。

傍線部に「まず」とあることに注目したい。「まず」安堵して、「その次に」どのような気持ちになったのか。31行目に「花井の出発の日が迫って来ると、私は復讐をしなければと焦るようになった」とある。したがって「安堵」した理由はその前まで、つまり、傍線部の直後〜30行目までに述べられているはずだ。その要点は以下の通り。

・悪童の罪の無いちょっかいに「花井の知恵」が加わることで何倍も陰湿な苛めへと凶暴化する
・「花井の知恵」とは、「私」を「協調できないはみ出し者」と決めつけ、「私」に対する暴力を「愛情に基づく『鍛えなおし』」として正当化するもの
・もし花井が転校せずに卒業まで学校に残っていたら、「私」は人間としての尊厳を維持出来たかどうか疑わしい（それほど苛烈な苛めであった）
・その花井が転校する　→　安堵

右の要点を頭に入れ、それを**【正解のイメージ】**として選択肢を選ぶ。

---

①は苛める主体が「私」になってしまっているので誤り。

②は「クラスの秩序が崩壊しかかっていたから」が誤り。クラスの秩序が壊れることを心配していたわけではないし、むしろ花井は「私」を利用することで、「クラスをうまく一つにまとめあげ」ていた。

③は「今度は自分が頂点に君臨できるから」が誤り。

④は「ようやく復讐することができると思ったから」が誤り。復讐することができると思って安堵したわけではない。つまり傍線部の理由になっていないので誤り。

⑤は右の要点を踏まえた内容になっている。正解。

正解　16 ＝ ⑤

問４　心情説明問題

問　傍線部Ｃ「彼はクラスメート全員の前で突如私への和解を申し出たのである」とあるが、「私」はそれをどのように受け止めたか。

傍線部の前後の文脈、つまり、「私」の気持ちが傍線部の前後でどのように変化したかを確認しよう。

❶「私」は「私」自身を回復するため、そして父のために、更には花井がいなくなった後の自分の居場所を確保するためにも、花井に復讐をしなければならないと思っていた（31～34行目）

↓

❷終業式当日、花井は皆の前で突如私への和解を申し出た（具体的には38～39行目のセリフのことで、これは「私」に直接向けた和解の申し出ではなく、「私」の今後を心配し、気遣うよう皆に提案するという間接的な申し出）

↓

❸「私」はクラスメートたちの視線に敵意のやり場を攪拌され、茫然自失の状態になり、ただ彼の言葉を聞くしかなかった（40～42行目）

右の内容を踏まえて選択肢の検討に入る。

①は❶→❷→❸という内容を踏まえている。正解。

②は❷の部分が誤っている。花井は「私」に直接和解を求めてきたのではない。

③は❷と❸の部分が誤り。「『私』のことを花井が心配する胸中を吐露した」とあるが、「私」のことを花井が心から心配していたとは考えづらい。また、「もはや復讐をする意味が失われてしまった」も誤り。復讐したくてもできない状況に置かれてしまったのである。

④は❶と❸の部分が誤り。終業式に復讐する決意を固めた理由は、本文では、花井に「時間的余裕を与えないため」とある。ここでの「時間的余裕」とは、

「復讐によって失われた権威や信頼を花井が取り戻す時間的余裕」のことであり、選択肢で言われているような、「時間的に忙しい」終業式の「心の余裕」のことではない。また、花井に敵意を向けられなくなったのは、「私」に「一斉に向けられたクラスメートたちの視線」ゆえであり、「他者への配慮を忘れない花井」の優しさに触れたからではない。

⑤は❷と❸の部分が誤り。38～39行目の花井の言葉はクラスメートへの「提案」であり、「『私』に仲直りを求めてきた」というのはおかしい。また、「これまでのことは水に流して気持ちよく花井を送り出してやろう」というのも明らかに誤り。

正解 17 ＝ ①

▼選択肢が長い場合は、意味のまとまりでスラッシュを入れて区切り、まとまりごとに〇・△・×の判断をしていくと解きやすい。

①（❶〇）花井のせいで失ったものを取り返すためになんとしても花井に復讐しなければならないと決意を固めていたが、／（❷〇）突然花井が「私」を気遣うような提案を皆にしたために、／（❸〇）手を出したくても出せない状況に置かれてしまい、どうすれば良いのかわからなくなっている。

②（❶〇）学校内での居場所を再び取り戻し自分だけでなく父親の名誉を回復するためにも花井に復讐しなければならないと決意を固めていたが、／（❷×）突然花井が皆の前で、「私」に直接和解を求めてきたために、／（❸△）呆気にとられ、敵意の向けどころを失っている。

③（❶〇）失われた自分の尊厳を取り戻し父の汚名をそそぐためにも花井への復讐を決行する決意を固めていたが、／（❷×）突然花井が皆の前で、「私」のことを心配する胸中を吐露したために、／（❸×）クラスの雰囲気が変わり、もはや復讐をする意味が失われてしまったと拍子抜けしている。

④（❶×）時間的に忙しいために花井も心の余裕を持てないであろうと考えて終業式に復讐を果たす決意を固め

ていたが、／突然花井が皆の前で、「私」への優しさを示すような発言をしたために、／このようなときにも他者への配慮を忘れない花井に対して、敵意を向けることができなくなっている。（❷△）（❸×）

⑤叩きのめしたあとの花井に信頼と誇りを回復する時間を与えないために終業式に復讐を果たす決意を固めていたが、／突然花井が「私」に仲直りを求めてきたために、／驚きつつも、これまでのことは水に流して気持ちよく花井を送り出してやろうと思っている。（❶○）（❷×）（❸×）

問５　心情説明問題

> 問
> 傍線部Ｄ「ぎこちない微笑みは、少なくとも私には空笑いとしか見えなかった」とあるが、この時の「私」の心情はどのようなものか。

傍線部の「空笑《そら》い」とは〈無理に笑うこと。作り笑い〉のこと。ここでは花井の「ぎこちない微笑み」を作り笑いと見る「私」の心情が問われている。いきなり選択肢の検討に入るのではなく、本文に戻り、50行目から始まる、花井の出発当日の様子を改めて確認しておこう。

> ・花井はサラリーマンをしている彼の両親に温かく囲まれ、真新しいスーツに身を包んでは、まるで小さな英雄を気取り胸を張っていた
> ・花井は皆と握手し、清澄な言葉に一点の曇りもない微笑みを交えてそこに集まった全ての者に投げかけていた
> ・隅の方で小さくなる私の方へ歩み寄って来て、しかもみんなに聞こえるように声を高め、「君は君らしさを見つけて強くならなければ駄目だ」と言った

ここまでは、花井は余裕たっぷりの、自信に満ちた堂々たる態度を守っている。しかし次の「私」の一言でそれが変わる。

私は彼の手を力一杯握りしめると引き寄せ、心の中で溢《あふ》れ出しそうになっていた感情を一つの言葉に集約し、偽善者、と小声で浴びせたのだった

この「私」の一言は、花井にしか届かなかった（だから「皆の前で復讐する」ことにはならなかった）が、花井はこの言葉に意外にもうろたえる。

・花井修は二の句が継げず、暫く挙措を失い、私の顔を見つめたが、ふいに慌てて私から視線を逸らすと、彼の両親の間に逃げるようにして隠れ、そのまま女生徒たちの熱い声援に見送られてタラップを連絡船へと渡ってしまった

・花井は両親に挟まれて、船のデッキから見送る人々を見下ろしていたが、顔つきからは先程の余裕が心なしか消え失せていた

・Dぎこちない微笑みは、少なくとも私には空笑いとしか見えなかった

自信満々の余裕の微笑みを浮かべていた花井だったが、「私」から何か言い返されることなど想定していなかったのだろう、彼は「私」の一言によってうろたえ、取り乱している。花井に浴びせた「偽善者」という言葉は、前日まで願っていた「クラス中が見ている前で彼を力のかぎり叩きのめし、その誇りと神話を失墜させ」るような形での復讐とは異なるものの、それでも花井の余裕ある態度をぐらつかせる一撃になったとはいえるだろう。そのような手応えを感じているために、「私」には花井の「ぎこちない微笑み」が「空笑いとしか見えなかった」のである。

以上を踏まえて選択肢を検討すると、正解は③。

①は「皆の前で復讐するという当初の目的を果たすことができた」が誤り。

②は「これくらいのことで動揺するような人間だったのかと花井への興味を失っている」が誤り。

④は「『私』を苛めたことを十分に後悔させることができたと思い、満足している」が誤り。傍線部から読み取れることは、「花井の余裕ある態度を突き崩すことができた」というところまでで、「『私』を苛めたことを十分に後悔させることができた」とまでは読み取れない。また、苛烈な暴力を受け続けてきた「私」が、一言言い返しただけで「満足」するというのも考えにくい。

⑤は「皆に花井の本性を明かすことができた」が誤り。「私」の一言は花井にしか届かなかったのであり、皆は「私」と花井とのこのやり取りに気づいていない。

正解 18 ＝③

問６　作品の批評に関する問題

【資料】を踏まえた説明として**適当でない発言**を選ぶ問題である。このような「作品に対する批評」を理解する上でのポイントは次の二つ。

> ❶その評価が肯定的なものか、否定的なものかを把握する
>
> ❷肯定的な評価の理由、否定的な評価の理由を把握する

今回掲出されている五人の選考委員のうち、**宮本輝**、**石原慎太郎**は肯定的評価を、**日野啓三**、**古井由吉**は欠陥を認めつつも肯定的評価を、**丸谷才一**は否定的評価を下している。それぞれの評価の主な理由は、以下の通りである。

宮本輝――人間の闇という知り得ないものを描き出すことに成功→肯定 **石原慎太郎**――人間の体の奥深くに潜む邪悪なるものの不可知さという難しい主題に正面から向き合い、なんとかこなしている→肯定 **日野啓三**――登場人物の心理と行動の変化に納得しづらい飛躍はあるが、それでも認めざるを得ない迫力と魅力がある→否定＋肯定 **古井由吉**――こなしきれぬ言葉を用いつつも、少年のイジメ・イジメラレの関係を、人間の「悪」の姿へと立ち上がらせた→否定＋肯定 **丸谷才一**――語り手の教養に合わせて文体を選んだのだとしたら、これほどに言語能力の低い者を語り手に設定したこと自体が間違い→否定

これを踏まえて選択肢を検討すると、④と⑥の発言が適当でない発言となっており、この二つが正解である。

④は「『こなしきれぬ言葉』、『意味のかなり不明な表現』を多用するこの作品を批判的にとらえている」の部分が誤り。たしかに「暑気に逆上せる真夏日のこと」という表現は、日本語として不自然な表現ではあるが、古井由吉は、そのような「意味のかなり不明な表現」を用いつつも、人間の「悪」の姿を立ち上がらせたこの作品を最終的には評価している。

⑥は丸谷才一の意見を援用して作品を擁護しているが、丸谷才一の意見はむしろ作品を（かなり強く）批判するものなので、不適当。

正解 19 ・ 20 ＝④・⑥（順不同）

語彙リスト

□ 俗物《ぞくぶつ》	世間的な名誉や利益にばかりこだわるつまらない人間。
□ 属性《ぞくせい》	ある物にそなわっている性質。
□ 勤続《きんぞく》	勤め先を変えずに続けて勤務すること。
□ 留意《りゅうい》	ある物事を心に留《とど》めて常に気をつけること。
□ 留保《りゅうほ》	すぐに処理しないで、その状態のまま留めておくこと。保留。
□ 素粒子《そりゅうし》	物質を構成するもっとも基本的な構成要素のこと。
□ 隆盛《りゅうせい》	栄えること。勢いが盛んなこと。
□ 促進《そくしん》	物事がはやく進むように働きかけること。
□ 促成《そくせい》	農作物などを人工的に早く生長させること。
□ 即断《そくだん》	その場ですぐに判断して結論を出すこと。
□ 息災《そくさい》	健康で元気なこと。

□ 傾倒《けいとう》	ある物事に心惹かれ、ひたすら熱中すること。またある人物を尊敬し、ひたすら憧れること。
□ 啓蒙《けいもう》	人々に正しい知識を与え、ものの道理がわかるように導くこと。
□ 軽重《けいちょう》	軽いことと重いこと。価値や程度の小さいことと大きいこと。またその度合い。
□ 他山《たざん》	「他山の石」＝他人の誤った言行やつまらない出来事でもそれを参考にしてよく用いれば、自分の修養の助けとなるという意味。似た意味のことわざに「人の振り見て我が振り直せ」がある。
□ 沙汰《さた》	物事の善悪を論じ定めること。裁定を下すこと。例地獄の沙汰も金次第＝何事も金さえあれば思いのままにできるという意味。
□ 燎原の火《りょうげんのひ》	防ぎようがないほど勢いが激しいことのたとえ。
□ 忖度《そんたく》	他人の気持ちをおしはかること。

解答解説

第4回【オリジナル問題②】

解説動画

大問	設問	解答番号	正解	配点	自己採点①	自己採点②
第1問	問1	1	③	2		
		2	④	2		
		3	②	2		
		4	①	2		
		5	②	2		
	問2	6	②	8		
	問3	7	②	8		
	問4	8	⑤	8		
	問5	9	②	6		
	問6	10-11	③-⑤	10（各5）		
	小計（50点）					

大問	設問	解答番号	正解	配点	自己採点①	自己採点②
第2問	問1	12	③	3		
		13	③	3		
		14	⑤	3		
	問2	15	⑤	8		
	問3	16	⑤	8		
	問4	17	②	8		
	問5	18-19	①-③	8（各4）		
		20	③	9		
	小計（50点）					
合計（100点満点）						

（注）－（ハイフン）でつながれた正解は，順序を問わない。

第4回 実戦問題

【オリジナル問題②】

第1問

出典

◆**石井洋二郎《いしいようじろう》／藤垣裕子《ふじがきゆうこ》『大人になるためのリベラルアーツ　思考演習12題』（東京大学出版会　二〇一六年）**

石井洋二郎（一九五一〜）は、東京都生まれのフランス文学者。東京大学名誉教授。日本フランス語フランス文学会会長。主な著訳書に『ロートレアモン全集』（日本翻訳出版文化賞・日仏翻訳文学賞）、『ロートレアモン　越境と創造』（芸術選奨文部科学大臣賞）、『ブルデュー『ディスタンクシオン』講義』など。

藤垣裕子（一九六二〜）は、東京都生まれの科学技術社会論・科学計量学研究者。東京大学教授。主な著訳書に『専門知と公共性——科学技術社会論の構築へ向けて』『数値と客観性——科学と社会における信頼の獲得』『科学者の社会的責任』などがある。

出典の『大人になるためのリベラルアーツ　思考演習12題』は、東京大学教養学部後期課程において実施された「異文化交流・多分野協力論」という授業をもとにして書かれた。この授業は石井、藤垣両教員が学生とディベートを重ね、共に考え、共同で「創る」授業であった。

◆**【資料Ⅰ】岡真理《おかまり》『アラブ、祈りとしての文学』（みすず書房　二〇〇八年）**

岡真理（一九六〇〜）は東京都生まれの現代アラブ文学、パレスチナ問題、第三世界フェミニズム思想の研究者。東京外国語大学卒業。京都大学教授。主な著書に『彼女の「正しい」名前とは何か——第三世界フェミニズムの思想』、『ガザに地下鉄が走る日』など。二〇〇九年から平和を目指す朗読集団「国境なき朗読者たち」を主宰。

◆**【資料Ⅱ】村上《むらかみ》春《はる》樹《き》「早稲田大学文学部・文化構想学部入学式における挨拶文」（二〇二一年）**

村上春樹（一九四九〜）は京都府生まれ、兵庫県育ちの小説家。早稲田大学第一文学部卒業。清新な文体と無意識を刺激する物語で日本文学の可能性を広げる。同時に世界五〇か国に翻訳され受容される普遍性を持ち、現在国際的に最も評価されている日本人作家の一人。一九七九年のデビュー作『風の歌を聴け』以降、著作多数。

読解

◆**Ⅰ　サルトルの問い**（1〜2）

「飢えた子どもを前に文学は役に立つか」という問いはサルトルに由来する。彼は飢え死にしていく子どもを前にして自作『嘔吐』は無力だと語った。

◆**Ⅱ　想定される三つの回答**（3〜6）

このサルトルの問いにたいしては三つの回答が想定できる。第一に「文学は現実に役に立たない」という文学無用論、第二に「文学は現実に直接には役に立たないかもしれないが、間接的にめぐりめぐって役に立つ可能性はある」という希望観測的な文学有用論、第三に「文学は現実的に無用であることに存在意義がある」という逆説的な文学擁護論である。

◆**Ⅲ　三つの回答にたいする検討内容**（7〜10）

第一の回答にたいしては、文学は飢えた子どもを救うことはできないが、それだけが文学の役割ではないという反論が想定される。第二の回答は、一見妥当で説得的な回答に思えるが、実際に文学がめぐりめぐって飢えた子どもを救済するという保証はなく、これは文学の根拠を正当化するための口実にすぎないのではないかという素朴な疑問はぬぐえない。第三の回答は、人間のあらゆる営みはなんらかの社会的使命を果たすべきだと考える立場からすれば、ほとんど開き直りに近い身勝手な自己正当化と映るだろう。

◆Ⅳ 作家たちの反応（11〜12）

作家たちの中には基本的に第三の回答を支持する立場をとる者が多いが、これは文学を安易に現実的目的に従属させようとする思考法にたいする作家の側からの反撃である。日本の作家では大江健三郎がこの問題に言及しているが、大江は、このような問いに答える試みほど、作家にとって危険な、割りのあわない冒険はないと率直に告白している。それほどに、文学と現実世界の関係は困難で微妙なものだ。

◆Ⅴ サルトルの問いの普遍性（13〜18）

この問いはいくらでも拡大可能な問いであり、「文学」という言葉をみずからがコミットしている活動領域や学問分野に置き換えることで、この問いをみずからに向けた問いとして考えることができる。そのときにみずからの活動や学問の存在意義を主張することはできるだろうか。このようにサルトルの問いは文学に限らず、あらゆる営為にたいして提起されるべき普遍的な問いなのである。

解説

問１　漢字問題

(ア) 癒す
①教諭　②輸出　③癒着　④愉悦

(イ) 要請
①成長　②精製　③性急　④請求

(ウ) 経緯
①脅威　②緯度　③畏怖　④以心

(エ) 同断
①決断　②弾道　③団塊　④談話

(オ) 普遍
①偏在　②遍歴　③編集　④変化

正解

1 ＝ ③
2 ＝ ④
3 ＝ ②
4 ＝ ①
5 ＝ ②

問２　傍線部の指示する範囲の内容を問う問題

問 傍線部Ａ「以上三つの回答を検討してみよう」とあるが、その内容として最も適当なものを一つ選べ。

根拠として参照すべき範囲の広い設問である。「以上三つの回答」については4～6段落に、そして「それぞれについての検討内容」が8～10段落に述べられている。選択肢の適否を判断する際に本文の該当箇所に戻ることももちろん必要だが、その前に、本文を読んでいる段階で、その内容を十分に理解しながら読むことが重要である。

「三つの回答」のそれぞれの主張のポイントと「それぞれについての検討内容（反論）」については、**読解**でも触れたが、改めて表にまとめたものを見ておこう。

回答	主張のポイント	検討内容（反論）
第一	文学無用論（文学は現実に役に立たない）	飢えた子どもの前では役に立たなくても、ほかのことでは役に立つのだから、文学の存在意義を否定することはできない
第二	希望観測的な文学有用論（直接的には役に立たないが間接的には役に立つかもしれない）	文学が間接的に飢えた子どもの救済に役立つなどというのは何の保証もない夢物語
第三	逆説的な文学擁護論（何の役にも立たないことにこそ文学の存在意義がある）	何の役にも立たないことを正当化するのは「飢えている二十億人」に敵対する身勝手な自己正当化

右の内容を正しく踏まえている選択肢を選ぶ。

①は前半はよいが、後半の「文学の力は飢えた子どもの心にも作用する」が誤り。正しくは「飢えた子どもの前では役に立たないが、ほかのことでは役に立

つ」である。

②は正解。選択肢後半の「その正当性」とは「第二の回答の正当性」ということ。

③は「飢えた子どもの救済につながるのだから、その有用性に疑問を挟むことはできない」が誤り。正しくは「飢えた子どもの救済につながる保証は何もないのだから、その有用性には疑問がある」である。

④は「文学のために現実があるという立場」が誤り。第三の回答の要旨は「文学はそもそも何かの役に立たなくてよい」というものであり、文学のために現実があるなどという恐ろしいことを主張するものではない。

⑤は「人間のあらゆる営みがなんらかの社会的な使命を有している」が誤り。[10]段落の該当箇所を見ると、「人間のあらゆる営みはなんらかの社会的使命を果たすべきだと考える倫理観の持ち主から見れば」とあり、事実として「社会的な使命を有している」とは言っていない。「社会的な使命を有している」という「客観的な事実」の言明と、「社会的な使命を有すべきだ」という「主観的な判断」の言明は、明確に区別しなければならない。

正解 [6] ＝ ②

問３　内容説明問題

> 問　傍線部Ｂ「作家たちの中には基本的に第三の回答を支持する立場をとる者が多いようだ」とあるが、「第三の回答」を支持する作家たちの立場とはどのようなものだと考えられるか。

傍線部に続く文脈で「第三の回答」（文学は何かの役に立つためにあるわけではない）を支持する作家の例として、クロード・シモンとイヴ・ベルジェの意見が挙げられており（「文学が果たす役割は政治その他のすべてから独立した自律的なものである」「文学と現実は別ものである」）、同じ段落の終わりにそのまとめとして「これらはいずれも、文学を安易に現実的目的に従属させようとする思考法にたいする作家の側からの反撃である」とあるので、この部分を根拠に選択肢を検討する（自分の立場を明確にしていない）。12段落の大江健三郎は、自分の立場を明確にしていない）。ちなみに14〜15段落で説明されているテオフィル・ゴーチエの立場「芸術は飢えを満たすにはまったく役に立たないが、現実的に無益であるがゆえに美しいのであって、もしなにか他の目的に奉仕する有益なものであったらそれだけで醜いものになってしまう」も、「第三の回答を先取りするものとしてとらえることができる」とあるので、この部分を根拠としてもよい。

まとめると次のようになる。

現実的目的のために文学を利用する思考法に抗うべく、現実から独立した文学それ自体の価値を主張する立場

---

①は「他律性」が誤り。「第三の回答」が擁護するのは、文学の他律性ではなく自律性である。

②は正解。15段落のゴーチエの立場を表す言葉もヒントになる。

③は「第三の回答」を批判するサルトルの立場の説明になっているので不適。

④は「文学それ自体の有用性を主張」が誤り。文学の有用性を主張するのではなく、現実的には無用であることに文学の存在意義を見いだすのが「第三の回答」の立場である。

⑤は「文学の果たす役割は政治その他のすべての営為から人々を切り離し独立させること」が誤り。正しくは「文学の果たす役割は政治その他のすべてから独立した自律的なもの」である。

正解　7 ＝ ②

問４ 本文の主題に関する理解を問う問題

> 問　傍線部Ｃ「サルトルの問い」とあるが、筆者はそれをどのようなものとして捉えているか。

傍線部を含んだ一文を確認しよう。

> このように、Ｃサルトルの問いは文学に限らず、すべての学問にたいして、さらには人間のあらゆる営為にたいして提起されるべき普遍的な問いなのである。

「このように」という言葉で前までに述べられてきたことを受け、「飢えた子どもを前に文学は役に立つか」というサルトルの問いが文学だけに限定された問いではなく、あらゆる領域に開かれた「普遍的な」問いであると述べている。また、「提起されるべき」という言葉にも注目したい。この問いは、人間のあらゆる営為にたいして「提起されるべき問い」である。つまり、読者のそれぞれが自分の関わっている活動領域や学問分野に置き換えてこの問いについて考えることを筆者は促している。「飢えた子どもを前に現代文は役に立つか」「飢えた子どもを前にサッカーは役に立つか」「飢えた子どもを前に音楽は役に立つか」……。

このように、サルトルの問いは、一人ひとりがその問いを自分に向けることで、各人が自分の関わっている活動領域のあり方を見直すきっかけにもなる可能性を持った問いでもある。

以上を確認したうえで選択肢を検討しよう。

①は「それ（文学愛好者や文学研究者）以外の多くの人にとっては実質的な意味を持たない閉鎖的な問い」が誤り。

②は「自分の存在価値の無さを痛感させてしまう」が誤り。サルトルの問いは、あくまで、各人が関わっている活動領域の意味（存在根拠）を振り返ることを求めているだけであり、その結果、人々がどのように

考えるようになるかを先回りして決めているわけではない。

③は「……以外のすべての営みの無用性を暴く批判的な問い」が誤り。サルトルの問いは、そこから多くの議論が生まれたように、自分の活動領域の存在意義を再考させるきっかけとなるような問いである。

④も、サルトルの問いを「提起されるべき普遍的な問い」として捉えていない点で誤り。

⑤は正解。「『役に立つ』とはどういうことかといったことにまで目を向けさせる」という内容は、本文に直接書かれているわけではないが、「めぐりめぐって飢えた子どもを救うことにつながることはありうる」とする「第二の回答」のように、サルトルのこの問いによって、「直接役に立つもの」／「間接的にだが役に立つもの」といった差異に目を向けさせられるのは事実であり、本文の延長線上にある内容だといえる。

正解 8 ＝⑤

問5 本文の構成と内容を問う問題

一つずつ選択肢を検討していこう（**読解**も参照のこと）。

①は「文学は現実に対して無力であってはならないというサルトル自身の考え」が誤り。サルトルは「死んでいく子どもを前にして『嘔吐』は無力です」と述べている。

②は正解。

③は「海外でも日本でも作家の多くは基本的には第三の回答を支持すること」が誤り。日本の作家として挙げられている大江健三郎は自身の立場を明確にしておらず、「第三の回答」を支持している作家の具体例ではない。

④は「『飢えた子どもを前に』という限定を取り払い」が誤り。ここで取り払われているのは「文学」という限定である。本文では一貫して「『飢えた子どもを前に』○○は役に立つか」という内容になっている。

正解 9 ＝②

▼この問題では、すでに区分されている意味段落の内容が問われていたが、どのような設問形式にも対応できるようにするためには、自力で意味段落を把握できるようにしておきたい。大きな内容のまとまりごとに区切りを入れながら読むクセをつけよう。

問６　本文と【資料】の関連を問う問題

二つの【資料】のそれぞれを、本文との関連において把握しよう。

まず【資料Ⅰ】について。ここで批判されているのは、サルトルの言葉が（無意識に）前提してしまっていること、すなわち、文学（作品を書き、読む）という営みは自分たち（安寧に暮らせる者たち）だけのものであり、アフリカで飢えて死んでいる子どもたちのものではない、ということである。それに対して【資料Ⅰ】の筆者は、不条理な現実のなかで人間が正気を保つために文学を読むのだとすれば、アフリカで飢えて死んでいく子どもたちこそ、切実に文学を必要としているのではないか、と主張する。そして、死に瀕した子どもが小説を読むことは、（その子が死ぬことが確実だったとしても）意味のないことだなどとは決して言えないと述べる。つまり、【資料Ⅰ】は「飢えた子どもを前に文学は直接的な意味を持つ」と主張する。これは本文の「三つの回答」のどれにも当てはまらない立場である。

次に【資料Ⅱ】について。「人間を動かしているのは意識や論理では掬いきれない心（無意識）だが、それと同様に社会にもやはり意識や論理では掬いきれない心がある、文学はそのような心に光を当てる、だから、文学抜きには社会は健やかに前に進んでいけない」というのが【資料Ⅱ】で述べられていることだ。「文学は社会の役に立つ」と述べているので、本文の「三つの回答」でいえば「第二の回答」に近い立場であり、且つ、文学が現実に寄与する理路を「第二の回答」よりも明確に説明しているものだといえるだろう。

選択肢の検討に入る。

①は「【資料Ⅰ】の立場は、本文の三つの回答の中では『第二の回答』に近い」としている点が誤り。【資料Ⅰ】は、めぐりめぐっていつか飢えた子どもを救うことになる、という第二の回答とは異なり、直接飢えた子どもの役に立つと主張する立場である。

②は「『第一の回答』に近い」としている点が誤り。

③は正解。

④は「本文で紹介されていた作家たちはみな、文学はそもそも何の役にも立たなくてよいという立場だった」という部分が誤り。サルトルは「第一の回答」の立場であり、大江健三郎は旗幟を鮮明にしていない（「旗幟を鮮明にする」＝自分の立場をはっきりさせる）。

⑤は正解。本文では明確に述べられていなかった文学と現実との間の「迂遠な回路」が、【資料Ⅱ】では比較的明確に説明されている。

⑥は「重なるところがない」が誤り。たしかに【資料Ⅱ】は「飢えた子どもを前に」という条件の中で語られているわけではないが、それでも、大きな社会という枠組みの中における文学の役割を話しているのだから、本文の内容と「重なるところがない」とまではいえない。

正解　10・11＝③・⑤（順不同）

第２問

出典

◆辻征夫《つじゆきお》「頭上に毀《こわ》れやすいガラス細工があった頃――詩人から高校生へ」（『ゴーシュの肖像』所収　書肆山田　二〇〇二年）

【資料Ⅰ】辻征夫「沈黙」（谷川俊太郎編『辻征夫詩集』所収　岩波文庫　二〇一五年）

辻征夫（一九三九〜二〇〇〇）は、東京生まれの詩人。十五歳で若山牧水や島崎藤村などの近代詩を読み始め、十六歳で雑誌に投稿した自作の詩が活字になる喜びを知る。十九歳のとき「何処でもいいから入学して、四年間の猶予期間を持て」という父のたっての希望で、足繁く通っていた神保町の古本屋街に近い明治大学を受験、文学部仏文科に入学。二十三歳のとき、第一詩集『学校の思い出』を自費出版。二十四歳で大学を卒業。その後、小学校の事務、出版社の編集などに携わった後、都営住宅サービス公社に入社。仕事のかたわら、詩作を続ける。二〇〇〇年一月、千葉県船橋市の病院で死去。享年六十歳。『河口眺望』『ヴェルレーヌの余白に』『かぜのひきかた』『落日』など多くの詩集、散文作品、エッセイを遺《のこ》した。本文に使用した「頭上に毀れやすいガラス細工があった頃――詩人から高校生へ」が収載されている『ゴーシュの肖像』には、辻征夫が一九九〇から二〇〇〇年までに発表し、単行本未収録の散文作品のほぼ全篇が収められている。

◆【資料Ⅱ】内山節《うちやまたかし》『哲学の冒険　生きることの意味を探して』（平凡社ライブラリー）

内山節（一九五〇〜）は、東京生まれの哲学者。東京都立新宿高等学校卒業。大学などの教育機関を経ていない在野の哲学者として一九七六年に刊行された『労働過程論ノート』で哲学・評論界に登場。その後、趣味としていた川釣りを通して山と川と村の変容やそこでの労働についての論考を展開し、一九八〇年『山里の釣りから』に結実させる。その後も『自然と人間の哲学』『時間

について の十二章』『森にかよう道』『思想としての労働』『貨幣の思想史』『自由論』『日本人はなぜキツネにだまされなくなったのか』など、多くの著作を世に問うている。

読解

1 いま高校生は何を考え、どんな生活をしているのだろう。高校生ももしかしたら、ネリリし、キルルし、ハラララしているか。

2 ~ 4 これは谷川俊太郎氏が十代のときに書いた詩に出てくる火星語だ（詩「二十億光年の孤独」の引用）。火星語だから、意味はわからない。

5 ~ 6 しかしこれが谷川俊太郎氏が空想した火星語だということを、もし多くの人が知っていたとしたら、人間の生活はもう少し余裕のある、生き生きとしたものになっているのではないか。実利には直接結び付かない記憶と思考の回路が人間にはあり、それはわれわれを深くもし、活力を与えてもくれる大事な源泉なのだ。

7 いったいどうして、自分が一生をかけてする仕事は詩を書くことなんだなんて、ぼくは決めてしまったのだろう。そう思い定めたのは十五歳の頃だった。詩は、ほかの芸術と違って、それだけでは生活できない。

8 それだけに、親や学校との対立もまた、曖昧さのない、鮮烈なものだった。

9 当時、ぼくがたえず言われていたことは、受験勉強をして大学に入り、大学を出て社会人になったら、余暇に趣味として、詩でもなんでもやればいいということだった。

10 言われることはぜんぶ身に染みてわかっていたが、ぼくにはそれらの意見に耳を貸すわけにはいかない理由が二つあった。第一に、最も感受性が鋭敏な時期かも知れない十代の終わりを、詩以外のことに費やすわけにはいかない。

11 第二に、ぼくはこの管理された社会の中で、単に労働力として存在する人間にはなりたくない。ある純粋さを保持した、あるがままの人間でありたい。これはこの人生で詩を選択する重要な要因になった。

12 いま考えればこういう年齢のときはもっとゆったりかまえていてよかったのだが、母の言葉によれば、「頭の上に何だか毀れやすいガラス細工を乗せているよう（鋭敏な感受性をなんとか保持しようとする余裕のない状態）で、危なっかしくて見ていられなかった」この高校生に、そんな余裕はなかった。

13 ぼくの内面の彷徨と生活上のてんやわんやは、その後も続くのだが、その中でいつのまにか身につけたのは、単純でしかし深いものに、ごく自然に感動するという精神の姿勢だろう。

14 茨木のり子さんの詩集の中の一篇を未知の若い人々に贈りたい（「汲む」の前半の引用）。

15 「人を人とも思わなくなったとき／堕落が始るのね」という茨木さんの優しい語り口は、一瞬僕を粛然とさせた。人は何歳になっても、「頼りない生牡蠣のような」初々しい感受性を保持できるように、ほんとうは作られているのではないかと、ときどき考えることがある。

解説

問１　語句の意味を問う問題

(ア)の「よしんば」は〈たとえ・かりに・もし〉という意味。「よし」（漢字では「縦し」）だけでも同じ意味があり、「よしんば（縦しんば）」は「よし」を強めた語。正解は③。

(イ)の「すれっからし（擦れっ枯らし）」は〈世間ずれして悪賢くなること、またそのような人〉という意味。「すれからし」とも。正解は③。

(ウ)の「どぎまぎ」は〈不意をつかれて平静さを失うさま、うろたえるさま〉という意味。正解は⑤。「どきどき」や「ときめき」とは異なるので注意。また③の「言葉につまる様子」は文脈的には合致するが、辞書的な意味には合致しないので不適。どぎまぎした結果、「言葉につまる」ことはあるかもしれないが、「どぎまぎ」という語自体に「言葉につまる」という意味はない。

正解 12＝③ 13＝③ 14＝⑤

問２ 理由説明問題

問 傍線部Ａ「いったいどうして、自分が一生をかけてする仕事は詩を書くことなんだなんて、ぼくは決めてしまったのだろう」とあるが、筆者はその理由をどのように考えているか。

選択肢の検討に入る前に、本文に戻り、解答の根拠がどこに書いてあるか、つまり、筆者が「自分が一生をかけてする仕事は詩を書くことなんだ」と決めた理由がどこに書いてあるかを探しにいこう。

まず、傍線部の直後にこうある。

はっきりとそう思い定めたのは十五歳の頃のことだが、それはあれかこれかと迷った末に決めたのではなく、もうこれしかないという感じだった。中学のときに国語の授業で詩と詩人の存在を知ったのが発端なのだが、ほんきでそれを選び迷わないというのはこれは資質としか言いようがないことなのかも知れない。

この部分も理由には違いないが、「一生をかけてする仕事」にした理由としてはまだ十分ではない。さらに読み進めていくと、傍線部からは少し離れるが（いつも根拠が傍線部の近くにあるとは限らない）、 11 段落に次のような記述がある。

第二に（これはこの人生で詩を選択する重要な要因になったものだが）、不幸にしてぼくに才能がなくて、結局詩は駄目だとしても（中略）ぼくはこの管理された社会の中で、単に労働力として存在する人間にはなりたくない。たとえ人生を棒に振っても、ある純粋さを保持した、あるがままの人間でありたい……。

つまり筆者は、

「ある純粋さを保持した、あるがままの人間」でありたいと願い、そのためには、たとえ人生を棒に振っても詩人として生きるしかないと思ったから

「自分が一生をかけてする仕事は詩を書くことなんだ」と決めたのである。

以上のことから、正解は⑤。

①は、「これなら自分にもできると思ったから」が誤り。11段落にあったように、筆者はむしろ「ぼくに才能がなくて、結局詩は駄目だとしても」それを選ぼうと思ったのである。

②は全体的に間違っている。たしかに詩は、他の芸術と違い、「それだけでは生活できない」ジャンルだと述べられているが、そうした生き方に「純粋なものを感じ取った」とは述べられていないし、そうした生き方に憧れて詩人を志したのでもない。

③は10段落に述べられている内容だが、これは周囲の意見に耳を貸さなかった理由であって、傍線部の理由ではない。

④は11段落に述べられている内容だが、これは傍線部の理由ではない。そもそも自分に詩の才能がないことを事実として受け止めるために詩人を志すというのでは、つじつまが合わない。

正解 15 ＝ ⑤

問３ 理由説明問題

問 傍線部B「親や学校との対立もまた、曖昧さのない、鮮烈なものだった」とあるが、それはなぜだと筆者は考えているか。

傍線部の直前の指示語「それだけに」の内容を正確に把握できるかどうかがポイント。本文を改めて確認しよう。

詩は、いかにいい詩を書いても、また詩人としてどんな存在になっても、それだけでは生活できないということだ。（中略）こういうことがあらかじめわかっているひとつのジャンルを選び、それに情熱を傾けている高校生というものは特殊な例に属すると思うが、それだけにだれもが経験する親や学校との対立もまた、曖昧さのない、鮮烈なものだったような気がする。

もし筆者が、多くの人が歩む一般的な道を歩もうとしたのであれば、親や学校との「鮮烈な」対立は生じなかっただろう。「鮮烈な」対立が生じたのは、筆者がそのような道を歩もうとしなかったからだ。

まとめると、次のようになる。

筆者が、それだけでは生計を立てられないことがわかっている詩というジャンルを選び、それに情熱を傾けるという、一般的な生き方から大きく外れたこと（特殊なこと）をしようとしていたから

この【正解のイメージ】に合う選択肢を選ぶと、正解は⑤。

①の「高校生としてなすべき受験勉強よりも自分の好きなことを優先しようとしていたから」というのは、多くの高校生と共通することであり、筆者が経験

した「曖昧さのない、鮮烈な」対立の理由とはならない。

②は「芸術という一般的ではない生き方を選ぼうとしていたから」が誤り。同じ芸術でも、詩は、「それだけでは生活できない」という点において、「画家や音楽家、小説家」とはことなると述べられており、芸術だから反対されたわけではない。

③は「親から経済的な支援を引き出そうとしていることは明白だったから」が誤り。それが傍線部の理由なのではない。

④は「路頭に迷うことがあらかじめわかっているジャンル」が誤り。詩というジャンルは「路頭に迷うことがあらかじめわかっているジャンル」ではなく、「それだけでは生活できないジャンル」である。本文には「さもなければ（他に生活の手段をもとめなければ）、文字どおり路頭に迷う」とあるが、これは言い換えれば、他に生活の手段をもとめれば路頭に迷わずに済むということである。

正解 16 ＝ ⑤

問4 内容説明問題

問 傍線部C「一瞬ぼくを粛然とさせたのである」とあるが、それはどういうことか。

ポイントは三つ。

❶「粛然」の意味
❷何が、「ぼく」を粛然とさせたのか
❸なぜ、「ぼく」は粛然としたのか

まず❶について。「粛然」とは〈1、静かでおごそかなさま。2、真剣な気持ちで受け止め、つつしんでかしこまるさま〉の意である。

次に、❷何が、「ぼく」を粛然とさせたのか。傍線部の直前に「『人を人とも思わなくなったとき／堕落が始るのね』という茨木さんの優しい語り口は」とあり、この部分が傍線部の主語になっている。「人を人とも思わなくな」るとはどういうことか。茨木のり子の詩「汲む」からその意味を考えよう。

> 初々しさが大切なの
> 人に対しても世の中に対しても
> 人を人とも思わなくなったとき
> 堕落が始るのね

「人を人とも思わなくな」るとは、人に対する「初々しさ」を失うことだ。では、人に対する「初々しさ」を持ち続けるとはどういうことか。「私」は次のように理解する。

> 大人になってもどぎまぎしたっていいんだな
> ぎこちない挨拶　醜く赤くなる
> 失語症　なめらかでないしぐさ
> 子供の悪態にさえ傷ついてしまう
> 頼りない生牡蠣《なまがき》のような感受性

人を前にして緊張したり固くなったりうろたえたり傷ついたり……。それらを普通は否定的にとらえ、コミュニケーションスキルという鎧で武装したり場数を踏んだりして克服しようとするが、この詩はむしろそのような弱さや頼りなさを「初々しさ」としてそのままに持ち続けることを肯定する。そしてそのような「初々しさ」を失うとき、「堕落が始る」という。「ぼく」を粛然とさせたのは、このような、「人に対する初々しさ、繊細な感受性を失ったとき、人は堕落する」という茨木のり子の詩の言葉である。

最後に、❸なぜ、「ぼく」はその言葉に粛然としたのか。「ぼく」が茨木のり子の言葉に触れて厳粛な気持ちになったということは、自分に反省すべき点があった、つまり、自分も「初々しさ」を失っているのではないかと思ったということだろう。

これらをまとめると、次のようになる。

「人に対する初々しさ、繊細な感受性を失ったとき、人は堕落する」という茨木のり子の言葉に触れ（❷）、初々しさを失いつつある我が身を反省し（❸）、思わず厳粛な気持ちになった（❶）ということ

①は「我が意を得たりという気持ちになり、感動したということ」が誤り。❶の「粛然」の意味、❸の理由が違う。

②は正しい。正解。

③は❷の説明が違う。「人を人とも思わなくなること」とは、「人に対する初々しさを失うこと」であって、「自分が周囲の人間に支えられていることを忘れ他者への感謝の気持ちを失うこと」ではない。

④も❷の説明が間違っている。「人を人とも思わなくなること」は、「目の前の人間をないがしろにして自分のことばかり考えるようになること」ではない。

⑤は「自分はもうすでに手遅れなのではないかと思い、がっかりしたということ」が誤り。❶と❸の説明が間違っている。

正解 17 ＝ ②

問5 本文と【資料】の関連を問う問題

> **問**
> (i)【資料Ⅰ】は、本文の筆者である辻征夫が二十歳の時に書いた詩である。本文と【資料Ⅰ】を踏まえた解釈として適当なものを、**二つ**選べ。

【資料Ⅰ】として提示されている「沈黙」という詩は、夢の中で出会った一篇の素晴らしい詩についての詩である。その一篇の詩、美しい幻は、「ぼくらの苦しみでは創り出せない」。「すばらしいことはみんな夢の中

で起った」。その一篇の詩を思い出そうとして沈黙する「ぼく」。ここには、「現実のぼくらの生活」と「夢」の対比、現実と詩作の鋭い対比があり、友だちとの語らいより「沈黙」を選ぶ「ぼく」の、現実の生活よりも詩作を重んじようとする姿勢がある。

選択肢を一つずつ検討していこう。

①は適当な解釈といえる。正解。

②は不適当。本文には多くの漢字が使われている以上、「子どもに読まれる可能性に配慮したひらがな表記」という解釈は成り立たない。

③は適当な解釈といえる。これが二つ目の正解。

④は不適当。【資料Ⅰ】の「夢」に対応するのは「『趣味として余暇に』やる詩作」ではなく、「一生をかけてする仕事」としての詩作である。

⑤は不適当。本文の「頭の上に何だか毀れやすいガラス細工を乗せているよう」という母親の言葉は、10～11段落に述べられている、「鋭敏な感受性をなんとか保持し続けようとする若かりし日の筆者の余裕のない状態」を指した比喩表現であり、「誘惑に弱い『ぼく』の姿」を指したものではない。

正解 18・19＝①・③（順不同）

> 問 (ii)【資料Ⅱ】は、本文の波線部「はっきりとそう思い定めたのは十五歳の頃のことだ」に関連する別の筆者の文章の一節である。本文と【資料Ⅱ】との共通点あるいは相違点の説明として最も適当なものを一つ選べ。

本文と【資料Ⅱ】の共通点、相違点をそれぞれ整理しておこう。

共通点

（i）どちらも十五歳頃に未来のこと、将来のことを考えている

(ii) 周囲の意見と対立する意見を持っている

相違点

(i) 本文の「ぼく」は将来の仕事を「詩を書くこと」と具体的に思い定めているのに対し、【資料Ⅱ】の「僕」は、どんな人間として生きていくべきかを考えており、具体的な仕事については決めていない

(ii) 本文の「ぼく」は10段落で「言われることはぜんぶ身に染みてわかっていた」とあるように、周囲の意見に対して一定の理解は示しているが、【資料Ⅱ】の「僕」は「ひどく愚かなことに思えてならなかった」とあるように、周囲の意見を真っ向から否定している

以上のことを確認したうえで、選択肢を検討する。

①は「自分の将来の仕事について周囲の理解を得られなかった」を共通点としている点が誤り。これは本文の「ぼく」にのみ当てはまる内容であり、具体的に仕事を決めていない【資料Ⅱ】の「僕」には当てはまらない。

②は「感受性の敏感な十代の終わりに文学に触れることを重要視している」を共通点としている点が誤り。本文の「ぼく」が重要視しているのは、「文学に触れる」という漠然としたものではなく、「その年齢にしか書けない詩をその年齢のときに書く」という明確なものだし、【資料Ⅱ】の「僕」は「十代の終わり」だからシェイクスピアを読んでいるわけではない。

③は正しい。本文の「ぼく」は、周囲が勧める「一般的な人間の生活の仕方」に耳を貸さずに、「たとえ人生を棒に振っても、ある純粋さを保持した、あるがままの人間でありたい」と思っているし、【資料Ⅱ】の「僕」もまた、誰もが異口同音に言う「未来の僕の利益」などではなく、「僕がどんな人間として未来を生きていったらよいのか」を考えている。これが正解。

④は本文の「ぼく」と【資料Ⅱ】の「僕」の説明が逆になっている。相違点（ⅱ）で確認した通り、「周囲の意見に一切理解を示さない」のは本文の「ぼく」ではなく【資料Ⅱ】の「僕」である。

⑤は誤り。本文や【資料Ⅱ】で述べられていたことは「周囲の意見よりも自分の考えを優先する」という内容であり、「現在と未来のどちらを優先させるか」という内容ではない。

正解 20 ＝③

【参考】『ハムレット』は、イングランドの詩人・劇作家であるウィリアム・シェイクスピア（一五六四～一六一六）の戯曲。デンマーク王子ハムレットは、父王の急死の直後、父に代わって王となった叔父と母の再婚に懊悩《おうのう》するが、父の死の真相を知り、復讐を決意する。機知、友情、裏切り、欺《あざむ》き、悲恋。『新ハムレット』を創作した太宰治をして「天才の巨腕を感じる。情熱の火柱が太い」と言わしめた、シェイクスピア悲劇の最高傑作。めっぽう面白い。

語彙リスト

□ 愉悦《ゆえつ》	心から満足して喜ぶこと。
□ 精製《せいせい》	1、念を入れて丁寧に作ること。 2、まじりけを除いてより純良なものにすること。
□ 性急《せいきゅう》	あわただしく先を急ぐこと。気が短くてせっかちなこと。
□ 同断《どうだん》	前と同じであること。同様。
□ 団塊《だんかい》	「団塊の世代」＝第二次世界大戦直後から数年間の第一次ベビーブーム時に生まれた世代。
□ 普遍《ふへん》	すべてのものにあてはまること。対義語は「特殊」。
□ 偏在《へんざい》	あるところに偏《かたよ》って存在すること。対義語は「遍在」（＝広くゆきわたって存在すること）。
□ 風靡《ふうび》	「一世を風靡する」＝ある時代に圧倒的に流行する。
□ 敷衍《ふえん》	おし拡げること。意味、趣旨をおし広げて説明すること。

□ 有用性《ゆうようせい》	何かの役に立つ性質。
□ 無用性《むようせい》	何の役にも立たない性質。
□ 逆説《ぎゃくせつ》	一見真理に反するように見えるが、よく考えると一面の真理を表している説。パラドクス。
□ 迂遠《うえん》	まわりくどいさま。
□ 自律《じりつ》	他からの支配や制約を排し、自分で自分を律すること。対義語は「他律」（＝自分以外の何かに命令されたり支配されたりすること）。
□ 此岸《しがん》	こちら側。三途の川のこちら岸＝この世。
□ 彼岸《ひがん》	あちら側。三途の川の向こう岸＝あの世。また、あの世への門が開くとされる時期（＝お彼岸）。
□ 奢侈品《しゃしひん》	度を越してぜいたくな品。
□ 彷徨《ほうこう》	さまようこと。

解説動画

解答解説　第5回【オリジナル問題③】

大問	設問	解答番号	正解	配点	自己採点①	自己採点②
第1問	問1	1	①	2		
		2	④	2		
		3	④	2		
		4	③	2		
		5	②	2		
	問2	6	④	6		
	問3	7	①	6		
	問4	8	③	6		
	問5	9	⑤	8		
	問6	10	②	7		
		11	②	7		
	小計（50点）					

大問	設問	解答番号	正解	配点	自己採点①	自己採点②
第2問	問1	12	②	3		
		13	③	3		
		14	⑤	3		
	問2	15	②	7		
	問3	16	⑤	8		
	問4	17	④	8		
	問5	18-19	①-⑤	10（各5）		
	問6	20-21	③-⑥	8（各4）		
	小計（50点）					
合計（100点満点）						

（注）－（ハイフン）でつながれた正解は，順序を問わない。

第5回 実戦問題

【オリジナル問題③】

第1問

出典

◆鷲田清一《わしだきよかず》「『摩擦』の意味――知性的であるということについて」（『日本の反知性主義』所収　晶文社　二〇一五年）

鷲田清一（一九四九〜）は京都府生まれの哲学者。専門は倫理、臨床哲学。京都大学大学院文学研究科博士課程単位取得退学。大阪大学総長、京都市立芸術大学理事長・学長を歴任。『モードの迷宮』『じぶん・この不思議な存在』『「聴く」ことの力』『「ぐずぐず」の理由』『くじけそうな時の臨床哲学クリニック』『岐路の前にいる君たちに〜鷲田清一 式辞集〜』など、著書多数。

◆【資料】渡辺一夫《わたなべかずお》「寛容《トレランス》は自らを守るために不寛容《アントレランス》に対して不寛容《アントレラン》になるべきか」（大江健三郎・清水徹編『渡辺一夫評論選　狂気について　他二十二篇』所収　岩波文庫　一九九三年）

渡辺一夫（一九〇一〜一九七五）は、東京都生まれのフランス文学者。東京帝国大学フランス文学科卒業。東京大学名誉教授。大学教授として串田孫一、森有正、辻邦生、清岡卓行、清水徹、大江健三郎など多くの文学者を育てた。著書に『ラブレー研究序説』『フランス・ルネサンスの人々』『渡辺一夫敗戦日記』ほか多数。訳書にラブレー『ガルガンチュア物語・パンタグリュエル物語』『完訳　千一夜物語』（共訳）、エラスムス『痴愚神礼賛』ほか多数。

読解

◆Ⅰ「話せばわかる」が無視されるとき（1～5）

「話せばわかる」――言論の力と相互理解の可能性が賭けられた言葉がなんの逡巡もなしに無視されるとき、社会は壊れる。対立が対立として認められる場所が損なわれ、「わたし」という第一人称と「きみたち」という第二人称を包括する「わたしたち」が否認されるとき、一つの社会、一つの文化は壊れてしまう。

◆Ⅱ 社会に伏在する差異を覆う共通の理念（6～9）

社会が壊れるかたちには、権力が社会の構成員を「難民」として離散させるかたちと、ある社会のなかで格差と分断が修復しがたいまでに昂じるというかたちがある。そもそも社会というものが、出自や利害や文化的な背景を異にするものたちを「統合」したものである以上、崩壊の可能性はつねにその社会に伏在しているが、それがめったなことでは崩壊しないのは、それらの差異を共通の理念で覆うことができていたからだ。

◆Ⅲ《近代性》という信仰（10～11）

ただし、ある理念を共有しようというその意志は、一定の権勢をもつ集団による他集団の「同化」というかたちで同心円状に拡大されるものであってはならない。じじつ、ヨーロッパ発の《近代性》という「信仰」は、それ自身が《普遍性》を謳うものであるがゆえに、これに従わない人たちの存在を事前に否認する。だからこそ、ある社会を構成する複数文化のその《共存》のありようがきわめて重要になる。〈民主制〉と〈立憲制〉という理念を下支えする《寛容》の精神は、不寛容に対しても寛容であるべきである。

◆Ⅳ「摩擦」の意味（12～14）

エリオットはこの《共存》の可能性を、社会の諸構成部分のあいだの「摩擦」のなかに見ようとした。「摩擦」が多ければ多いほど敵対心は分散され、社会内部の平和に有利に働く。

◆Ⅴ 煩雑さに耐える知性（15〜16）

エリオットの議論は現代においていっそう、リアルになってきている。いま、わたしたちが憂うべきは《統合の過剰》よりも《分断の深化》である。わたしたちは「摩擦」を消すのではなく、「摩擦」に耐えなければならない。そのために必要なのは、複雑な世界を理解する煩雑さに耐えうる知性である。

解説

問１ 漢字問題

(ア) 離散 ①散策 ②惨禍 ③桟橋 ④山積

(イ) 覆い ①福祉 ②副作用 ③復元 ④覆水

(ウ) 移植 ①殖産 ②衣食 ③異色 ④植物

(エ) 看破 ①寒暖 ②感激 ③看病 ④閑散

(オ) 遍在 ①編集 ②遍歴 ③辺境 ④不偏

正解 1＝① 2＝④ 3＝④ 4＝③ 5＝②

問２　内容説明問題

> 問　傍線部Ａ「ここには別の言葉はあっても、そのあいだに公分母は存在しませんでした」とあるが、どういうことか。

傍線部の「ここ」とは、直接的には直前の「理路をつまびらかにする、そういう説得にもはや『耳を貸す』『聞く耳をもつ』ことを拒む人たちが、暗殺といった惨劇を惹き起こし」たこと、あるいは、そのような惨劇が惹き起こされた状況を指す。具体的には、五・一五事件において「話せばわかる」という犬養毅の言葉を海軍青年将校たちが無視し、銃撃した事件が「ここ」の内容である。

「別の言葉」は、「異なる意見」あるいは「意見の対立」と言い換えることができるだろう。

「公分母」は数学の用語で〈二つ以上の分数を通分した時の共通の分母〉（たとえば½と⅓の公分母は６）のことだが、この文脈では二文前の「そういう（意見の）対立が対立として認められる場所」のこと、つまり、自分とは異なる意見を意見として認めずに抹殺するのではなく、自分の意見とは異なる意見も一つの意見として認める、「相互理解の可能性に開かれた場」を比喩的に表している。

以上を踏まえて傍線部を言い換えると次のようになる。

> 「話せばわかる」という言葉を銃撃という暴力によって封じたとき、そこには異なる意見の存在を認める場そのものが存在していなかったということ

この【正解のイメージ】に合う選択肢④が正解。

①は、「公分母」を「共通の価値観」としている点が誤り。筆者の言う「公分母」とはむしろ、互いに異なる価値観の対立を対立として認める場のことである。

②は、「公分母」を「多くの人に共有されるべき良

識」としている点が誤り。また、そのような良識が「この時代に存在していなかった」という説明も本文の内容とは無関係である。

③は「合意を導くことが不可能なまでに意見の対立が激化していたこと」が誤り。3段落の冒頭には「意見の対立が調停不可能なまでに激化していたこと、そのことに問題があるのではありません」とある。

⑤は「公分母」を「異なる意見のあいだを橋渡しする仲介役」としている点が誤り。

正解 6 ＝ ④

▼「私はあなたの意見には反対だ、だがあなたがそれを主張する権利は命をかけて守る」――これはフランスの哲学者ヴォルテール（一六九四〜一七七八）が言ったとされる言葉だ（諸説あり）。「対立が対立として認められる場」とはこのような精神に基づくものだろう。そして、これは**問6**(ii)の**【資料】**で示されている「寛容の精神」ともつながるものだ。

問３　理由説明問題

> **問**　傍線部**B**「その理念の具体化には未知の複数のかたちがありうるという意味でも解されるべきだろうと思います」とあるが、筆者がそのように考えるのはなぜか。

傍線部と傍線部の主語のつながりを確認する。傍線部の主語は「これ」＝「（H・ハーバーマスが）《近代性》を『未完のプロジェクト』と呼んだこと」である。筆者は、ハーバーマスが《近代性》を「未完のプロジェクト」と呼んだことを、単に「まだその理念が完全には実現していない」という（一般的な）意味で理解するだけでなく、「その理念の具体化（現実化）には未知の複数のかたちがありうる」という意味でも理解すべきだという。その理由は何か。

理由問題で有効なやり方の一つに「逆の場合を考える」というものがある。たとえば「勉強する必要があるのはなぜか?」という問いに対しては「勉強しなかった場合のデメリット」を考える。あるいは「資本主義を見直す必要があるのはなぜか?」という問いに対しては「資本主義を見直さずにこのまま突き進んだ場合に起こる問題」を考える、といったように。このやり方を**問3**にあてはめてみよう。「もし理念の具体化に、既知のたった一つのかたちしかないとするとどのような問題が生じるか」。これを本文に即して考えればよい。

10 段落の前半に述べられている内容がその「問題」に当たるだろう。すなわち、西欧発の《近代性》はヨーロッパというローカルな場所で生まれた社会の構成理念（既知のたった一つのかたち）が世界へと拡がったものであり、異なった歴史的時間を刻んできた国々に移植されたあと、それぞれの国で伝統文化との複雑な軋轢を生んでしまった、という問題だ。ここでいう《近代性》とは、具体的には 8 段落で挙げられている〈民主制〉や〈立憲制〉といった諸制度のことだが、たとえば日本には日本の実情に合った〈民主制〉や〈立憲制〉のかたちがありうるし、それは必ずしもヨーロッパにおける〈民主制〉や〈立憲制〉のかたちと同じであるとは限らない。むしろ違っていて当然だろう。したがって、《近代性》という理念の具体化は、画一的にではなく、それぞれの地域でそれぞれに異なるかたちでなされるべきだと筆者は考えるのである。

まとめると、

❶《近代性》という理念はヨーロッパで生まれたもの
❷だからその理念をヨーロッパ以外の地域にそのまま当てはめると問題が生じる
❸したがってその理念の具体化、現実化は、画一的にではなく、それぞれの地域の実情に合わせてなされるべきだと筆者は考えているから

このような内容を踏まえた①が正解。

②は「一方的な強制といえるようなものではなかった」が誤り。10段落の三文目に「伝搬もしくは強行というかたちで移植された」とある。

③は「その完全な実現までにはまだ乗り越えなければならない課題も多いから」が誤り。これは《近代性》を「未完のプロジェクト」と呼ぶ一般的な理由であり、筆者の立場を述べたものではない。

④は全体的に誤りだが、特に後半の「それを受け入れることで生まれる軋みや傷や歪みも受け入れなければならない」という内容は本文の論旨とは逆である。

⑤は「すでに一つの概念では括れないほどに多様なかたちで具体化されているから」が誤り。これでは「未知の複数のかたちがありうるという意味でも解されるべき」理由にならない。

正解 7 ＝①

問４ 理由説明問題

> **問** 傍線部Ｃ「一つの社会の『重大な生命』はこの『摩擦』によって育まれるというのです」とあるが、それはなぜか。

理由を考える前に、傍線部の内容を把握しよう。

> ❶「摩擦」とは何か
> ❷「摩擦」によって育まれる一つの社会の「重大な生命」とは何か

❶に関しては、傍線部の「この『摩擦』」という指示語がヒントになる。この指示語が指している内容、つまりエリオットの引用文中の「一つの社会のなかに（存在する）階層や地域などの相違」がここで言われている「摩擦」の意味である。

❷のヒントになるのは12段落の冒頭の一文だ。

「エリオットはこの《共存》の可能性を、……あくまで社会の諸構成部分のあいだの「摩擦」のなかに見ようとしました。」

この一文から、❷「『摩擦』によって育まれる一つの社会の『重大な生命』」とは、「この《共存》」、つまり、社会を構成する複数文化の《共存》だとわかる。

ではなぜ「摩擦」（＝一つの社会のなかに存在する階層や地域などの相違）は、社会を構成する複数文化の《共存》（の維持）につながるのか。その理由となる箇所を本文から探すと、次の二箇所が見つかるだろう。いずれもエリオットの引用文である。

〔一つの社会のなかに階層や地域などの相違が〕多ければ多いほど、あらゆる人間が何等《なんら》かの点において他のあらゆる人間の同盟者となり、他の何等かの点においては敵対者となり、かくしてはじめて単に一種の闘争、嫉視、恐怖のみが他のすべてを支配するという危険から脱却することが可能となるのであります。（12段落）

「互いに交錯する分割線が多ければ多いだけ、敵対心を分散させ混乱させることによって一国民の内部の平和というものに有利にはたらく結果を生ずる」（13段落）

つまり、社会のなかの対立が一種類しかないと、一つの社会がはっきりと二つに分断されてしまうが、もし対立（「摩擦」）が多ければ、そのようにはっきりと分断されることがなくなり、社会を構成する複数文化の《共存》の可能性が高まるということだ（P128**図**）。

以上を踏まえた③が正解。「相対化」とは〈それしかないと思っていたもの（絶対化していたもの）を、色々あるなかの一つに過ぎないと見なすようになること〉である。これは本文の「一種の〜から脱却する」、「敵対心を分散させ混乱させる」という内容と一致する。

（図）

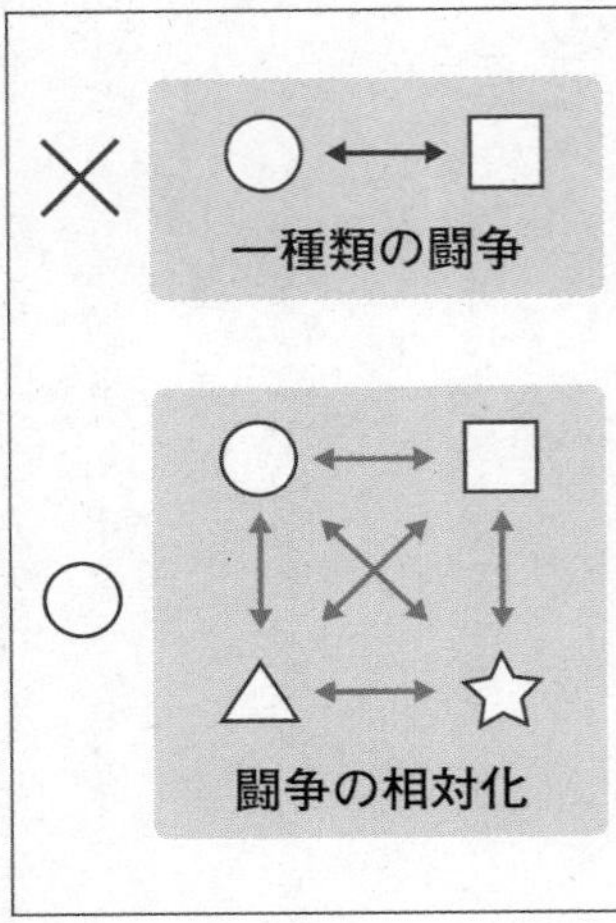

①と②は「摩擦」の説明が誤り。「社会のそれぞれの階層やセクターが不可避的に持つ『余分の附加物と補うべき欠陥』」とは、「摩擦」を生じさせる原因であって「摩擦」そのものではない。

④は「摩擦」が存在することのメリットを「社会の多様性が担保され」ることとしている点が誤り。

⑤は「摩擦」が存在することのメリットを「人々の平和を希求する心が維持され」ることとしている点が誤り。

正解 8 ＝③

問５　キーワードの説明問題

問　・この文章のタイトルは「『摩擦』の意味——知性的であるということについて」であるが、本文で筆者は「知性的」ということをどのように理解しているか。

「知性的」とはどういうことかについては、16段落に説明がある。

> わたしたちが生きるこの場、この世界が壊れないためには、煩雑さに耐えることがなにより必要です。そのことがいっそう明確に見えてくるということ、それが知性的ということなのです。世界を理解するうえでのこの煩雑さの増大に耐えきれる知性を身につけていることが、知性的ということなのです。

本文で一貫して主張されていたのは、対立を対立として認める場の重要さ、「摩擦」を維持することの重要さ、つまり、異なる出自や利害や文化的背景を持つもの同士が、それでも相互理解の可能性を信じて「わかりあえないこと」から始めようという姿勢の重要さである。それを端的に示しているのが冒頭の「話せばわかる」であろう。しかし、そのように対立を対立として認めることは、世界を理解することを煩雑にする。一つの意見、一つのイデオロギー、一つの「信仰」だけを共有する世界は単純な世界であり、したがってその理解も簡易である。しかし、筆者（とエリオット）は、そのような世界を良しとしない。

世界を複雑なものとして理解し、その世界を理解することの煩雑さに耐えうる知性、その知性の必要性を明瞭に認識すること

それが筆者の考える「知性的」ということだ。

以上の内容を過不足なくまとめている⑤が正解。

①は「複雑性を増す世界を単純明快に見通す知性」が誤り。知性とは、「それを身につければ世界がよりクリスタルクリアに見えてくる」ものではないと本文にある。

②は「わたしたちがなすべきことはむしろ分断を深化させること」が誤り。これは「なすべきこと」ではなく、「憂うべきこと（心配すべきこと）」である。

③は知性的ということの説明が間違っている。「世界を理解するうえでの補助線、参照軸を増殖させ、世界の複雑性をつのらせていくこと」は知性を身につけた結果起こることであり、知性そのものではない。また、「〈民主制〉や〈立憲制〉といった共通の理念」を「そのような……補助線、参照軸」とまとめているのも誤り。〈民主制〉や〈立憲制〉は社会を統合する共通の理念であり、理解の補助線、参照軸ではない。

④は紛らわしいが、前半の「自分とは意見を異にする他者の同意を期待せずに」が誤り。［4］段落にあ

る「同意への根拠なき期待」こそ、相互理解の可能性を開くのであり、「話せばわかる」と、「他者の同意を期待する」犬養毅を撃ったのは「話してもわからない」と切り捨てた者たちであった。

正解 [9] ＝ ⑤

問6 (i)本文の表現についての問題

選ぶべきは**適当でないもの**であることに留意する。一つずつ選択肢を見ていこう。

①は妥当な意見である。適当。

②は不適切。[4]段落の一文目の内容から、「わたしが『わたしたち』を僭称する」とは、「みずからの個人的な主張を、（他の人たちにもさまざまの異論がありうることを承知のうえで）」大多数の主張であるかのように語ることだと推測できる。言い換えれば、「わたしが『わたしたち』を僭称する」とは、「みずからの個人的な主張が普遍性を有していないことをわかっていながら、普遍性を有しているかのように述べること」であり、「みずからの個人的な主張が普遍性を有していることへの自負（誇り）」を表したものではない。設問は**適当でないもの**を聞いているので、これが正解。

③・④は正しい解釈である。適当。

正解 [10] ＝ ②

問6 (ii)複数のテクストを関係させる問題

> 問
> 【資料】をもとにAさんたちは、なぜ波線部のように言えるのかを四人で話し合った。本文および【資料】をもとにした意見として最も適当なものを、一つ選べ。

【資料】で主張されているのは、「寛容は、自らを守るために不寛容になってよいというはずはない」ということだ。寛容の精神は不寛容をも寛容する精神でなければならない。たとえば自分を虐《しいた》げる存在（不寛容な存在）がいても、寛容の精神は自分を守るためにその存在を虐げてはならない（不寛容に報いるに不寛容を以てしてはならない）。その存在を受け入れなければならない。なぜか。不寛容に不寛容で報いれば、「双方の人間が、逆上し、狂乱して、避けられたかもしれぬ犠牲をも避けられぬことになったり、更にまた、怨恨と猜疑とが双方の人間の心に深い褶を残して、対立の激化を長引かせたりすることになる」からである。そして、「不寛容に報いるに不寛容を以てすることは、寛容の自殺であり、不寛容を肥大させる」からである。これを常に実践することは非常に難しい。時に人は不寛容に対して不寛容になる。しかし、**【資料】**の筆者は、それを原則としては認めないのである。原則はあくまで、「寛容は、自らを守るために不寛容になってよいというはずはない」である。

以上から正解は②。

①の「いかなる寛容人といえども不寛容に対して不寛容にならざるを得ぬようなことがある」という部分は、例外的な事態であって、これを原則としてはいけないと述べられているので不適。

③は「もし、他者の自由に対して不寛容な人たちにさえも寛容であるなら」が誤り。「不寛容であるなら」である。

④は「不寛容的暴力によって生命を奪われる危険がある場合を除いて」が誤り。**【資料】**の筆者は、例外を認めてはいるが、例外を「原則として是認肯定する気持は僕にはない」と述べている。また、**【資料】**の最終文の「たとえ不寛容的暴力に圧倒されるかもしれない寛容も、個人の生命を乗り越えて、必ず人間とともに歩み続けるであろう」からは、仮に個人の生命を奪われるとしても、人間は寛容の精神を放棄すべきではないという主張を読み取ることができる。

正解 11 ＝②

第2問

出典

◆【文章Ⅰ】芥川龍之介《あくたがわりゅうのすけ》『尾生の信』（『芥川龍之介全集3』所収 ちくま文庫 一九八六年）

芥川龍之介（一八九二〜一九二七）は、東京生まれの小説家。東京帝国大学在学中、同人誌『新思潮』上に処女小説『老年』を発表、作家活動を開始する。『鼻』が漱石に激賞されるなど、短篇の名手として多彩な作品を発表し続ける一方、度重なる病や親族の借金の肩代りを余儀なくされるなどの不運に見舞われて心身を衰弱させていき、数え年三十六歳の夏、服毒自殺。博識をもって知られた「書斎の人」で、古今東西の書物に通じ、王朝物、中国物、キリシタン物、現代物など、多彩な作風で文学の一時代を作った。

◆【文章Ⅱ】太宰治《だざいおさむ》『待つ』（『太宰治全集5』所収 ちくま文庫 一九八九年）

太宰治（一九〇九〜一九四八）は、青森生まれの小説家。本名、津島修治。弘前高校から東大仏文科に入学。作品集『晩年』で文壇に登場し、戦中は日本浪漫派に属して数多くの作品を発表。戦後『斜陽』を書いて青年層に異常な歓迎を受けた。一九四八年六月、東京三鷹の玉川上水で入水自殺。読者に語りかけてくるような文体と、身辺の何気ないものごとに「真・善・美」を見いだす独自の感受性は、現在でも多くの読者を惹きつけている。

読解

共通する主題を有する二つの小説からの出題である。【文章Ⅰ】の芥川龍之介『尾生の信』は、豊富な語彙と計算された構成を持つ作品、【文章Ⅱ】の太宰治『待つ』は、二十歳の娘が語り手となっている「女性独白体」で、読みやすい文章ではあるものの、様々な解釈が可能な作品、逆にいえば一意的に解釈することの難しい作品である（もちろん、様々な解釈が可能だからといって、あらゆる解釈が可能なわけではない。作品内の記述と矛盾するような解釈は、やはり誤った解釈といえるだろう）。この二つに共通する主題は「待つ」ということ。とはいえ、相違点も様々にある。共通点と相違点のそれぞれを把握できるように努めよう。

◆【文章Ⅰ】（『尾生の信』）

橋の下で逢う約束を交わした女を待つ尾生の様子と、「が、女は未だに来ない」というリフレイン（同じ表現の反復）が七回繰り返され、最後に書き手を思わせる「私」が登場するという構成である。尾生の様子を描いた文を順に抜粋すると次のようになる。

❶ 尾生は橋の下に佇んで、さっきから女の来るのを待っている
❷ 尾生はそっと口笛を鳴しながら、気軽く橋の下の洲を見渡した
❸ 尾生はやや待遠しそうに水際まで歩を移して、舟一艘通らない静な川筋を眺めまわした
❹ 尾生は水際から歩をめぐらせて、今度は広くもない洲の上を、あちらこちらと歩きながら、おもむろに暮色を加えて行く、あたりの静かさに耳を傾けた
❺ 尾生は険しく眉をひそめながら、橋の下のうす暗い洲を、いよいよ足早に歩き始めた
❻ 尾生はとうとう立ちすくんだ
❼ 尾生は水の中に立ったまま、まだ一縷の望を便りに、何度も橋の空へ眼をやった

ゆったりとした気持ちから、次第に芽生える不安、なぜ来ないのかと不審がる気持ち、そして絶望の中でわずかな希望にすがる想いへと、尾生の心情の変化が、行動の変化によって表現されていることを読み取りたい。同時に、そのように変化していく尾生の心情と対照をなす

ように「が、女は未だに来ない」という表現が一字一句違《たが》わず繰り返され、そのことによって一層、尾生の心情の変化が際立つように構成が工夫されていることにも注意を払いたい。

作品の末尾で、書き手と思しき「私」が登場する。尾生の魂を宿しているという「私」は、「何一つ意味のある仕事が出来ない」まま、「何か来るべき不可思議なものばかりを待っている」存在であり、ここに至って、「来ない女を待って死んだ尾生」という特殊な故事が、現代に生きる我々に通ずる普遍性を獲得するのである。

◆**【文章Ⅱ】**（『待つ』）

「二十の娘」の一人称語りという体裁の作品である。語り手である「私」は毎日、駅に人を迎えに行く。駅前のベンチに腰をおろして「私」は待つのだが、誰を待っているのか、何を待っているのか、「私」自身にもわからない。そのような「私」の混乱した内面が、とりとめもなく語られる。

時系列に沿って、小説に語られている内容を整理すると次のようになる。

❶ 私は人との表面的な付き合いが苦手で、家にいて、母と二人で黙って縫物をしているような時間を好んでいた

↓

❷ 大戦争がはじまって、周囲の緊張が高まる

↓

❸ 自分だけが家でぼんやりしているのが悪いような気がして、落ち着かなくなる。自分の今までの生活に自信を失う

↓

❹ 駅のベンチに腰かけて自分でも分からない何かを待って、毎日むなしく家へ帰って来る

戦争のはじまりと共に緊張を高めていく世の中にあって、社会に直接役立つようなことをしていない自分の存

在意義を疑い、かといってどうすればよいのかもわからない「私」の焦燥感を読み取ることができる。

　そうすると、ベンチに腰をおろして「私」が待っているものとは、ある特定の人というよりは、「世の中の役に立つようなことをしなければならない」という強迫観念を感じずに済む状況、端的に言えば「平和な世の中」である、という解釈も成り立つのではないだろうか。

　小説の末尾の一文「お教えせずとも、あなたは、いつか私を見掛ける。」は謎めいた一文だが、右に見てきたような解釈の上に立てば、「戦争にまい進する世の中にうまく自分をはめ込むことができずに焦燥に駆られている人間は決して特殊な存在ではなく、どこにでも見掛ける普通の存在だ」ということを暗に示す一文であると見なすこともできよう。

解説

問１　語句の意味を問う問題

　(ア)「おもむろに」は、漢字で書くと「徐に」であり、〈動作が静かでゆっくりとしている様子・物事の起こり方がゆっくりとしているさま〉の意。正解は②。「なんとなく」や「不意に」などの意味で誤用されることの多い言葉なので、気をつけたい。「おもむろに」の対義語としては、〈物事が急に起こったり変化したりするさま・急に〉という意味を持つ「にわかに（俄に）」がある。

　(イ)「眉をひそめながら」は〈怪訝であったり、不愉快であったりして、眉間にしわを寄せること＝顔をしかめること〉の意。ここでは、なかなかやって来ない女のことを訝《いぶか》しんでいる尾生の表情の描写なので、正解は③。

　(ウ)「立ちすくんだ」は〈立ったまま動けなくなる〉の意。「すくむ」は〈体がこわばって動かなくなる〉の意。正解は⑤。

正解 12 ＝② 13 ＝③ 14 ＝⑤

問２ 心情説明問題

問 傍線部Ａ「尾生はそっと口笛を鳴しながら、気軽く橋の下の洲を見渡した」とあるが、ここでの尾生の心情を説明したものとして最も適当なものを一つ選べ。

選択肢の検討に入る前にすべきことは次の二点。

① 傍線部の前後の文脈（話の流れ）を踏まえる
② 前後の文脈を踏まえたうえで、傍線部の尾生の行動から読み取れる心情を考える

読解（【文章Ⅰ】）で述べた尾生の行動を再掲する。（　）内は行動から読み取れる尾生の心情解釈の一例。

❶ 尾生は橋の下に佇んで、さっきから女の来るのを待っている（会えるのが楽しみだ）
❷ 尾生はそっと口笛を鳴しながら、気軽く橋の下の洲を見渡した（まだ来ないな）
❸ 尾生はやや待遠しそうに水際まで歩を移して、舟一艘通らない静な川筋を眺めまわした（早く来ないかな）
❹ 尾生は水際から歩をめぐらせて、今度は広くもない洲の上を、あちらこちらと歩きながら、おもむろに暮色を加えて行く、あたりの静かさに耳を傾けた（遅いな……）
❺ 尾生は険しく眉をひそめながら、橋の下のうす暗い洲を、いよいよ足早に歩き始めた（……おかしい、遅すぎる）
❻ 尾生はとうとう立ちすくんだ

（もしかしたら 来ないのだろうか……）

❼ 尾生は水の中に立ったまま、まだ一縷の望を便りに、何度も橋の空へ眼をやった

（頼む……来てくれ……）

傍線部Aの行動は❷にあたる。おそらく、❶よりは少し焦《じ》れていて、❸よりはまだ落ち着いているのが傍線部Aの尾生の心情だろうと判断できる。

また、傍線部自体の表現を見ると、「そっと口笛を鳴らしながら」「気軽く～を見渡した」とあることから、ここでの心情は、

> 女はまだ来ないが、そのことを取り立てて深刻には考えていない

といったものだろうと考えられる。選択肢の中で、そのような心情に最も近いものは②である。②が正解。

①は不適。「女が来るか来ないかということよりも」が誤り。死ぬまで女を待ち続けていたという後続の文脈から考えても、明らかにおかしい。

③も不適。「女が来ないかもしれないという疑いが強まり」が誤り。「口笛を鳴らしながら、気軽く～」という行動に合わない。また、その後の「落ち着かない気持ち」は尾生の行動❸「尾生はやや待遠しそうに～」の心情であろう。

④も不適。「焦りを感じつつも、無理に平静を装っている」が誤り。ここでの尾生の行動は「口笛を鳴らしながら、気軽く～」というものであり、「無理に平静を装」わなければならないほど状況を深刻に捉えているとは考えにくい。

⑤も不適。「強い苛立ちと落胆」はここでの尾生の行動からは読み取れない。

正解 15 ＝②

問３　表現の特徴を問う問題

適当でないものを選ぶ問題であることに留意する。

①について。「たぶりと云うかすかな音」と述べられているように「たぶり」は擬音語。また「雲母のような（雲の影）」は「のような」とあることから直喩である。そして、これらの修辞法によって尾生の置かれている状況が具体的にイメージしやすくなっている。したがって適当な説明であるといえる。

②について。本文には、たとえば「時刻は夕方の六時」というような「時刻を直接に表す表現」はないが、「暮色を加えて行く」「ほのかに青んだ暮方の空」「蒼茫たる暮色」などといった情景描写が、時の経過を間接的に表しているので、適当な説明であるといえる。

③も適当である。川の水位の上昇している様子が、飛び跳ねて尾生の鼻を掠める魚の描写によって表現されている。

④も適当である。「が、女は未だに来ない」という同じ表現が繰り返され、不動の参照点となることで、変化していく尾生の心情が際立って感じられる。

⑤は適当でない。「恋愛にかまけて満足のいく仕事ができない作者自身」が誤り。「私」は「何か来るべき不可思議なものばかりを待っている」のであり、尾生のように恋人を待ち暮しているわけではない。したがって⑤が正解。

正解　16 ＝ ⑤

問４　心情が変化した理由を問う問題

> 問　傍線部**B**「私は、私の今までの生活に、自信を失ってしまったのです」とあるが、なぜか。

読解（【文章Ⅱ】）で述べたことを再掲する。

❶私は人との表面的な付き合いが苦手で、家にいて、母と二人で黙って縫物をしているような時間を好んでいた
↓
❷大戦争がはじまって、周囲の緊張が高まる
↓
❸自分だけが家でぼんやりしているのが悪いような気がして、落ち着かなくなる。自分の今までの生活に自信を失う（身を粉にして働いて、直接に、お役に立ちたい気持ち）
↓
❹駅のベンチに腰かけて自分でも分からない何かを待って、毎日むなしく家へ帰って来る

このように時系列に沿って整理すると、「私」が「今までの生活に、自信を失ってしまった」理由は、

大戦争がはじまって、周囲の緊張が高まる中で、世の中（あるいは国家）に直接貢献できていない今までの自分の生活が、何の意味もないものに思えてきて不安になったから

といったものになるだろう。周囲の人々が国家に貢献している（ように見える）中で、何もしていない自分の生活に自信を持てなくなったのである。この**【正解のイメージ】**に最も近い④が正解。

①は「自分の結婚相手となる人を品定めしている自分に嫌気が差したから」が誤り。そもそも、駅前のベンチに腰掛けて道行く人を眺め出したことは、傍線部の内容（自分の生活に自信を失ったこと）の理由ではなく、結果である。

②は「自分自身の未来に期待できなくなったから」が誤り。

③は「極力人を避けてきた自分の生活を情けなく思ったから」が誤り。文脈から考えて、傍線部の「私

の今までの生活」とは、「人を避けてきた生活」のことではなく、「直接世の中の役に立つことをせずに家で毎日ぼんやりしているような生活」のことだろう。

⑤は「駅のベンチに腰をおろして、……ぼんやりと眺めているだけの自分の生活」が誤り。①でも述べたように、駅前のベンチに腰掛けて道行く人を眺め出したことは、傍線部の内容（自分の生活に自信を失ったこと）の理由ではなく、結果である。

正解 17 ＝ ④

問5 本文の表現と内容の理解を問う

適当でないものを**二つ**選ぶ問題であることに留意する。適当でないものとは、**「本文に直接書いていない内容」**ではなく、**「本文に書いてあることからは導けない内容（解釈）」**である。本文に直接書いていないことでも、本文に書いてあることから導き得る「可能な解釈」であれば、「適当」と判断する。

①は適当でない。「次第に『私』が正しい答えに近づいていく」といえる根拠は本文中に見当たらない。また、「正しい答え」がどのようなものかがわからない以上、それに「近づいていく」という表現自体成り立たない。これが一つ目の正解。

②は適当である。確かに本文中には、「誰を～」という表現だけでなく、「何を～」という表現もあるので、そのことから、「『私』の待っているものが、『私』自身にもはっきり分からない漠然としたものだ」という解釈を導くことは不自然ではない。

③は適当である。**問4**でも確認した通り、「私」が自信を持てなくなった「自分の生活」とは、「直接世の中の役に立つことをしていない自分の生活」のことである。したがって、そのような「私」が待っていたのは、自分に存在意義を与えてくれる何かであるという解釈は妥当である。

④は適当である。次の⑤についての説明を参照の

こと。

⑤について。望遠鏡や双眼鏡を逆向きに（接眼レンズではなく対物レンズに目を付けて）覗くと、本来の機能とは逆に、近くにあるはずのものが遠く小さく見える。「望遠鏡を逆に覗いたみたいに」という表現はそれを利用した比喩であり、この比喩表現は「眼前の、人の往来の有様」が「小さく遠く思われ」るという「私」の感覚を、つまり、世の中から隔絶されたように感じている「私」の疎外感を表しているのであって、「自分自身の内面に意識を向ける『私』の孤独なありよう」を表しているわけではない。これが二つ目の正解。

⑥は適当である。作品中、「私」という人間の素性について明かされているのは「二十の娘」ということくらいであり、名前も住所もわからないこの娘を「見掛ける」ことは不可能だと思われる。にもかかわらず、「あなたは、いつか私を見掛ける」とあるのは、この「私」という存在が、この世に一人しかいない特定の人間ではなく、どこにでもいる、ありふれた存在であるということを示していると解釈できる。

正解 18 ・ 19 ＝①・⑤（順不同）

問６ 複数のテクストを比較し、その共通点と相違点の理解を問う問題

適当でないものを選ぶ問題であることに留意する。

①は適当である。「待つ」ということは、主体の能動的な行為ともいえるが（「待たない」ことも選べるのだから）、同時に、相手が来るまで「待たされる」という受動的な状態ともいうことができ、その宙ぶらりんな状態に置かれる作中人物の期待と不安とが描かれているという解釈は妥当だと言える。

②は適当である。**読解**【文章Ⅰ】の最終段落、および【文章Ⅱ】の最終段落の傍線部を参照のこと。

③は適当でない。【文章Ⅰ】の最終文に「永久に来

ない恋人」という言葉があるが、それは結果としてそうだったのであって、尾生自身は「永久に来るはずのないもの」を待っていたわけではないだろう。そのことは、女を待つ尾生の様子が時間の経過とともに変わっていくことからもわかる（読解参照）。もしはじめから「永久に来るはずのないもの」と思っていたら、そのような様子の変化は見られないはずだ。また、【文章Ⅱ】の「私」が待っているのが「永久に来るはずのないもの」であると断定できる材料も見当たらない。これが一つ目の正解。

④は適当である。【文章Ⅰ】では、なかなかやって来ない恋人を待つ尾生の心情の変化が、時間の経過とともに変化する尾生の行動によって間接的に表現されている。また【文章Ⅱ】では、「大戦争」がはじまった現在の「私」の心情が、それ以前の「私」の心情の変化と比較されながら描かれている。

⑤は適当である。【文章Ⅰ】では「〜です／〜ます」といった敬体も敬語も用いられておらず、文章はすべて「〜だ／〜である」といった常体で統一されているが、【文章Ⅱ】では、たとえば「やっぱり、ちがう〈常体〉。ああ、けれども私は待っているのです〈敬体〉。胸を躍らせて待っているのだ〈常体〉。」といったように、敬体と常体を混在させることで、独特の息遣いを伝えている。

⑥は適当でない。【文章Ⅱ】では、「私」が待つ対象は明示されておらず、一人の人間を待っているのか複数の人間を待っているのか、また特定の人間を待っているのか不特定の人間を待っているのかはわからない。さらにいえば、そもそも人間を待っているのかどうかも明示されていない。これが二つ目の正解である。

正解 20 ・ 21 ＝③・⑥（順不同）

語彙リスト

□ 離散《りさん》	まとまっていた人々が散り散りに離れること。
□ 惨禍《さんか》	むごたらしい災難。
□ 福祉《ふくし》	しあわせ。幸福。特に国家によって保障されるべき生活の安定および社会環境。
□ 覆水《ふくすい》	「覆水盆に返らず」＝一度離別した夫婦は元に戻らないことのたとえ。また、一度してしまったことは取り返しがつかないことのたとえ。
□ 殖産《しょくさん》	産業を盛んにすること。
□ 衣食《いしょく》	「衣食足りて礼節を知る」＝生活にゆとりができて初めて人は礼儀に心を向けることができるようになる。
□ 異色《いしょく》	他と比べて、きわだった特色があること。
□ 看破《かんぱ》	かくされた物事を見破ること。
□ 閑散《かんさん》	ひっそりとして物静かなさま。
□ 遍歴《へんれき》	さまざまな経験を重ねること。
□ 辺境《へんきょう》	中央から遠く離れた土地。
□ 不偏《ふへん》	「不偏不党」＝いずれの党派、主義にも偏《かたよ》らず、自由・公正な立場をとること。
□ 逡巡《しゅんじゅん》	ためらうこと。
□ 僭称《せんしょう》	自らがその立場にないにもかかわらず、その立場を名乗ること。
□ おもねり	人の機嫌をとって気に入られようとすること。迎合《げいごう》。
□ セクター	部門。分野。
□ 軋轢《あつれき》	仲が悪くなること。不和。
□ 擬制《ぎせい》	実質が異なるものを同一のものと見なすこと。
□ イデオロギー	観念形態。意識体系。思想傾向。
□ 頽廃《たいはい》	衰えてすたれること。道徳的な気風がすたれて健全な精神が失われること。退廃に同じ。
□ 翼賛《よくさん》	力を添えて助けること。特に天皇を補佐して政治を行うこと。
□ 糾合《きゅうごう》	ある目的のために人々を呼び集めること。

解説

文学的文章におけるさまざまな修辞法

修辞法（レトリック）とは、言葉を美しく巧みに用いて、効果的に表現するための技法のこと。その歴史は言葉の歴史とともに古く、種類も無数にあるが、ここでは基本的かつ重要なものを確認しておこう。

【言葉の意味に関するもの】

◆比喩

伝えたい事柄を、それと共通項をもつ別のものに置き換えて説明する手法。

1 直喩 ― 比喩であることが明示されている比喩。

彼女は薔薇《ばら》のようだ。

2 隠喩（暗喩、メタファー） ― 比喩であることが明示されていない比喩。

彼女は薔薇《ばら》だ。

3 換喩《かんゆ》（メトニミー） ― ある事物を、それと関連の深い別の事物で言い表す手法。

・「ホワイトハウス」でアメリカ合衆国政府
・「白バイ」で白バイ隊員（警察官）
・「モーツァルト」でモーツァルトの曲

4 提喩《ていゆ》（シネクドキ） ― カテゴリー全体の名称でその一部を表し、また、一つの名称でそれが含まれるカテゴリーの全体を表す手法。

・花見の季節
（「花」というカテゴリー全体の名称で、その一部である「桜」を表している）
・そろそろご飯にしよう。
（「ご飯」＝「米を炊いたもの」という一つの名称で、「食事」というカテゴリー全体を表している）

5 **擬人法**

― 人でないものを人格化し、人にたとえる手法。

・街が動き出す。
・卓上の『カラマーゾフの兄弟』を試し読みして去ってゆく風（岡野大嗣）

◆**擬態法（オノマトペ）**

1 **擬態語** ―「様子」を言語化した表現。

・じりじりと後退する。
・もごもごと話す。
・春の海終日《ひねもす》のたりのたり哉（与謝蕪村）

2 **擬音語** ―「音」を言語化した表現。

・風がビュービュー吹きすさぶ。
・ドアをドンドンたたく。

【言葉の配列に関するもの】

◆**倒置法**

通常の文章の並べ方をひっくり返して強調の効果を狙う手法。

私は覚えている。あなたの声の温もりを。

◆**体言止め**

文の最後を体言（名詞）で切ることで、強い印象や余韻をもたせる手法。

はじまりはいつも雨。

◆**反復法（リフレイン）**

同じ語、同じ表現を繰り返すことで強調の効果を狙う手法。

・三四郎は何とも答なかった。ただ口の内で迷羊《ストレイシープ》、迷羊《ストレイシープ》と繰り返した。（夏目漱石）

・そうして目をつぶった
ものがたりがはじまった
自転車にのるクラリモンドの
自転車のうえのクラリモンド
幸福なクラリモンドの
幸福のなかのクラリモンド
そうして目をつぶった
ものがたりがはじまった（石原吉郎）

◆**対句法**

類似した二つの句をワンセットにして、コントラスト（対比）の効果を狙う手法。

・沈黙は金、雄弁は銀
・菜の花や月は東に日は西に（与謝蕪村）

◆**押韻**

同じひびきの音を決まった場所に繰り返し使うことで、音楽的効果（リズム感や音感の快さ）やユーモラスな効果を狙う手法。

1 **頭韻**―語句の頭の音を揃えること。

もぐらは　もろもろの　もののうち
もっとも　もぐらな　ものだから
もったいぶっては　もぐるのか
（まど・みちお）

2 **脚韻（ライム）**

―語句の終わりや行末の音を揃えること。

指かゞなへて　十あまり、
思へば夢の　昔なり。
我まだ若き　花の顔、
春に酔ひたる　心、猶《なほ》（正岡子規）

◆省略法

文章の一部を意図的に省くことで、余韻を残したり、読者の想像力によって省略されている内容を連想させたりする効果を狙う手法。

露の世は露の世ながらさりながら
（小林一茶）

《引用一覧》
『玄関の覗き穴から差してくる光のように生まれたはずだ』木下龍也／岡野大嗣（ナナロク社 二〇一八年）
『古典日本文学全集32 與謝蕪村集 小林一茶集』（筑摩書房 一九六〇年）
『夏目漱石全集5』「三四郎」（ちくま文庫 一九八八年）
『石原吉郎詩文集』詩集〈サンチョ・パンサの帰郷〉より「自転車にのるクラリモンド」（講談社文芸文庫 二〇〇五年）
『まど・みちお詩集⑤ことばのうた』「もぐら」（銀河社 一九七五年／かど書房より再刊 一九八五年）
『子規全集 第八巻 漢詩 新體詩』「おもかげ」（講談社 一九七六年）

東進 共通テスト実戦問題集 国語〔現代文〕

発行日：2021年 10月 4日　初版発行

著者：輿水淳一
発行者：永瀬昭幸
発行所：株式会社ナガセ
〒180-0003 東京都武蔵野市吉祥寺南町 1-29-2
出版事業部（東進ブックス）
TEL：0422-70-7456 ／ FAX：0422-70-7457
URL：http://www.toshin.com/books/（東進WEB書店）
※本書を含む東進ブックスの最新情報は東進WEB書店をご覧ください。
編集担当：山鹿愛子

校閲：石原大作
制作協力：大澤ほの花・藪野三音奈・山蔦千尋
株式会社群企画
デザイン・装丁・DTP：東進ブックス編集部
印刷・製本：シナノ印刷株式会社

ISBN978-4-89085-877-4 C7381

東進の合格の秘訣が次ページに

合格の秘訣1

全国屈指の実力講師陣

東進の実力講師陣 数多くのベストセラー参考書を執筆!!

東進ハイスクール・東進衛星予備校では、そうそうたる講師陣が君を熱く指導する！

本気で実力をつけたいと思うなら、やはり根本から理解させてくれる一流講師の授業を受けることが大切です。東進の講師は、日本全国から選りすぐられた大学受験のプロフェッショナル。何万人もの受験生を志望校合格へ導いてきたエキスパート達です。

英語

日本を代表する英語の伝道師。ベストセラーも多数。

安河内 哲也 先生
[英語]

予備校界のカリスマ。抱腹絶倒の名講義を見逃すな。

今井 宏 先生
[英語]

「スーパー速読法」で難解な長文問題の速読即解を可能にする「予備校界の達人」！

渡辺 勝彦 先生
[英語]

雑誌『TIME』やベストセラーの翻訳も手掛け、英語界でその名を馳せる実力講師。

宮崎 尊 先生
[英語]

情熱あふれる授業で、知らず知らずのうちに英語が得意教科に！

大岩 秀樹 先生
[英語]

国際的な英語資格(CELTA)に、全世界の上位5%(Pass A)で合格した世界基準の英語講師。

武藤 一也 先生
[英語]

数学

数学を本質から理解できる本格派講義の完成度は群を抜く。

志田 晶 先生
[数学]

「ワカル」を「デキル」に変える新しい数学は、君の思考力を刺激し、数学のイメージを覆す！

松田 聡平 先生
[数学]

短期間で数学力を徹底的に養成、知識を統一・体系化する！

沖田 一希 先生
[数学]

WEBで体験

東進ドットコムで授業を体験できます！
実力講師陣の詳しい紹介や、各教科の学習アドバイスも読めます。
www.toshin.com/teacher/

国語

東大・難関大志望者から絶大なる信頼を得る本質の指導を追究。

栗原 隆 先生
［古文］

ビジュアル解説で古文を簡単明快に解き明かす実力講師。

富井 健二 先生
［古文］

縦横無尽な知識に裏打ちされた立体的な授業に、グングン引き込まれる！

三羽 邦美 先生
［古文・漢文］

幅広い教養と明解な具体例を駆使した緩急自在の講義。漢文が身近になる！

寺師 貴憲 先生
［漢文］

文章で自分を表現できれば、受験も人生も成功できますよ。「笑顔と努力」で合格を！

石関 直子 先生
［小論文］

理科

丁寧で色彩豊かな板書と詳しい講義で生徒を惹きつける。

宮内 舞子 先生
［物理］

化学現象の基本を疑い化学全体を見通す“伝説の講義”

鎌田 真彰 先生
［化学］

全国の受験生が絶賛するその授業は、わかりやすさそのもの！

田部 眞哉 先生
［生物］

地歴公民

入試頻出事項に的を絞った「表解板書」は圧倒的な信頼を得る。

金谷 俊一郎 先生
［日本史］

つねに生徒と同じ目線に立って、入試問題に対する的確な思考法を教えてくれる。

井之上 勇 先生
［日本史］

“受験世界史に荒巻あり”といわれる超実力人気講師。

荒巻 豊志 先生
［世界史］

世界史を「暗記」科目だなんて言わせない。正しく理解すれば必ず伸びることを一緒に体感しよう。

加藤 和樹 先生
［世界史］

わかりやすい図解と統計の説明に定評。

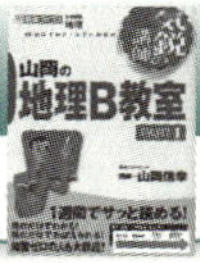

山岡 信幸 先生
［地理］

政治と経済のメカニズムを論理的に解明しながら、入試頻出ポイントを明確に示す。

清水 雅博 先生
［公民］

合格の秘訣2

革新的な学習システム

東進には、第一志望合格に必要なすべての要素を満たし、抜群の合格実績を生み出す学習システムがあります。

映像による授業を駆使した最先端の勉強法

高速学習

一人ひとりのレベル・目標にぴったりの授業

東進はすべての授業を映像化しています。その数およそ1万種類。これらの授業を個別に受講できるので、一人ひとりのレベル・目標に合った学習が可能です。1.5倍速受講ができるほか自宅のパソコンからも受講できるので、今までにない効率的な学習が実現します。

現役合格者の声

東京大学 理科一類
佐藤 洋太くん
東京都立 三田高校卒

東進の映像による授業は1.5倍速で再生できるため効率がよく、自分のペースで学習を進めることができました。また、自宅で授業が受けられるなど、東進のシステムはとても相性が良かったです。

1年分の授業を最短2週間から1カ月で受講

従来の予備校は、毎週1回の授業。一方、東進の高速学習なら毎日受講することができます。だから、1年分の授業も最短2週間から1カ月程度で修了可能。先取り学習や苦手科目の克服、勉強と部活との両立も実現できます。

先取りカリキュラム（数学の例）

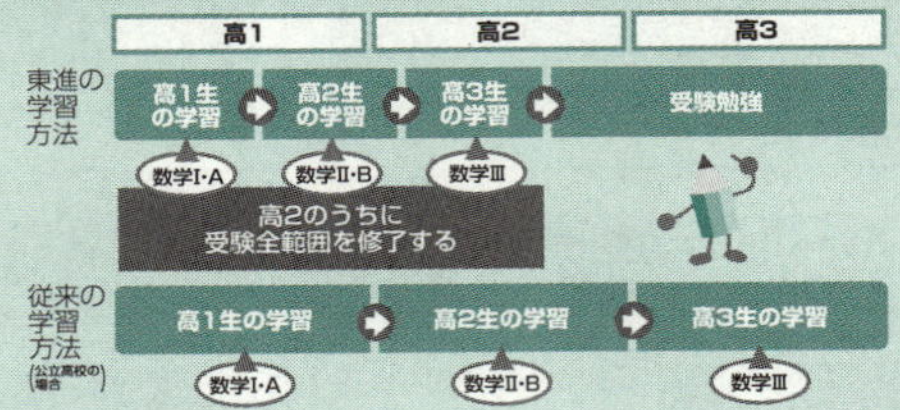

目標まで一歩ずつ確実に

スモールステップ・パーフェクトマスター

自分にぴったりのレベルから学べる 習ったことを確実に身につける

高校入門から超東大までの12段階から自分に合ったレベルを選ぶことが可能です。「簡単すぎる」「難しすぎる」といったことがなく、志望校へ最短距離で進みます。

授業後すぐに確認テストを行い内容が身についたかを確認し、合格したら次の授業に進むので、わからない部分を残すことはありません。短期集中で徹底理解をくり返し、学力を高めます。

現役合格者の声

慶應義塾大学 法学部
赤井 英美さん
神奈川県 私立 山手学院高校卒

高1の4月に東進に入学しました。自分に必要な教科や苦手な教科を満遍なく学習できる環境がとても良かったです。授業の後にある「確認テスト」は内容が洗練されていて、自分で勉強するよりも、効率よく復習できました。

パーフェクトマスターのしくみ

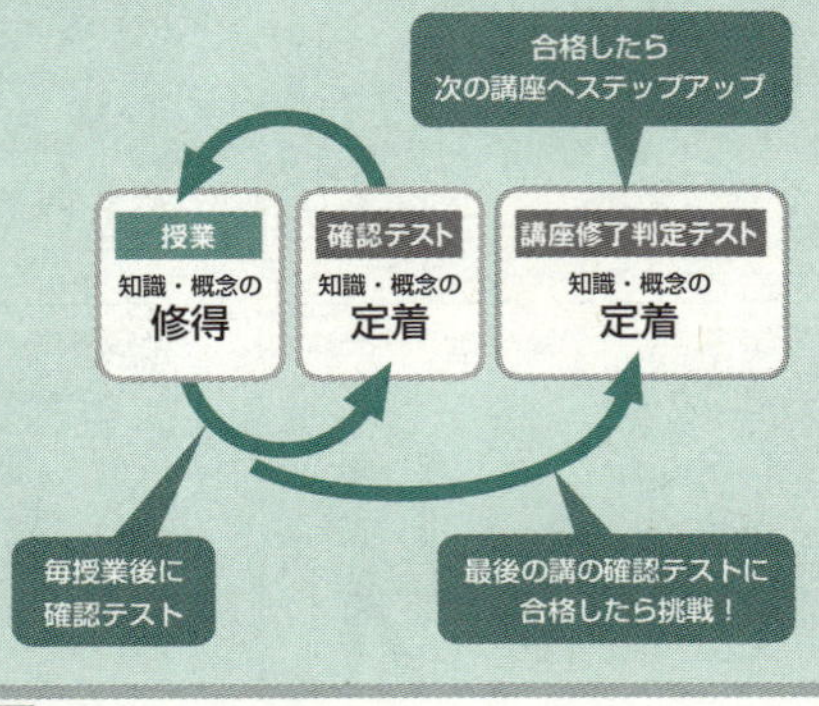

東進で勉強したいが、近くに校舎がない君は…

東進ハイスクール 在宅受講コースへ

「遠くて東進の校舎に通えない……」。そんな君も大丈夫！ 在宅受講コースなら自宅のパソコンを使って勉強できます。ご希望の方には、在宅受講コースのパンフレットをお送りいたします。お電話にてご連絡ください。学習・進路相談も随時可能です。 **0120-531-104**

徹底的に学力の土台を固める

高速マスター基礎力養成講座

高速マスター基礎力養成講座は「知識」と「トレーニング」の両面から、効率的に短期間で基礎学力を徹底的に身につけるための講座です。英単語をはじめとして、数学や国語の基礎項目も効率よく学習できます。インターネットを介してオンラインで利用できるため、校舎だけでなく、自宅のパソコンやスマートフォンアプリで学習することも可能です。

現役合格者の声

早稲田大学 政治経済学部
小林 隼人くん
埼玉県立 所沢北高校卒

受験では英語がポイントとなることが多いと思います。英語が不安な人には「高速マスター基礎力養成講座」がぴったりです。頻出の英単語や英熟語をスキマ時間などを使って手軽に固めることができました。

東進公式スマートフォンアプリ

東進式マスター登場！
(英単語／英熟語／英文法／基本例文)

スマートフォンアプリでスキマ時間も徹底活用！

1）スモールステップ・パーフェクトマスター！
頻出度（重要度）の高い英単語から始め、1つのSTEP（計100語）を完全修得すると次のSTAGEに進めるようになります。

2）自分の英単語力が一目でわかる！
トップ画面に「修得語数・修得率」をメーター表示。
自分が今何語修得しているのか、どこを優先的に学習すべきなのか一目でわかります。

3）「覚えていない単語」だけを集中攻略できる！
未修得の単語、または「My単語（自分でチェック登録した単語）」だけをテストする出題設定が可能です。
すでに覚えている単語を何度も学習するような無駄を省き、効率良く単語力を高めることができます。

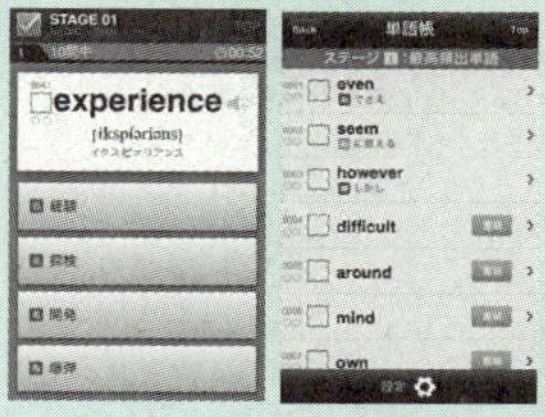

「共通テスト対応英単語1800」2021年共通テストカバー率99.8%！

君の合格力を徹底的に高める

志望校対策

第一志望校突破のために、志望校対策にどこよりもこだわり、合格力を徹底的に極める質・量ともに抜群の学習システムを提供します。従来からの「過去問演習講座」に加え、AIを活用した「志望校別単元ジャンル演習講座」が開講。東進が持つ大学受験に関するビッグデータをもとに、個別対応の演習プログラムを実現しました。限られた時間の中で、君の得点力を最大化します。

現役合格者の声

山形大学 医学部医学科
二宮 佐和さん
愛媛県 私立 済美平成中等教育学校卒

東進の「過去問演習講座」は非常に役に立ちました。夏のうちに二次試験の過去問を10年分解くことで、今の自分と最終目標までの距離を正確に把握することができました。大学別の対策が充実しているのが良かったです。

大学受験に必須の演習

過去問演習講座

1. 最大10年分の徹底演習
2. 厳正な採点、添削指導
3. 5日以内のスピード返却
4. 再添削指導で着実に得点力強化
5. 実力講師陣による解説授業

東進×AIでかつてない志望校対策

志望校別単元ジャンル演習講座

過去問演習講座の実施状況や、東進模試の結果など、東進で活用したすべての学習履歴をAIが総合的に分析。学習の優先順位をつけ、志望校別に「必勝必達演習セット」として十分な演習問題を提供します。問題は東進が分析した、大学入試問題の膨大なデータベースから提供されます。苦手を克服し、一人ひとりに適切な志望校対策を実現する日本初の学習システムです。

志望校合格に向けた最後の切り札

第一志望校対策演習講座

第一志望校の総合演習に特化し、大学が求める解答力を身につけていきます。対応大学は校舎にお問い合わせください。

合格の秘訣3 # 東進模試

申込受付中

※お問い合わせ先は付録7ページをご覧ください。

学力を伸ばす模試

本番を想定した「厳正実施」
統一実施日の「厳正実施」で、実際の入試と同じレベル・形式・試験範囲の「本番レベル」模試。相対評価に加え、絶対評価で学力の伸びを具体的な点数で把握できます。

12大学のべ31回の「大学別模試」の実施
予備校界随一のラインアップで志望校に特化した"学力の精密検査"として活用できます(同日体験受験を含む)。

単元・ジャンル別の学力分析
対策すべき単元・ジャンルを一覧で明示。学習の優先順位がつけられます。

中5日で成績表返却
WEBでは最短中3日で成績を確認できます。
※マーク型の模試のみ

合格指導解説授業
模試受験後に合格指導解説授業を実施。重要ポイントが手に取るようにわかります。

東進模試 ラインアップ 2021年度

模試	対象	備考	回数
共通テスト本番レベル模試	受験生・高2生・高1生 ※高1は難関大志望者		年4回
高校レベル記述模試	高2生・高1生		年2回
全国統一高校生テスト ●問題は学年別	高3生・高2生・高1生		年2回
全国統一中学生テスト ●問題は学年別	中3生・中2生・中1生		年2回
早慶上理・難関国公立大模試	受験生	共通テスト本番レベル模試との総合評価※	年5回
全国有名国公私大模試	受験生	共通テスト本番レベル模試との総合評価※	年5回
東大本番レベル模試	受験生	共通テスト本番レベル模試との総合評価※	年2回
京大本番レベル模試	受験生	共通テスト本番レベル模試との総合評価※	年4回
北大本番レベル模試	受験生	共通テスト本番レベル模試との総合評価※	年2回
東北大本番レベル模試	受験生	共通テスト本番レベル模試との総合評価※	年2回
名大本番レベル模試	受験生	共通テスト本番レベル模試との総合評価※	年3回
阪大本番レベル模試	受験生	共通テスト本番レベル模試との総合評価※	年3回
九大本番レベル模試	受験生	共通テスト本番レベル模試との総合評価※	年3回
東工大本番レベル模試	受験生		年2回
一橋大本番レベル模試	受験生	共通テスト本番レベル模試との総合評価※	年2回
千葉大本番レベル模試	受験生	共通テスト本番レベル模試との総合評価※	年1回
神戸大本番レベル模試	受験生	共通テスト本番レベル模試との総合評価※	年1回
広島大本番レベル模試	受験生	共通テスト本番レベル模試との総合評価※	年1回
大学合格基礎力判定テスト	受験生・高2生・高1生		年4回
共通テスト同日体験受験	高2生・高1生		年1回
東大入試同日体験受験	高2生・高1生 ※高1は意欲ある東大志望者		年1回
東北大入試同日体験受験	高2生・高1生 ※高1は意欲ある東北大志望者		年1回
名大入試同日体験受験	高2生・高1生 ※高1は意欲ある名大志望者		年1回
医学部82大学判定テスト	受験生		年2回
中学学力判定テスト	中2生・中1生		年4回

※ 最終回が共通テスト後の受験となる模試は、共通テスト自己採点との総合評価となります。
※ 2021年度に実施予定の模試は、今後の状況により変更する場合があります。最新の情報はホームページでご確認ください。

※2021年4月現在

第3版　はしがき

本書は、民法（債権関係）の改正に関する法律の施行（2020年4月1日）に合わせて、本書第2版の記述を改めたものである。

もっとも、第2版の「はしがき」でも述べたように、「本書の対象領域においては、民法（債権関係）の改正の影響は、それほど大きくはない」。しかも、本書の第2版（2017年）は、その当時における最新の判例をカバーしていた（検索エンジンの管理者に対する検索結果の削除請求の可否が争われた、最決平成29・1・31民集71巻1号63頁）。それゆえ、この第3版では、大きな修正は必要なく、全体としては第2版の記述がそのまま活かされている。

しかし、民法（債権関係）の改正は、まさに120年ぶりの債権法の大改正であり、その施行に合わせて改めた本書の記述も、予想以上に多くの箇所に及んだ。しかも、社会の動きはさらに速く、2018年の相続法の改正もまた、本書の領域に少なからざる影響を及ぼしている。そして、わずかではあるが、判例も付け加えた。

読者のみなさんには、本書の第3版により、事務管理・不当利得・不法行為という錯綜した領域を、簡明に学んでいただければ幸いである。

＊　　　＊　　　＊

今回の改訂に際しても、日本評論社の柴田英輔氏にご助力をいただいた。心からお礼を申し上げたい。

2020年3月

野澤正充

第2版　はしがき

本書の対象領域においては、民法（債権関係）の改正の影響は、それほど大きくはない。例えば、不当利得では、民法総則の規定ではあるが、「原状回復の義務」に関する改正法案121条の2が、少なくとも給付不当利得について類型論を基礎とすることを明らかにした。また、不法行為では、中間利息の控除が明文化されたほか、消滅時効が改正されている。

＊　　＊　　＊

しかし、本書の初版以降、不法行為法に関しては、多くの重要な最高裁判決が公にされている。例えば、小学生が放課後に校庭で蹴ったボールが道路に出て、これを避けようとして自転車が転倒し、85歳の方が亡くなった事案において、最高裁が親権者の監督義務者としての責任を否定した判決（最判平成27・4・9）は、新聞等で大きく報道されて、記憶に新しい。亡くなった被害者の方には気の毒であるが、最高裁の良識を感じさせる判決であった。また、91歳の認知症高齢者が引き起こした列車事故について、同居していた85歳の妻の監督義務者としての責任を否定した最高裁判決（最判平成28・3・1）も、多くの耳目を集めた。超高齢社会における老老介護や家族関係の問題点を浮き彫りにする事件であり、今後の不法行為法のあり方をも考えさせるものである。

そして、本年（平成29年）1月31日には、「忘れられる権利」が争点となった判決が出された。この権利は、2009年にフランスで提唱され、欧州司法裁判所の判決（2014年）やEUの一般データ保護規則（2016年4月14日可決）で認められた、インターネットの検索エンジンによる検索結果を消去する権利である。詳細は本文に譲るが、最高裁は、この権利には直接触れず、表現の自由